POOLSE WOORDENSCHAT
nieuwe woorden leren

T&P Books woordenlijsten zijn bedoeld om u te helpen vreemde woorden te leren, te onthouden, en te bestuderen. De woordenschat bevat meer dan 7000 veel gebruikte woorden die thematisch geordend zijn.

- De woordenlijst bevat de meest gebruikte woorden
- Aanbevolen als aanvulling bij welke taalcursus dan ook
- Voldoet aan de behoeften van de beginnende en gevorderde student in vreemde talen
- Geschikt voor dagelijks gebruik, bestudering en zelftestactiviteiten
- Maakt het mogelijk om uw woordenschat te evalueren

Bijzondere kenmerken van de woordenschat

- De woorden zijn gerangschikt naar hun betekenis, niet volgens alfabet
- De woorden worden weergegeven in drie kolommen om bestudering en zelftesten te vergemakkelijken
- Woorden in groepen worden verdeeld in kleine blokken om het leerproces te vergemakkelijken
- De woordenschat biedt een handige en eenvoudige beschrijving van elk buitenlands woord

De woordenschat bevat 198 onderwerpen zoals:

Basisconcepten, getallen, kleuren, maanden, seizoenen, meeteenheden, kleding en accessoires, eten & voeding, restaurant, familieleden, verwanten, karakter, gevoelens, emoties, ziekten, stad, dorp, bezienswaardigheden, winkelen, geld, huis, thuis, kantoor, werken op kantoor, import & export, marketing, werk zoeken, sport, onderwijs, computer, internet, gereedschap, natuur, landen, nationaliteiten en meer ...

INHOUDSOPGAVE

UITSPRAAKGIDS

Letter	Pools voorbeeld	T&P fonetisch alfabet	Nederlands voorbeeld

Klinkers

A a	fala	[a]	acht
Ą ą	są	[ɔ̃]	nasale [o]
E e	tekst	[ɛ]	elf, zwembad
Ę ę	pięć	[ɛ]	zwemmen, existeren
I i	niski	[i]	bidden, tint
O o	strona	[ɔ]	aankomst, bot
Ó ó	ołów	[u]	hoed, doe
U u	ulica	[u]	hoed, doe
Y y	stalowy	[ɪ]	iemand, die

Medeklinkers

B b	brew	[b]	hebben
C c	palec	[ts]	niets, plaats
Ć ć	haftować	[tɕ]	Tsjechië, cello
D d	modny	[d]	Dank u, honderd
F f	perfumy	[f]	feestdag, informeren
G g	zegarek	[g]	goal, tango
H h	handel	[h]	het, herhalen
J j	jajko	[j]	New York, januari
K k	krab	[k]	kennen, kleur
L l	mleko	[l]	delen, luchter
Ł ł	głodny	[w]	twee, willen
M m	guma	[m]	morgen, etmaal
N n	Indie	[n]	nemen, zonder
Ń ń	jesień	[ɲ]	cognac, nieuw
P p	poczta	[p]	parallel, koper
R r	portret	[r]	roepen, breken
S s	studnia	[s]	spreken, kosten
Ś ś	świat	[ɕ]	Chicago, jasje
T t	taniec	[t]	kaartje, turkoois
W w	wieczór	[v]	beloven, schrijven
Z z	zachód	[z]	zeven, zesde
Ź ź	żaba	[ʑ]	origineel, regime
Ż ż	żagiel	[ʒ]	journalist, rouge

Letter	Pools voorbeeld	T&P fonetisch alfabet	Nederlands voorbeeld

Lettercombinaties

Letter	Pools voorbeeld	T&P fonetisch alfabet	Nederlands voorbeeld
ch	ich, zachód	[ɦ]	hitte, hypnose
ci	kwiecień	[tʃ]	cappuccino, Engels - 'cheese'
cz	czasami	[tʃ]	Tsjechië, cello
dz	dzbanek	[dz]	zeldzaam
dzi	dziecko	[dz]	jeans, bougie
dź	dźwig	[dz]	jeans, bougie
dż	dżinsy	[j]	New York, januari
ni	niedziela	[n]	cognac, nieuw
rz	orzech	[ʒ]	journalist, rouge
si	osiem	[ɕ]	Chicago, jasje
sz	paszport	[ʃ]	shampoo, machine
zi	zima	[z]	origineel, regime

Opmerkingen

˙ Letters QQ, Vv, Xx alleen gebruikt in buitenlandse leenwoorden

AFKORTINGEN
gebruikt in de woordenschat

Nederlandse afkortingen

mann.	-	mannelijk
vrouw.	-	vrouwelijk
mv.	-	meervoud
on.ww.	-	onovergankelijk werkwoord
ov.ww.	-	overgankelijk werkwoord
bn	-	bijvoeglijk naamwoord
bw	-	bijwoord
abn	-	als bijvoeglijk naamwoord
bijv.	-	bijvoorbeeld
enz.	-	enzovoort
wisk.	-	wiskunde
enk.	-	enkelvoud
ov.	-	over
mil.	-	militair
vn	-	voornaamwoord
telb.	-	telbaar
form.	-	formele taal
ontelb.	-	ontelbaar
inform.	-	informele taal
vw	-	voegwoord
vz	-	voorzetsel
ww	-	werkwoord

Nederlandse artikelen

de	-	gemeenschappelijk geslacht
het	-	onzijdig
de/het	-	onzijdig, gemeenschappelijk geslacht

Poolse afkortingen

m	-	mannelijk zelfstandig naamwoord
ż	-	vrouwelijk zelfstandig naamwoord
n	-	onzijdig
l.mn.	-	meervoud
m, ż	-	mannelijk, vrouwelijk

m, l.mn.	-	mannelijk meervoud
ż, l.mn.	-	vrouwelijk meervoud

BASISBEGRIPPEN

Basisbegrippen Deel 1

1. Voornaamwoorden

ik	ja	[ja]
jij, je	ty	[tɨ]

hij	on	[ɔn]
zij, ze	ona	[ˈɔna]
het	ono	[ˈɔnɔ]

wij, we	my	[mɨ]
jullie	wy	[vɨ]
zij, ze	one	[ˈɔnɛ]

2. Begroetingen. Begroetingen. Afscheid

Hallo! Dag!	Dzień dobry!	[dʒeɲ ˈdɔbrɨ]
Hallo!	Dzień dobry!	[dʒeɲ ˈdɔbrɨ]
Goedemorgen!	Dzień dobry!	[dʒeɲ ˈdɔbrɨ]
Goedemiddag!	Dzień dobry!	[dʒeɲ ˈdɔbrɨ]
Goedenavond!	Dobry wieczór!	[dɔbrɨ ˈvetʃur]

gedag zeggen (groeten)	witać się	[ˈvitatʃ ɕɛ̃]
Hoi!	Cześć!	[tʃɛɕtʃ]
groeten (het)	pozdrowienia (l.mn.)	[pɔzdrɔˈveɲa]
verwelkomen (ww)	witać	[ˈvitatʃ]
Hoe gaat het?	Jak się masz?	[jak ɕɛ̃ maʃ]
Is er nog nieuws?	Co nowego?	[tsɔ nɔˈvɛgɔ]

Dag! Tot ziens!	Do widzenia!	[dɔ viˈdzɛɲa]
Tot snel! Tot ziens!	Do zobaczenia!	[dɔ zɔbatˈʃɛɲa]
Vaarwel! (inform.)	Żegnaj!	[ˈʒɛgnaj]
Vaarwel! (form.)	Żegnam!	[ˈʒɛgnam]
afscheid nemen (ww)	żegnać się	[ˈʒɛgnatʃ ɕɛ̃]
Tot kijk!	Na razie!	[na ˈraʒe]

Dank u!	Dziękuję!	[dʒɛ̃ˈkue]
Dank u wel!	Bardzo dziękuję!	[bardzo dʒɛ̃ˈkuɛ̃]
Graag gedaan	Proszę	[ˈprɔʃɛ̃]
Geen dank!	To drobiazg	[tɔ ˈdrɔbʲazk]
Geen moeite.	Nie ma za co	[ˈne ma ˈza tsɔ]

Excuseer me, …	Przepraszam!	[pʃɛpˈraʃam]
excuseren (verontschuldigen)	wybaczać	[vɨˈbatʃatʃ]

zich verontschuldigen	przepraszać	[pʃɛp'raʃatʃ]
Mijn excuses.	Przepraszam!	[pʃɛp'raʃam]
Het spijt me!	Przepraszam!	[pʃɛp'raʃam]
vergeven (ww)	wybaczać	[vɨ'batʃatʃ]
alsjeblieft	proszę	['prɔʃɛ̃]

Vergeet het niet!	Nie zapomnijcie!	[ne zapɔm'nijtʃe]
Natuurlijk!	Oczywiście!	[ɔtʃɨ'viɕtʃe]
Natuurlijk niet!	Oczywiście, że nie!	[ɔtʃɨviɕtʃe ʒɛ 'ne]
Akkoord!	Zgoda!	['zgɔda]
Zo is het genoeg!	Dosyć!	['dɔsɨtʃ]

3. Kardinale getallen. Deel 1

nul	zero	['zɛrɔ]
een	jeden	['edɛn]
twee	dwa	[dva]
drie	trzy	[tʃɨ]
vier	cztery	['tʃtɛri]

vijf	pięć	[pɛ̃tʃ]
zes	sześć	[ʃɛɕtʃ]
zeven	siedem	['ɕedɛm]
acht	osiem	['ɔɕem]
negen	dziewięć	['dʒevɛ̃tʃ]

tien	dziesięć	['dʒeɕɛ̃tʃ]
elf	jedenaście	[edɛ'naɕtʃe]
twaalf	dwanaście	[dva'naɕtʃe]
dertien	trzynaście	[tʃɨ'naɕtʃe]
veertien	czternaście	[tʃtɛr'naɕtʃe]

vijftien	piętnaście	[pɛ̃t'naɕtʃe]
zestien	szesnaście	[ʃɛs'naɕtʃe]
zeventien	siedemnaście	[ɕedɛm'naɕtʃe]
achttien	osiemnaście	[ɔɕem'naɕtʃe]
negentien	dziewiętnaście	[dʒevɛ̃t'naɕtʃe]

twintig	dwadzieścia	[dva'dʒeɕtʃa]
eenentwintig	dwadzieścia jeden	[dva'dʒeɕtʃa 'edɛn]
tweeëntwintig	dwadzieścia dwa	[dva'dʒeɕtʃa dva]
drieëntwintig	dwadzieścia trzy	[dva'dʒeɕtʃa tʃɨ]

dertig	trzydzieści	[tʃɨ'dʒeɕtʃi]
eenendertig	trzydzieści jeden	[tʃɨ'dʒeɕtʃi 'edɛn]
tweeëndertig	trzydzieści dwa	[tʃɨ'dʒeɕtʃi dva]
drieëndertig	trzydzieści trzy	[tʃɨ'dʒeɕtʃi tʃɨ]

veertig	czterdzieści	[tʃtɛr'dʒeɕtʃi]
eenenveertig	czterdzieści jeden	[tʃtɛr'dʒeɕtʃi 'edɛn]
tweeënveertig	czterdzieści dwa	[tʃtɛr'dʒeɕtʃi dva]
drieënveertig	czterdzieści trzy	[tʃtɛr'dʒeɕtʃi tʃɨ]
vijftig	pięćdziesiąt	[pɛ̃'dʒeɕɔ̃t]
eenenvijftig	pięćdziesiąt jeden	[pɛ̃'dʒeɕɔ̃t 'edɛn]

| tweeënvijftig | pięćdziesiąt dwa | [pɛ̃'dʒeɕɔt dva] |
| drieënvijftig | pięćdziesiąt trzy | [pɛ̃'dʒeɕɔt tʃi] |

zestig	sześćdziesiąt	[ʃɛɕ'dʒeɕɔt]
eenenzestig	sześćdziesiąt jeden	[ʃɛɕ'dʒeɕɔt 'edɛn]
tweeënzestig	sześćdziesiąt dwa	[ʃɛɕ'dʒeɕɔt dva]
drieënzestig	sześćdziesiąt trzy	[ʃɛɕ'dʒeɕɔt tʃi]

zeventig	siedemdziesiąt	[ɕedɛm'dʒeɕɔt]
eenenzeventig	siedemdziesiąt jeden	[ɕedɛm'dʒeɕɔt 'edɛn]
tweeënzeventig	siedemdziesiąt dwa	[ɕedɛm'dʒeɕɔt dva]
drieënzeventig	siedemdziesiąt trzy	[ɕedɛm'dʒeɕɔt tʃi]

tachtig	osiemdziesiąt	[ɔɕem'dʒeɕɔt]
eenentachtig	osiemdziesiąt jeden	[ɔɕem'dʒeɕɔt 'edɛn]
tweeëntachtig	osiemdziesiąt dwa	[ɔɕem'dʒeɕɔt dva]
drieëntachtig	osiemdziesiąt trzy	[ɔɕem'dʒeɕɔt tʃi]

negentig	dziewięćdziesiąt	[dʒevɛ̃'dʒeɕɔt]
eenennegentig	dziewięćdziesiąt jeden	[dʒevɛ̃'dʒeɕɔt edɛn]
tweeënnegentig	dziewięćdziesiąt dwa	[dʒevɛ̃'dʒeɕɔt dva]
drieënnegentig	dziewięćdziesiąt trzy	[dʒevɛ̃'dʒeɕɔt tʃi]

4. Kardinale getallen. Deel 2

honderd	sto	[stɔ]
tweehonderd	dwieście	['dveɕtʃe]
driehonderd	trzysta	['tʃista]
vierhonderd	czterysta	['tʃtɛrista]
vijfhonderd	pięćset	['pɛ̃tʃsɛt]

zeshonderd	sześćset	['ʃɛɕtʃsɛt]
zevenhonderd	siedemset	['ɕedɛmsɛt]
achthonderd	osiemset	['ɔ'ɕemsɛt]
negenhonderd	dziewięćset	['dʒevɛ̃tʃsɛt]

duizend	tysiąc	['tiɕɔ̃ts]
tweeduizend	dwa tysiące	[dva tiɕɔ̃tsɛ]
drieduizend	trzy tysiące	[tʃi tiɕɔ̃tsɛ]
tienduizend	dziesięć tysięcy	['dʒeɕɛ̃tʃ ti'ɕentsi]
honderdduizend	sto tysięcy	[stɔ ti'ɕentsi]
miljoen (het)	milion	['miʎjɔn]
miljard (het)	miliard	['miʎjart]

5. Getallen. Breuken

breukgetal (het)	ułamek (m)	[u'wamɛk]
half	jedna druga	['edna 'druga]
een derde	jedna trzecia	['edna 'tʃɛtʃa]
kwart	jedna czwarta	['edna 'tʃfarta]
een achtste	jedna ósma	['edna 'usma]
een tiende	jedna dziesiąta	['edna dʒeɕɔta]

| twee derde | dwie trzecie | [dve 'tʃɛtʃe] |
| driekwart | trzy czwarte | [tʃi 'tʃfarte] |

6. Getallen. Eenvoudige berekeningen

aftrekking (de)	odejmowanie (n)	[ɔdɛjmɔ'vane]
aftrekken (ww)	odejmować	[ɔdɛj'mɔvatʃ]
deling (de)	dzielenie (n)	[dʒe'lene]
delen (ww)	dzielić	['dʒelitʃ]

optelling (de)	dodawanie (n)	[dɔda'vane]
erbij optellen	dodać	['dɔdatʃ]
(bij elkaar voegen)		
optellen (ww)	dodawać	[dɔ'davatʃ]
vermenigvuldiging (de)	mnożenie (n)	[mnɔ'ʒɛne]
vermenigvuldigen (ww)	mnożyć	['mnɔʒitʃ]

7. Getallen. Diversen

cijfer (het)	cyfra (ż)	['tsifra]
nummer (het)	liczba (ż)	['litʃba]
telwoord (het)	liczebnik (m)	[lit'ʃɛbnik]
minteken (het)	minus (m)	['minus]
plusteken (het)	plus (m)	[plys]
formule (de)	wzór (m)	[vzur]

berekening (de)	obliczenie (n)	[ɔbli'tʃane]
tellen (ww)	liczyć	['litʃitʃ]
bijrekenen (ww)	podliczać	[pɔd'litʃatʃ]
vergelijken (ww)	porównywać	[pɔruv'nivatʃ]

Hoeveel?	Ile?	['ile]
som (de), totaal (het)	suma (ż)	['suma]
uitkomst (de)	wynik (m)	['vinik]
rest (de)	reszta (ż)	['rɛʃta]
enkele (bijv. ~ minuten)	kilka	['kiʎka]
weinig (bw)	niedużo ...	[ne'duʒɔ]
restant (het)	reszta (ż)	['rɛʃta]
anderhalf	półtora	[puw'tɔra]
dozijn (het)	tuzin (m)	['tuʒin]

middendoor (bw)	na pół	[na puw]
even (bw)	po równo	[pɔ 'ruvnɔ]
helft (de)	połowa (ż)	[pɔ'wɔva]
keer (de)	raz (m)	[raz]

8. De belangrijkste werkwoorden. Deel 1

| aanbevelen (ww) | polecać | [pɔ'letsatʃ] |
| aandringen (ww) | nalegać | [na'legatʃ] |

aankomen (per auto, enz.)	przyjeżdżać	[pʃi'eʒdʒatʃ]
aanraken (ww)	dotykać	[dɔ'tikatʃ]
adviseren (ww)	radzić	['radʑitʃ]

afdalen (on.ww.)	schodzić	['shɔdʑitʃ]
afslaan (naar rechts ~)	skręcać	['skrɛntsatʃ]
antwoorden (ww)	odpowiadać	[ɔtpɔ'vʲadatʃ]
bang zijn (ww)	bać się	[batʃ ɕɛ̃]
bedreigen	grozić	['grɔʑitʃ]
(bijv. met een pistool)		

bedriegen (ww)	oszukiwać	[ɔʃu'kivatʃ]
beëindigen (ww)	kończyć	['kɔɲtʃitʃ]
beginnen (ww)	rozpoczynać	[rɔspɔt'ʃinatʃ]
begrijpen (ww)	rozumieć	[rɔ'zumetʃ]
beheren (managen)	kierować	[ke'rɔvatʃ]

beledigen	znieważać	[zne'vaʒatʃ]
(met scheldwoorden)		
beloven (ww)	obiecać	[ɔ'betsatʃ]
bereiden (koken)	gotować	[gɔ'tɔvatʃ]
bespreken (spreken over)	omawiać	[ɔ'mavʲatʃ]

bestellen (eten ~)	zamawiać	[za'mavʲatʃ]
bestraffen (een stout kind ~)	karać	['karatʃ]
betalen (ww)	płacić	['pwatʃitʃ]
betekenen (beduiden)	znaczyć	['znatʃitʃ]
betreuren (ww)	żałować	[ʒa'wɔvatʃ]

bevallen (prettig vinden)	podobać się	[pɔ'dɔbatʃ ɕɛ̃]
bevelen (mil.)	rozkazywać	[rɔska'zivatʃ]
bevrijden (stad, enz.)	wyzwalać	[viz'vaʎatʃ]
bewaren (ww)	zachowywać	[zahɔ'vivatʃ]
bezitten (ww)	posiadać	[pɔ'ɕadatʃ]

bidden (praten met God)	modlić się	['mɔdlitʃ ɕɛ̃]
binnengaan (een kamer ~)	wchodzić	['fhɔdʑitʃ]
breken (ww)	psuć	[psutʃ]
controleren (ww)	kontrolować	[kɔntrɔ'lɔvatʃ]
creëren (ww)	stworzyć	['stfɔʒitʃ]

deelnemen (ww)	uczestniczyć	[utʃɛst'nitʃitʃ]
denken (ww)	myśleć	['miɕletʃ]
doden (ww)	zabijać	[za'bijatʃ]
doen (ww)	robić	['rɔbitʃ]
dorst hebben (ww)	chcieć pić	[htʃetʃ pitʃ]

9. De belangrijkste werkwoorden. Deel 2

een hint geven	czynić aluzje	['tʃinitʃ a'lyzʰe]
eisen (met klem vragen)	zażądać	[za'ʒɔ̃datʃ]
existeren (bestaan)	istnieć	['istnetʃ]
gaan (te voet)	iść	[iɕtʃ]
gaan zitten (ww)	siadać	['ɕadatʃ]

gaan zwemmen	kąpać się	['kɔpatʃ ɕɛ̃]
geven (ww)	dawać	['davatʃ]
glimlachen (ww)	uśmiechać się	[uɕ'mehatʃ ɕɛ̃]
goed raden (ww)	odgadnąć	[ɔd'gadnɔ̃tʃ]

| grappen maken (ww) | żartować | [ʒar'tɔvatʃ] |
| graven (ww) | kopać | ['kɔpatʃ] |

hebben (ww)	mieć	[metʃ]
helpen (ww)	pomagać	[pɔ'magatʃ]
herhalen (opnieuw zeggen)	powtarzać	[pɔf'taʒatʃ]
honger hebben (ww)	chcieć jeść	[htʃetʃ eɕtʃ]

hopen (ww)	mieć nadzieję	[metʃ na'dʒeɛ̃]
horen	słyszeć	['swiʃɛtʃ]
(waarnemen met het oor)		
huilen (wenen)	płakać	['pwakatʃ]
huren (huis, kamer)	wynajmować	[vinaj'mɔvatʃ]
informeren (informatie geven)	informować	[infɔr'mɔvatʃ]

instemmen (akkoord gaan)	zgadzać się	['zgadzatʃ ɕɛ̃]
jagen (ww)	polować	[pɔ'lɔvatʃ]
kennen (kennis hebben	znać	[znatʃ]
van iemand)		
kiezen (ww)	wybierać	[vi'beratʃ]
klagen (ww)	skarżyć się	['skarʒitʃ ɕɛ̃]

kosten (ww)	kosztować	[kɔʃ'tɔvatʃ]
kunnen (ww)	móc	[muts]
lachen (ww)	śmiać się	['ɕmiatʃ ɕɛ̃]
laten vallen (ww)	upuszczać	[u'puʃtʃatʃ]
lezen (ww)	czytać	['tʃitatʃ]

liefhebben (ww)	kochać	['kɔhatʃ]
lunchen (ww)	jeść obiad	[eɕtʃ 'ɔbʲat]
nemen (ww)	brać	[bratʃ]
nodig zijn (ww)	być potrzebnym	[bitʃ pɔt'ʃɛbnim]

10. De belangrijkste werkwoorden. Deel 3

onderschatten (ww)	nie doceniać	[nedɔ'tsɛɲatʃ]
ondertekenen (ww)	podpisywać	[pɔtpi'sivatʃ]
ontbijten (ww)	jeść śniadanie	[eɕtʃ ɕɲa'dane]
openen (ww)	otwierać	[ɔt'feratʃ]
ophouden (ww)	przestawać	[pʃɛs'tavatʃ]
opmerken (zien)	zauważać	[zau'vaʒatʃ]

opscheppen (ww)	chwalić się	['hfalitʃ ɕɛ̃]
opschrijven (ww)	zapisywać	[zapi'sivatʃ]
plannen (ww)	planować	[pʎa'nɔvatʃ]
prefereren (verkiezen)	woleć	['vɔletʃ]
proberen (trachten)	próbować	[pru'bɔvatʃ]
redden (ww)	ratować	[ra'tɔvatʃ]
rekenen op ...	liczyć na ...	['litʃitʃ na]

rennen (ww)	biec	[bets]
reserveren	rezerwować	[rɛzɛr'vɔvatʃ]
(een hotelkamer ~)		
roepen (om hulp)	wołać	['vɔwatʃ]
schieten (ww)	strzelać	['stʃɛʎatʃ]
schreeuwen (ww)	krzyczeć	['kʃitʃɛtʃ]

schrijven (ww)	pisać	['pisatʃ]
souperen (ww)	jeść kolację	[eɕtʃ kɔ'ʎatsʰɛ̃]
spelen (kinderen)	grać	[gratʃ]
spreken (ww)	rozmawiać	[rɔz'maviatʃ]
stelen (ww)	kraść	[kraɕtʃ]
stoppen (pauzeren)	zatrzymywać się	[zatʃi'mivatʃ ɕɛ̃]

studeren (Nederlands ~)	studiować	[studʰɔvatʃ]
sturen (zenden)	wysyłać	[vi'siwatʃ]
tellen (optellen)	liczyć	['litʃitʃ]
toebehoren ...	należeć	[na'leʒɛtʃ]
toestaan (ww)	zezwalać	[zɛz'vaʎatʃ]
tonen (ww)	pokazywać	[pɔka'zivatʃ]

twijfelen (onzeker zijn)	wątpić	['võtpitʃ]
uitgaan (ww)	wychodzić	[vi'hɔdʒitʃ]
uitnodigen (ww)	zapraszać	[zap'raʃatʃ]
uitspreken (ww)	wymawiać	[vi'maviatʃ]
uitvaren tegen (ww)	besztać	['bɛʃtatʃ]

11. De belangrijkste werkwoorden. Deel 4

vallen (ww)	spadać	['spadatʃ]
vangen (ww)	łowić	['vɔvitʃ]
veranderen (anders maken)	zmienić	['zmenitʃ]
verbaasd zijn (ww)	dziwić się	['dʒivitʃ ɕɛ̃]
verbergen (ww)	chować	['hɔvatʃ]

verdedigen (je land ~)	bronić	['brɔnitʃ]
verenigen (ww)	łączyć	['wõtʃitʃ]
vergelijken (ww)	porównywać	[pɔruv'nivatʃ]
vergeten (ww)	zapominać	[zapɔ'minatʃ]
vergeven (ww)	przebaczać	[pʃɛ'batʃatʃ]

verklaren (uitleggen)	objaśniać	[ɔbʰ'jaɕɲatʃ]
verkopen (per stuk ~)	sprzedawać	[spʃɛ'davatʃ]
vermelden (praten over)	wspominać	[fspɔ'minatʃ]
versieren (decoreren)	ozdabiać	[ɔz'dabiatʃ]
vertalen (ww)	tłumaczyć	[twu'matʃitʃ]

vertrouwen (ww)	ufać	['ufatʃ]
vervolgen (ww)	kontynuować	[kɔntinu'ɔvatʃ]
verwarren (met elkaar ~)	mylić	['militʃ]
verzoeken (ww)	prosić	['prɔɕitʃ]
verzuimen (school, enz.)	opuszczać	[ɔ'puʃtʃatʃ]
vinden (ww)	znajdować	[znaj'dɔvatʃ]
vliegen (ww)	lecieć	['letʃetʃ]

volgen (ww)	podążać	[pɔ'dɔ̃ʒatʃ]
voorstellen (ww)	proponować	[prɔpɔ'nɔvatʃ]
voorzien (verwachten)	przewidzieć	[pʃɛ'vidʑetʃ]
vragen (ww)	pytać	['pitatʃ]

waarnemen (ww)	obserwować	[ɔbsɛr'vɔvatʃ]
waarschuwen (ww)	ostrzegać	[ɔst'ʃɛgatʃ]
wachten (ww)	czekać	['tʃɛkatʃ]
weerspreken (ww)	sprzeciwiać się	[spʃɛ'tʃiviatʃ ɕɛ̃]
weigeren (ww)	odmawiać	[ɔd'maviatʃ]

werken (ww)	pracować	[pra'tsɔvatʃ]
weten (ww)	wiedzieć	['vedʑetʃ]
willen (verlangen)	chcieć	[htʃetʃ]
zeggen (ww)	powiedzieć	[pɔ'vedʑetʃ]
zich haasten (ww)	śpieszyć się	['ɕpeʃitʃ ɕɛ̃]

zich interesseren voor ...	interesować się	[intɛrɛ'sɔvatʃ ɕɛ̃]
zich vergissen (ww)	mylić się	['militʃ ɕɛ̃]
zich verontschuldigen	przepraszać	[pʃɛp'raʃatʃ]
zien (ww)	widzieć	['vidʑetʃ]

zijn (ww)	być	[bitʃ]
zoeken (ww)	szukać	['ʃukatʃ]
zwemmen (ww)	pływać	['pwivatʃ]
zwijgen (ww)	milczeć	['miʎtʃɛtʃ]

12. Kleuren

kleur (de)	kolor (m)	['kɔlɔr]
tint (de)	odcień (m)	['ɔtʃeɲ]
kleurnuance (de)	ton (m)	[tɔn]
regenboog (de)	tęcza (z)	['tɛntʃa]

wit (bn)	biały	['biawi]
zwart (bn)	czarny	['tʃarni]
grijs (bn)	szary	['ʃari]

groen (bn)	zielony	[ʒe'lɔni]
geel (bn)	żółty	['ʒuwti]
rood (bn)	czerwony	[tʃɛr'vɔni]

blauw (bn)	ciemny niebieski	['tʃɛmni ne'beski]
lichtblauw (bn)	niebieski	[ne'beski]
roze (bn)	różowy	[ru'ʒɔvi]
oranje (bn)	pomarańczowy	[pɔmaraɲt'ʃɔvi]
violet (bn)	fioletowy	[fʰɔle'tɔvi]
bruin (bn)	brązowy	[brɔ̃'zɔvi]

| goud (bn) | złoty | ['zwɔti] |
| zilverkleurig (bn) | srebrzysty | [srɛb'ʒisti] |

| beige (bn) | beżowy | [bɛ'ʒɔvi] |
| roomkleurig (bn) | kremowy | [krɛ'mɔvi] |

turkoois (bn)	turkusowy	[turku'sɔvi]
kersrood (bn)	wiśniowy	[viɕ'nɜvi]
lila (bn)	liliowy	[li'ʎjɔvi]
karmijnrood (bn)	malinowy	[mali'nɔvi]

licht (bn)	jasny	['jasni]
donker (bn)	ciemny	['ʧemni]
fel (bn)	jasny	['jasni]

kleur-, kleurig (bn)	kolorowy	[kɔlɜ'rɔvi]
kleuren- (abn)	kolorowy	[kɔlɜ'rɔvi]
zwart-wit (bn)	czarno-biały	['ʧarnɔ 'bʲawi]
eenkleurig (bn)	jednokolorowy	['ednɔkɔlɜ'rɔvi]
veelkleurig (bn)	różnokolorowy	['ruʒnɔkɔlɜ'rɔvi]

13. Vragen

Wie?	Kto?	[ktɔ]
Wat?	Co?	[ʦɔ]
Waar?	Gdzie?	[gdʑe]
Waarheen?	Dokąd?	['dɔkɔ̃t]
Waar ... vandaan?	Skąd?	[skɔ̃t]
Wanneer?	Kiedy?	['kedi]
Waarom?	Dlaczego?	[dʎat'ʃɛgɔ]
Waarom?	Czemu?	['ʧɛmu]

Waarvoor dan ook?	Do czego?	[dɔ 'ʧɛgɔ]
Hoe?	Jak?	[jak]
Wat voor ...?	Jaki?	['jaki]
Welk?	Który?	['kturi]

Over wie?	O kim?	['ɔ kim]
Waarover?	O czym?	['ɔ ʧim]
Met wie?	Z kim?	[s kim]

| Hoeveel? | Ile? | ['ile] |
| Van wie? (mann.) | Czyj? | [ʧij] |

14. Functiewoorden. Bijwoorden. Deel 1

Waar?	Gdzie?	[gdʑe]
hier (bw)	tu	[tu]
daar (bw)	tam	[tam]

| ergens (bw) | gdzieś | [gdʑeɕ] |
| nergens (bw) | nigdzie | ['nigdʑe] |

| bij ... (in de buurt) | koło, przy | ['kɔwɔ], [pʃi] |
| bij het raam | przy oknie | [pʃi 'ɔkne] |

| Waarheen? | Dokąd? | ['dɔkɔ̃t] |
| hierheen (bw) | tutaj | ['tutaj] |

daarheen (bw)	tam	[tam]
hiervandaan (bw)	stąd	[stɔ̃t]
daarvandaan (bw)	stamtąd	['stamtɔ̃t]
dichtbij (bw)	blisko	['bliskɔ]
ver (bw)	daleko	[da'lɛkɔ]
in de buurt (van ...)	koło	['kɔwɔ]
vlakbij (bw)	obok	['ɔbɔk]
niet ver (bw)	niedaleko	[neda'lekɔ]
linker (bn)	lewy	['levɨ]
links (bw)	z lewej	[z 'levɛj]
linksaf, naar links (bw)	w lewo	[v 'levɔ]
rechter (bn)	prawy	['pravɨ]
rechts (bw)	z prawej	[s 'pravɛj]
rechtsaf, naar rechts (bw)	w prawo	[f 'pravɔ]
vooraan (bw)	z przodu	[s 'pʃɔdu]
voorste (bn)	przedni	['pʃɛdni]
vooruit (bw)	naprzód	['napʃut]
achter (bw)	z tyłu	[s 'tɨwu]
van achteren (bw)	od tyłu	[ɔt 'tɨwu]
achteruit (naar achteren)	do tyłu	[dɔ 'tɨwu]
midden (het)	środek (m)	['ɕrɔdɛk]
in het midden (bw)	w środku	[f 'ɕrɔdku]
opzij (bw)	z boku	[z 'bɔku]
overal (bw)	wszędzie	['fʃɛ̃dʑe]
omheen (bw)	dookoła	[dɔː'kɔwa]
binnenuit (bw)	z wewnątrz	[z 'vɛvnɔ̃tʃ]
naar ergens (bw)	dokąd	['dɔkɔ̃tɕ]
rechtdoor (bw)	na wprost	['na fprɔst]
terug (bijv. ~ komen)	z powrotem	[s pɔv'rɔtɛm]
ergens vandaan (bw)	skądkolwiek	[skɔ̃t'kɔʎvek]
ergens vandaan	skądś	[skɔ̃tɕ]
(en dit geld moet ~ komen)		
ten eerste (bw)	po pierwsze	[pɔ 'perfʃɛ]
ten tweede (bw)	po drugie	[pɔ 'druge]
ten derde (bw)	po trzecie	[pɔ 'tʃɛtɕe]
plotseling (bw)	nagle	['nagle]
in het begin (bw)	na początku	[na pɔt'ʃɔ̃tku]
voor de eerste keer (bw)	po raz pierwszy	[pɔ ras 'perfʃɨ]
lang voor ... (bw)	na długo przed ...	[na 'dwugɔ pʃɛt]
opnieuw (bw)	od nowa	[ɔd 'nɔva]
voor eeuwig (bw)	na zawsze	[na 'zafʃɛ]
nooit (bw)	nigdy	['nigdɨ]
weer (bw)	znowu	['znɔvu]

nu (bw)	teraz	['tɛras]
vaak (bw)	często	['tʃɛnstɔ]
toen (bw)	wtedy	['ftɛdi]
urgent (bw)	pilnie	['piʎne]
meestal (bw)	zwykle	['zvikle]

trouwens, ... (tussen haakjes)	a propos	[a prɔ'pɔ]
mogelijk (bw)	może, możliwe	['mɔʒɛ], [mɔʒ'livɛ]
waarschijnlijk (bw)	prawdopodobnie	[pravdɔpɔ'dɔbne]
misschien (bw)	być może	[bitʃ 'mɔʒɛ]
trouwens (bw)	poza tym	[pɔ'za tim]
daarom ...	dlatego	[dʎa'tɛgɔ]
in weerwil van ...	mimo że ...	['mimɔ ʒɛ]
dankzij ...	dzięki	['dʒɛ̃ki]

wat (vn)	co	[tsɔ]
dat (vw)	że	[ʒɛ]
iets (vn)	coś	[tsɔɕ]
iets	cokolwiek	[tsɔ'kɔʎvek]
niets (vn)	nic	[nits]

wie (~ is daar?)	kto	[ktɔ]
iemand (een onbekende)	ktoś	[ktɔɕ]
iemand (een bepaald persoon)	ktokolwiek	[ktɔ'kɔʎvek]

niemand (vn)	nikt	[nikt]
nergens (bw)	nigdzie	['nigdʒe]
niemands (bn)	niczyj	['nitʃij]
iemands (bn)	czyjkolwiek	[tʃij'kɔʎvek]

zo (Ik ben ~ blij)	tak	[tak]
ook (evenals)	także	['tagʒɛ]
alsook (eveneens)	też	[tɛʃ]

15. Functiewoorden. Bijwoorden. Deel 2

Waarom?	Dlaczego?	[dʎat'ʃɛgɔ]
om een bepaalde reden	z jakiegoś powodu	[z ja'kegɔɕ pɔ'vɔdu]
omdat ...	dlatego, że ...	[dla'tɛgɔ], [ʒɛ]
voor een bepaald doel	po coś	['pɔ tsɔɕ]

en (vw)	i	[i]
of (vw)	albo	['aʎbɔ]
maar (vw)	ale	['ale]
voor (vz)	dla	[dʎa]

te (~ veel mensen)	zbyt	[zbit]
alleen (bw)	tylko	['tiʎkɔ]
precies (bw)	dokładnie	[dɔk'wadne]
ongeveer (~ 10 kg)	około	[ɔ'kɔwɔ]
omstreeks (bw)	w przybliżeniu	[f pʃibli'ʒɛny]
bij benadering (bn)	przybliżony	[pʃibli'ʒɔni]

| bijna (bw) | prawie | [prave] |
| rest (de) | reszta (ż) | ['rɛʃta] |

elk (bn)	każdy	['kaʒdi]
om het even welk	jakikolwiek	[jaki'kɔʎvjek]
veel (grote hoeveelheid)	dużo	['duʒɔ]
veel mensen	wiele	['vele]
iedereen (alle personen)	wszystkie	['fʃistke]

in ruil voor ...	w zamian za ...	[v 'zamian za]
in ruil (bw)	zamiast	['zamiast]
met de hand (bw)	ręcznie	['rɛntʃne]
onwaarschijnlijk (bw)	ledwo, prawie	['ledvɔ], ['pravje]

waarschijnlijk (bw)	prawdopodobnie	[pravdɔpɔ'dɔbne]
met opzet (bw)	celowo	[tsɛ'lɔvɔ]
toevallig (bw)	przypadkiem	[pʃi'patkem]

zeer (bw)	bardzo	['bardzɔ]
bijvoorbeeld (bw)	na przykład	[na 'pʃikwat]
tussen (~ twee steden)	między	['mendʑi]
tussen (te midden van)	wśród	[fɕrut]
zoveel (bw)	aż tyle	[aʒ 'tile]
vooral (bw)	szczególnie	[ʃtʃɛ'guʎne]

Basisbegrippen Deel 2

16. Dagen van de week

maandag (de)	poniedziałek (m)	[pɔne'dʒʲawɛk]
dinsdag (de)	wtorek (m)	['ftɔrɛk]
woensdag (de)	środa (ż)	['ɕrɔda]
donderdag (de)	czwartek (m)	['tʃfartɛk]
vrijdag (de)	piątek (m)	[pɔ̃tɛk]
zaterdag (de)	sobota (ż)	[sɔ'bɔta]
zondag (de)	niedziela (ż)	[ne'dʒeʎa]

vandaag (bw)	dzisiaj	['dʒiɕaj]
morgen (bw)	jutro	['jutrɔ]
overmorgen (bw)	pojutrze	[pɔ'jutʃɛ]
gisteren (bw)	wczoraj	['ftʃɔraj]
eergisteren (bw)	przedwczoraj	[pʃɛtft'ʃɔraj]

dag (de)	dzień (m)	[dʒeɲ]
werkdag (de)	dzień (m) roboczy	[dʒeɲ rɔ'bɔtʃi]
feestdag (de)	dzień (m) świąteczny	[dʒeɲ ɕfɔ̃'tɛtʃnɨ]
verlofdag (de)	dzień (m) wolny	[dʒeɲ 'vɔʎnɨ]
weekend (het)	weekend (m)	[u'ikɛnt]

de hele dag (bw)	cały dzień	['tsawɨ dʒeɲ]
de volgende dag (bw)	następnego dnia	[nastɛp'nɛgɔ dɲa]
twee dagen geleden	dwa dni temu	[dva dni 'tɛmu]
aan de vooravond (bw)	w przeddzień	[f 'pʃeddʒeɲ]
dag-, dagelijks (bn)	codzienny	[tsɔ'dʒeɲɨ]
elke dag (bw)	codziennie	[tsɔ'dʒeɲe]

week (de)	tydzień (m)	['tɨdʒeɲ]
vorige week (bw)	w zeszłym tygodniu	[v 'zɛʃwɨm tɨ'gɔdnɨ]
volgende week (bw)	w następnym tygodniu	[v nas'tɛpnɨm tɨ'gɔdnɨ]
wekelijks (bn)	tygodniowy	[tɨgɔd'nɔvɨ]
elke week (bw)	co tydzień	[tsɔ tɨ'dʒeɲ]
twee keer per week	dwa razy w tygodniu	[dva 'razɨ v tɨ'gɔdnɨ]
elke dinsdag	co wtorek	[tsɔ 'ftɔrek]

17. Uren. Dag en nacht

morgen (de)	ranek (m)	['ranɛk]
's morgens (bw)	rano	['ranɔ]
middag (de)	południe (n)	[pɔ'wudne]
's middags (bw)	po południu	[pɔ pɔ'wudnɨ]

avond (de)	wieczór (m)	['vetʃur]
's avonds (bw)	wieczorem	[vet'ʃɔrɛm]

nacht (de)	noc (ż)	[nɔʦ]
's nachts (bw)	w nocy	[v 'nɔʦɨ]
middernacht (de)	północ (ż)	['puwnɔʦ]

seconde (de)	sekunda (ż)	[sɛ'kunda]
minuut (de)	minuta (ż)	[mi'nuta]
uur (het)	godzina (ż)	[gɔ'ʤina]
halfuur (het)	pół godziny	[puw gɔ'ʤinɨ]
kwartier (het)	kwadrans (m)	['kfadrans]
vijftien minuten	piętnaście minut	[pɛ̃t'naʨe 'minut]
etmaal (het)	doba (ż)	['dɔba]

zonsopgang (de)	wschód (m) słońca	[fshut 'swɔɲʦa]
dageraad (de)	świt (m)	[ɕfit]
vroege morgen (de)	wczesny ranek (m)	['fʧɛsnɨ 'ranɛk]
zonsondergang (de)	zachód (m)	['zahut]

's morgens vroeg (bw)	wcześnie rano	['fʧɛɕne 'ranɔ]
vanmorgen (bw)	dzisiaj rano	['ʤiɕaj 'ranɔ]
morgenochtend (bw)	jutro rano	['jutrɔ 'ranɔ]
vanmiddag (bw)	dzisiaj w dzień	['ʤiɕaj v ʤeɲ]
's middags (bw)	po południu	[pɔ pɔ'wudnɨ]
morgenmiddag (bw)	jutro popołudniu	[jutrɔ pɔpɔ'wudnɨ]
vanavond (bw)	dzisiaj wieczorem	[ʤiɕaj vet'ʃɔrɛm]
morgenavond (bw)	jutro wieczorem	['jutrɔ vet'ʃɔrɛm]

klokslag drie uur	równo o trzeciej	['ruvnɔ ɔ 'ʧɛʧej]
ongeveer vier uur	około czwartej	[ɔ'kɔwɔ 'ʧfartɛj]
tegen twaalf uur	na dwunastą	[na dvu'nastɔ̃]

over twintig minuten	za dwadzieścia minut	[za dva'ʤeʧˈla 'minut]
over een uur	za godzinę	[za gɔ'ʤinɛ̃]
op tijd (bw)	na czas	[na ʧas]

kwart voor ...	za kwadrans	[za 'kfadrans]
binnen een uur	w ciągu godziny	[f ʧɔ̃gu gɔ'ʤinɨ]
elk kwartier	co piętnaście minut	[ʦɔ pɛ̃t'naʨe 'minut]
de klok rond	całą dobę	['ʦawɔ̃ 'dɔbɛ̃]

18. Maanden. Seizoenen

januari (de)	styczeń (m)	['stɨʧɛɲ]
februari (de)	luty (m)	['lytɨ]
maart (de)	marzec (m)	['maʒɛʦ]
april (de)	kwiecień (m)	['kfeʧeɲ]
mei (de)	maj (m)	[maj]
juni (de)	czerwiec (m)	['ʧɛrveʦ]

juli (de)	lipiec (m)	['lipeʦ]
augustus (de)	sierpień (m)	['ɕerpeɲ]
september (de)	wrzesień (m)	['vʒɛɕeɲ]
oktober (de)	październik (m)	[paʑˈʤernik]
november (de)	listopad (m)	[lis'tɔpat]
december (de)	grudzień (m)	['gruʤeɲ]

27

lente (de)	wiosna (ż)	['vɔsna]
in de lente (bw)	wiosną	['vɔsnɔ̃]
lente- (abn)	wiosenny	[vɔ'sɛɲi]

zomer (de)	lato (n)	['ʎatɔ]
in de zomer (bw)	latem	['ʎatɛm]
zomer-, zomers (bn)	letni	['letni]

herfst (de)	jesień (ż)	['eɕeɲ]
in de herfst (bw)	jesienią	[e'ɕenɔ̃]
herfst- (abn)	jesienny	[e'ɕeɲi]

winter (de)	zima (ż)	['ʒima]
in de winter (bw)	zimą	['ʒimɔ̃]
winter- (abn)	zimowy	[ʒi'mɔvi]

maand (de)	miesiąc (m)	['meɕɔ̃ts]
deze maand (bw)	w tym miesiącu	[f tim me'ɕɔ̃tsu]
volgende maand (bw)	w przyszłym miesiącu	[v 'pʃisʃwim me'ɕɔ̃tsu]
vorige maand (bw)	w zeszłym miesiącu	[v 'zɛʃwim me'ɕɔ̃tsu]

een maand geleden (bw)	miesiąc temu	['meɕɔ̃ts 'tɛmu]
over een maand (bw)	za miesiąc	[za 'meɕɔ̃ts]
over twee maanden (bw)	za dwa miesiące	[za dva me'ɕɔ̃tse]
de hele maand (bw)	przez cały miesiąc	[pʃɛs 'tsawi 'meɕɔ̃ts]
een volle maand (bw)	cały miesiąc	['tsawi 'meɕɔ̃ts]

maand-, maandelijks (bn)	comiesięczny	[tsɔme'ɕentʃni]
maandelijks (bw)	comiesięcznie	[tsɔme'ɕentʃne]
elke maand (bw)	co miesiąc	[tsɔ 'meɕɔ̃ts]
twee keer per maand	dwa razy w miesiącu	[dva 'razi v meɕɔ̃tsu]

jaar (het)	rok (m)	[rɔk]
dit jaar (bw)	w tym roku	[f tim 'rɔku]
volgend jaar (bw)	w przyszłym roku	[v 'pʃisʃwim 'rɔku]
vorig jaar (bw)	w zeszłym roku	[v 'zɛʃwim 'rɔku]

een jaar geleden (bw)	rok temu	[rɔk 'tɛmu]
over een jaar	za rok	[za rɔk]
over twee jaar	za dwa lata	[za dva 'ʎata]
het hele jaar	cały rok	['tsawi rɔk]
een vol jaar	cały rok	['tsawi rɔk]

elk jaar	co roku	[tsɔ 'rɔku]
jaar-, jaarlijks (bn)	coroczny	[tsɔ'rɔtʃni]
jaarlijks (bw)	corocznie	[tsɔ'rɔtʃne]
4 keer per jaar	cztery razy w roku	['tʃtɛri 'razi v 'rɔku]

datum (de)	data (ż)	['data]
datum (de)	data (ż)	['data]
kalender (de)	kalendarz (m)	[ka'lendaʃ]

een half jaar	pół roku	[puw 'rɔku]
zes maanden	półrocze (n)	[puw'rɔtʃɛ]
seizoen (bijv. lente, zomer)	sezon (m)	['sɛzɔn]
eeuw (de)	wiek (m)	[vek]

19. Tijd. Diversen

tijd (de)	czas (m)	[tʃas]
ogenblik (het)	chwilka (z)	['hfiʎka]
moment (het)	chwila (z)	['hfiʎa]
ogenblikkelijk (bn)	błyskawiczny	[bwɨska'vitʃnɨ]
tijdsbestek (het)	odcinek (m)	[ɔ'tʃinɛk]
leven (het)	życie (n)	['ʒitʃe]
eeuwigheid (de)	wieczność (z)	['vetʃnɔɕtʃ]

epoche (de), tijdperk (het)	epoka (z)	[ɛ'pɔka]
era (de), tijdperk (het)	era (z)	['ɛra]
cyclus (de)	cykl (m)	['tsɨkʎ]
periode (de)	okres (m), czas m	['ɔkrɛs], [tʃas]
termijn (vastgestelde periode)	termin (m)	['tɛrmin]

toekomst (de)	przyszłość (z)	['pʃɨʃwɔɕtʃ]
toekomstig (bn)	przyszły	['pʃɨʃwɨ]
de volgende keer	następnym razem	[nas'tɛpnɨm 'razɛm]
verleden (het)	przeszłość (z)	['pʃɛʃwɔɕtʃ]
vorig (bn)	ubiegły	[u'begwɨ]
de vorige keer	ostatnim razem	[ɔs'tatnim 'razɛm]

later (bw)	później	['puʑnej]
na (~ het diner)	po	[pɔ]
tegenwoordig (bw)	obecnie	[ɔ'bɛtsne]
nu (bw)	teraz	['tɛras]
onmiddellijk (bw)	natychmiast	[na'tihmʲast]
snel (bw)	wkrótce	['fkruttsɛ]
bij voorbaat (bw)	wcześniej	['ftʃɛɕnej]

lang geleden (bw)	dawno	['davnɔ]
kort geleden (bw)	niedawno	[ne'davnɔ]
noodlot (het)	los (m)	['lɔs]
herinneringen (mv.)	pamięć (z)	['pamɛ̃tʃ]
archief (het)	archiwum (n)	[ar'hivum]

tijdens ... (ten tijde van)	podczas ...	['pɔdtʃas]
lang (bw)	długo	['dwugɔ]
niet lang (bw)	niedługo	[ned'wugɔ]
vroeg (bijv. ~ in de ochtend)	wcześnie	['ftʃɛɕne]
laat (bw)	późno	['puʑnɔ]

voor altijd (bw)	na zawsze	[na 'zafʃɛ]
beginnen (ww)	rozpoczynać	[rɔspɔt'ʃɨnatʃ]
uitstellen (ww)	przesunąć	[pʃɛ'sunɔ̃tʃ]

tegelijkertijd (bw)	jednocześnie	[ednɔt'ʃɛɕne]
voortdurend (bw)	stale	['stale]
constant (bijv. ~ lawaai)	ciągły	[tʃɔ̃gwɨ]
tijdelijk (bn)	tymczasowy	[timtʃa'sɔvɨ]

soms (bw)	czasami	[tʃa'sami]
zelden (bw)	rzadko	['ʒmatkɔ]
vaak (bw)	często	['tʃɛnstɔ]

29

20. Tegenovergestelden

rijk (bn)	bogaty	[bɔ'gati]
arm (bn)	biedny	['bedni]
ziek (bn)	chory	['hɔri]
gezond (bn)	zdrowy	['zdrɔvi]
groot (bn)	duży	['duʒi]
klein (bn)	mały	['mawi]
snel (bw)	szybko	['ʃipkɔ]
langzaam (bw)	wolno	['vɔʎnɔ]
snel (bn)	szybki	['ʃipki]
langzaam (bn)	powolny	[pɔ'vɔʎni]
vrolijk (bn)	wesoły	[vɛ'sɔwi]
treurig (bn)	smutny	['smutni]
samen (bw)	razem	['razɛm]
apart (bw)	oddzielnie	[ɔd'dʒeʎne]
hardop (~ lezen)	na głos	['na gwɔs]
stil (~ lezen)	po cichu	[pɔ 'tɕihu]
hoog (bn)	wysoki	[vi'sɔki]
laag (bn)	niski	['niski]
diep (bn)	głęboki	[gwɛ̃'bɔki]
ondiep (bn)	płytki	['pwitki]
ja	tak	[tak]
nee	nie	[ne]
ver (bn)	daleki	[da'lɛki]
dicht (bn)	bliski	['bliski]
ver (bw)	daleko	[da'lɛkɔ]
dichtbij (bw)	obok	['ɔbɔk]
lang (bn)	długi	['dwugi]
kort (bn)	krótki	['krutki]
vriendelijk (goedhartig)	dobry	['dɔbri]
kwaad (bn)	zły	[zwi]
gehuwd (mann.)	żonaty	[ʒɔ'nati]
ongehuwd (mann.)	nieżonaty	[neʒɔ'nati]
verbieden (ww)	zakazać	[za'kazatɕ]
toestaan (ww)	zezwolić	[zɛz'vɔlitɕ]
einde (het)	koniec (m)	['kɔnets]
begin (het)	początek (m)	[pɔt'ʃɔ̃tɛk]

| linker (bn) | lewy | ['levi] |
| rechter (bn) | prawy | ['pravi] |

| eerste (bn) | pierwszy | ['perfʃi] |
| laatste (bn) | ostatni | [ɔs'tatni] |

| misdaad (de) | przestępstwo (n) | [pʃɛs'tɛpstfɔ] |
| bestraffing (de) | kara (ż) | ['kara] |

| bevelen (ww) | rozkazać | [rɔs'kazatʃ] |
| gehoorzamen (ww) | podporządkować się | [pɔtpɔʒɔ̃d'kɔvatʃ ɕɛ̃] |

| recht (bn) | prosty | ['prɔsti] |
| krom (bn) | krzywy | ['kʃivi] |

| paradijs (het) | raj (m) | [raj] |
| hel (de) | piekło (n) | ['pekwɔ] |

| geboren worden (ww) | urodzić się | [u'rɔdʒitʃ ɕɛ̃] |
| sterven (ww) | umrzeć | ['umʒɛtʃ] |

| sterk (bn) | silny | ['ɕiʌ̃ni] |
| zwak (bn) | słaby | ['swabi] |

| oud (bn) | stary | ['stari] |
| jong (bn) | młody | ['mwɔdi] |

| oud (bn) | stary | ['stari] |
| nieuw (bn) | nowy | ['nɔvi] |

| hard (bn) | twardy | ['tfardi] |
| zacht (bn) | miękki | ['meŋki] |

| warm (bn) | ciepły | ['tʃepwi] |
| koud (bn) | zimny | ['ʒimni] |

| dik (bn) | gruby | ['grubi] |
| dun (bn) | szczupły | ['ʃtʃupwi] |

| smal (bn) | wąski | ['vɔ̃ski] |
| breed (bn) | szeroki | [ʃɛ'rɔki] |

| goed (bn) | dobry | ['dɔbri] |
| slecht (bn) | zły | [zwi] |

| moedig (bn) | mężny | ['mɛnʒni] |
| laf (bn) | tchórzliwy | [thuʒ'livi] |

21. Lijnen en vormen

vierkant (het)	kwadrat (m)	['kfadrat]
vierkant (bn)	kwadratowy	[kfadra'tɔvi]
cirkel (de)	koło (n)	['kɔwɔ]
rond (bn)	okrągły	[ɔk'rɔ̃gwi]

| driehoek (de) | trójkąt (m) | ['trujkɔ̃t] |
| driehoekig (bn) | trójkątny | [truj'kɔ̃tnɨ] |

ovaal (het)	owal (m)	['ɔvaʎ]
ovaal (bn)	owalny	[ɔ'vaʎnɨ]
rechthoek (de)	prostokąt (m)	[prɔs'tɔkɔ̃t]
rechthoekig (bn)	prostokątny	[prɔstɔ'kɔ̃tnɨ]

piramide (de)	piramida (ż)	[pira'mida]
ruit (de)	romb (m)	[rɔmp]
trapezium (het)	trapez (m)	['trapɛs]
kubus (de)	sześcian (m)	['ʃɛɕtʃan]
prisma (het)	graniastosłup (m)	[graɲas'tɔswup]

omtrek (de)	okrąg (m)	['ɔkrɔ̃k]
bol, sfeer (de)	powierzchnia (ż) kuli	[pɔ'veʃhɲa 'kuli]
bal (de)	kula (ż)	['kuʎa]
diameter (de)	średnica (ż)	[ɕrɛd'nitsa]
straal (de)	promień (m)	['prɔmeɲ]
omtrek (~ van een cirkel)	obwód (m)	['ɔbvut]
middelpunt (het)	środek (m)	['ɕrɔdɛk]

horizontaal (bn)	poziomy	[pɔ'ʒɔmɨ]
verticaal (bn)	pionowy	[pɜ'nɔvɨ]
parallel (de)	równoległa (ż)	[ruvnɔ'legwa]
parallel (bn)	równoległy	[ruvnɔ'legwɨ]

lijn (de)	linia (ż)	['liɲja]
streep (de)	linia (ż)	['liɲja]
rechte lijn (de)	prosta (ż)	['prɔsta]
kromme (de)	krzywa (ż)	['kʃɨva]
dun (bn)	cienki	['tʃeɲki]
omlijning (de)	kontur (m)	['kɔntur]

snijpunt (het)	przecięcie (n)	[pʃɛ'tʃɛtʃe]
rechte hoek (de)	kąt (m) prosty	[kɔ̃t 'prɔstɨ]
segment (het)	segment (m)	['sɛgmɛnt]
sector (de)	wycinek (m)	[vɨ'tʃinɛk]
zijde (de)	strona (ż)	['strɔna]
hoek (de)	kąt (m)	[kɔ̃t]

22. Meeteenheden

gewicht (het)	ciężar (m)	['tʃenʒar]
lengte (de)	długość (ż)	['dwugɔɕtʃ]
breedte (de)	szerokość (ż)	[ʃɛ'rɔkɔɕtʃ]
hoogte (de)	wysokość (ż)	[vɨ'sɔkɔɕtʃ]

diepte (de)	głębokość (ż)	[gwɛ̃'bɔkɔɕtʃ]
volume (het)	objętość (ż)	[ɔbʰ'entɔɕtʃ]
oppervlakte (de)	powierzchnia (ż)	[pɔ'veʃhɲa]

| gram (het) | gram (m) | [gram] |
| milligram (het) | miligram (m) | [mi'ligram] |

kilogram (het)	kilogram (m)	[ki'lɔgram]
ton (duizend kilo)	tona (z)	['tɔna]
pond (het)	funt (m)	[funt]
ons (het)	uncja (z)	['untsʰja]

meter (de)	metr (m)	[mɛtr]
millimeter (de)	milimetr (m)	[mi'limɛtr]
centimeter (de)	centymetr (m)	[tsɛn'timɛtr]
kilometer (de)	kilometr (m)	[ki'lɔmɛtr]
mijl (de)	mila (z)	['miʎa]

duim (de)	cal (m)	[tsaʎ]
voet (de)	stopa (z)	['stɔpa]
yard (de)	jard (m)	['jart]

| vierkante meter (de) | metr (m) kwadratowy | [mɛtr kfadra'tɔvi] |
| hectare (de) | hektar (m) | ['hɛktar] |

liter (de)	litr (m)	[litr]
graad (de)	stopień (m)	['stɔpeɲ]
volt (de)	wolt (m)	[vɔʎt]
ampère (de)	amper (m)	[am'pɛr]
paardenkracht (de)	koń (m) mechaniczny	[kɔɲ mɛha'nitʃni]

hoeveelheid (de)	ilość (z)	['ilɔctʃ]
een beetje ...	niedużo ...	[ne'duʒɔ]
helft (de)	połowa (z)	[pɔ'wɔva]
dozijn (het)	tuzin (m)	['tuʒin]
stuk (het)	sztuka (z)	['ʃtuka]

| afmeting (de) | rozmiar (m) | ['rɔzmʲar] |
| schaal (bijv. ~ van 1 op 50) | skala (z) | ['skaʎa] |

minimaal (bn)	minimalny	[mini'maʎnɨ]
minste (bn)	najmniejszy	[najm'nejʃɨ]
medium (bn)	średni	['ɕrɛdni]
maximaal (bn)	maksymalny	[maksɨ'maʎnɨ]
grootste (bn)	największy	[naj'veŋkʃɨ]

23. Containers

glazen pot (de)	słoik (m)	['swɔik]
blik (conserven~)	puszka (z)	['puʃka]
emmer (de)	wiadro (n)	['vʲadrɔ]
ton (bijv. regenton)	beczka (z)	['bɛtʃka]

ronde waterbak (de)	miednica (z)	[med'nitsa]
tank (bijv. watertank-70-ltr)	zbiornik (m)	['zbɔrnik]
heupfles (de)	piersiówka (z)	[per'ɕɨvka]
jerrycan (de)	kanister (m)	[ka'nistɛr]
tank (bijv. ketelwagen)	cysterna (z)	[tsɨs'tɛrna]

| beker (de) | kubek (m) | ['kubɛk] |
| kopje (het) | filiżanka (z) | [fili'ʒaŋka] |

33

schoteltje (het)	spodek (m)	['spɔdɛk]
glas (het)	szklanka (z)	['ʃkʎaŋka]
wijnglas (het)	kielich (m)	['kelih]
steelpan (de)	garnek (m)	['garnɛk]

| fles (de) | butelka (z) | [bu'tɛʎka] |
| flessenhals (de) | szyjka (z) | ['ʃijka] |

karaf (de)	karafka (z)	[ka'rafka]
kruik (de)	dzbanek (m)	['dzbanɛk]
vat (het)	naczynie (n)	[nat'ʃine]
pot (de)	garnek (m)	['garnɛk]
vaas (de)	wazon (m)	['vazɔn]

flacon (de)	flakon (m)	[fʎa'kɔn]
flesje (het)	fiolka (z)	[fʰзʎka]
tube (bijv. ~ tandpasta)	tubka (z)	['tupka]

zak (bijv. ~ aardappelen)	worek (m)	['vɔrɛk]
tasje (het)	torba (z)	['tɔrba]
pakje (~ sigaretten, enz.)	paczka (z)	['patʃka]

doos (de)	pudełko (n)	[pu'dɛwkɔ]
kist (de)	skrzynka (z)	['skʃiŋka]
mand (de)	koszyk (m)	['kɔʃik]

24. Materialen

materiaal (het)	materiał (m)	[ma'tɛrʰjaw]
hout (het)	drewno (n)	['drɛvnɔ]
houten (bn)	drewniany	[drɛv'ɲani]

| glas (het) | szkło (n) | [ʃkwɔ] |
| glazen (bn) | szklany | ['ʃkʎani] |

| steen (de) | kamień (m) | ['kameɲ] |
| stenen (bn) | kamienny | [ka'meɲi] |

| plastic (het) | plastik (m) | ['pʎastik] |
| plastic (bn) | plastikowy | [pʎasti'kɔvi] |

| rubber (het) | guma (z) | ['guma] |
| rubber-, rubberen (bn) | gumowy | [gu'mɔvi] |

| stof (de) | tkanina (z) | [tka'nina] |
| van stof (bn) | z materiału | [z matɛrʰ'jawu] |

| papier (het) | papier (m) | ['paper] |
| papieren (bn) | papierowy | [pape'rɔvi] |

karton (het)	karton (m)	['kartɔn]
kartonnen (bn)	kartonowy	[kartɔ'nɔvi]
polyethyleen (het)	polietylen (m)	[pɔliɛ'tilen]
cellofaan (het)	celofan (m)	[ʦɛ'lɔfan]

multiplex (het)	sklejka (ż)	['sklejka]
porselein (het)	porcelana (ż)	[pɔrtsɛ'ʎana]
porseleinen (bn)	porcelanowy	[pɔrtseʎa'nɔvɨ]
klei (de)	glina (ż)	['glina]
klei-, van klei (bn)	gliniany	[gli'ɲanɨ]
keramiek (de)	ceramika (ż)	[tsɛ'ramika]
keramieken (bn)	ceramiczny	[tsɛra'mitʃnɨ]

25. Metalen

metaal (het)	metal (m)	['mɛtaʎ]
metalen (bn)	metalowy	[mɛta'lɔvɨ]
legering (de)	stop (m)	[stɔp]

goud (het)	złoto (n)	['zwɔtɔ]
gouden (bn)	złoty	['zwɔtɨ]
zilver (het)	srebro (n)	['srɛbrɔ]
zilveren (bn)	srebrny	['srɛbrnɨ]

IJzer (het)	żelazo (n)	[ʒɛ'ʎazɔ]
IJzeren (bn)	żelazny	[ʒe'ʎaznɨ]
staal (het)	stal (ż)	[staʎ]
stalen (bn)	stalowy	[sta'lɔvɨ]
koper (het)	miedź (ż)	[metʃ]
koperen (bn)	miedziany	[me'dʑanɨ]

aluminium (het)	aluminium (n)	[aly'miɲjym]
aluminium (bn)	aluminiowy	[alymi'ɲjɔvɨ]
brons (het)	brąz (m)	[brɔ̃z]
bronzen (bn)	brązowy	[brɔ̃'zɔvɨ]

messing (het)	mosiądz (m)	['mɔɕɔ̃ts]
nikkel (het)	nikiel (m)	['nikeʎ]
platina (het)	platyna (ż)	['pʎatɨna]
kwik (het)	rtęć (ż)	[rtɛ̃tʃ]
tin (het)	cyna (ż)	['tsɨna]
lood (het)	ołów (m)	['ɔwuf]
zink (het)	cynk (m)	[tsɨŋk]

MENS

Mens. Het lichaam

26. Mensen. Basisbegrippen

mens (de)	człowiek (m)	['tʃwɔvek]
man (de)	mężczyzna (m)	[mɛ̃ʃt'ʃizna]
vrouw (de)	kobieta (ż)	[kɔ'beta]
kind (het)	dziecko (n)	['dʒetskɔ]
meisje (het)	dziewczynka (ż)	[dʒeft'ʃiŋka]
jongen (de)	chłopiec (m)	['hwɔpets]
tiener, adolescent (de)	nastolatek (m)	[nastɔ'ʎatɛk]
oude man (de)	staruszek (m)	[sta'ruʃɛk]
oude vrouw (de)	staruszka (ż)	[sta'ruʃka]

27. Menselijke anatomie

organisme (het)	organizm (m)	[ɔr'ganizm]
hart (het)	serce (n)	['sɛrtsɛ]
bloed (het)	krew (ż)	[krɛf]
slagader (de)	tętnica (ż)	[tɛ̃t'nitsa]
ader (de)	żyła (ż)	['ʒiwa]
hersenen (mv.)	mózg (m)	[musk]
zenuw (de)	nerw (m)	[nɛrf]
zenuwen (mv.)	nerwy (l.mn.)	['nɛrvi]
wervel (de)	kręg (m)	[krɛ̃k]
ruggengraat (de)	kręgosłup (m)	[krɛ̃'gɔswup]
maag (de)	żołądek (m)	[ʒɔ'wɔ̃dɛk]
darmen (mv.)	jelita (l.mn.)	[e'lita]
darm (de)	jelito (n)	[e'litɔ]
lever (de)	wątroba (ż)	[vɔ̃t'rɔba]
nier (de)	nerka (ż)	['nɛrka]
been (deel van het skelet)	kość (ż)	[kɔctʃ]
skelet (het)	szkielet (m)	['ʃkelet]
rib (de)	żebro (n)	['ʒɛbrɔ]
schedel (de)	czaszka (ż)	['tʃaʃka]
spier (de)	mięsień (m)	['meɲɕɛ̃]
biceps (de)	biceps (m)	['bitseps]
pees (de)	ścięgno (n)	['ctʃeŋɔ]
gewricht (het)	staw (m)	[staf]

longen (mv.)	płuca (l.mn.)	['pwutsa]
geslachtsorganen (mv.)	narządy (l.mn.) płciowe	[na'ʒɔdɨ 'pwtʃɔvɛ]
huid (de)	skóra (ż)	['skura]

28. Hoofd

hoofd (het)	głowa (ż)	['gwɔva]
gezicht (het)	twarz (ż)	[tfaʃ]
neus (de)	nos (m)	[nɔs]
mond (de)	usta (l.mn.)	['usta]

oog (het)	oko (n)	['ɔkɔ]
ogen (mv.)	oczy (l.mn.)	['ɔtʃi]
pupil (de)	źrenica (ż)	[zʲre'nitsa]
wenkbrauw (de)	brew (ż)	[brɛf]
wimper (de)	rzęsy (l.mn.)	['ʒɛnsi]
ooglid (het)	powieka (ż)	[pɔ'veka]

tong (de)	język (m)	['enzik]
tand (de)	ząb (m)	[zɔmp]
lippen (mv.)	wargi (l.mn.)	['vargi]
jukbeenderen (mv.)	kości (l.mn.) policzkowe	['kɔҫtʃi politʃ'kɔvɛ]
tandvlees (het)	dziąsło (n)	[dʒɔswɔ]
gehemelte (het)	podniebienie (n)	[pɔdne'bene]

neusgaten (mv.)	nozdrza (l.mn.)	['nɔzdʒa]
kin (de)	podbródek (m)	[pɔdb'rudek]
kaak (de)	szczęka (ż)	['ʃtʃɛŋka]
wang (de)	policzek (m)	[pɔ'litʃɛk]

voorhoofd (het)	czoło (n)	['tʃɔwɔ]
slaap (de)	skroń (ż)	[skrɔɲ]
oor (het)	ucho (n)	['uhɔ]
achterhoofd (het)	potylica (ż)	[pɔti'litsa]
hals (de)	szyja (ż)	['ʃija]
keel (de)	gardło (n)	['gardwɔ]

haren (mv.)	włosy (l.mn.)	['vwɔsi]
kapsel (het)	fryzura (ż)	[fri'zura]
haarsnit (de)	uczesanie (n)	[utʃɛ'sane]
pruik (de)	peruka (ż)	[pɛ'ruka]

snor (de)	wąsy (l.mn.)	['vɔsi]
baard (de)	broda (ż)	['brɔda]
dragen (een baard, enz.)	nosić	['nɔҫitʃ]
vlecht (de)	warkocz (m)	['varkɔtʃ]
bakkebaarden (mv.)	baczki (l.mn.)	['batʃki]

ros (roodachtig, rossig)	rudy	['rudi]
grijs (~ haar)	siwy	['ҫivi]
kaal (bn)	łysy	['wisi]
kale plek (de)	łysina (ż)	[wi'ҫina]
paardenstaart (de)	koński ogon (m)	['kɔɲski 'ɔgɔn]
pony (de)	grzywka (ż)	['gʒifka]

29. Menselijk lichaam

hand (de)	dłoń (z)	[dwɔɲ]
arm (de)	ręka (z)	['rɛŋka]
vinger (de)	palec (m)	['palɛts]
duim (de)	kciuk (m)	['ktʃuk]
pink (de)	mały palec (m)	['mawɨ 'palɛts]
nagel (de)	paznokieć (m)	[paz'nɔketʃ]
vuist (de)	pięść (z)	[pɛ̃ɕtʃ]
handpalm (de)	dłoń (z)	[dwɔɲ]
pols (de)	nadgarstek (m)	[nad'garstɛk]
voorarm (de)	przedramię (n)	[pʃɛd'ramɛ̃]
elleboog (de)	łokieć (n)	['wɔketʃ]
schouder (de)	ramię (n)	['ramɛ̃]
been (rechter ~)	noga (z)	['nɔga]
voet (de)	stopa (z)	['stɔpa]
knie (de)	kolano (n)	[kɔ'ʎanɔ]
kuit (de)	łydka (z)	['wɨtka]
heup (de)	biodro (n)	['bɜdrɔ]
hiel (de)	pięta (z)	['penta]
lichaam (het)	ciało (n)	['tʃawɔ]
buik (de)	brzuch (m)	[bʒuh]
borst (de)	pierś (z)	[pɛrɕ]
borst (de)	piersi (l.mn.)	['pɛrɕi]
zijde (de)	bok (m)	[bɔk]
rug (de)	plecy (l.mn.)	['plɛtsɨ]
lage rug (de)	krzyż (m)	[kʃɨʃ]
taille (de)	talia (z)	['taʎja]
navel (de)	pępek (m)	['pɛ̃pɛk]
billen (mv.)	pośladki (l.mn.)	[pɔɕ'ʎatki]
achterwerk (het)	tyłek (m)	['tiwɛk]
huidvlek (de)	pieprzyk (m)	['pɛpʃik]
moedervlek (de)	znamię (n)	['znamɛ̃]
tatoeage (de)	tatuaż (m)	[ta'tuaʃ]
litteken (het)	blizna (z)	['blizna]

Kleding en accessoires

30. Bovenkleding. Jassen

kleren (mv.), kleding (de)	odzież (ż)	['ɔdʒeʃ]
bovenkleding (de)	wierzchnie okrycie (n)	['veʃhne ɔk'riʧe]
winterkleding (de)	odzież (ż) zimowa	['ɔdʒeʒ ʒi'mɔva]
jas (de)	palto (n)	['paʎtɔ]
bontjas (de)	futro (n)	['futrɔ]
bontjasje (het)	futro (n) krótkie	['futrɔ 'krɔtkɛ]
donzen jas (de)	kurtka (z) puchowa	['kurtka pu'hɔva]
jasje (bijv. een leren ~)	kurtka (z)	['kurtka]
regenjas (de)	płaszcz (m)	[pwaʃʧ]
waterdicht (bn)	nieprzemakalny	[nepʃɛma'kaʎnɨ]

31. Heren & dames kleding

overhemd (het)	koszula (z)	[kɔ'ʃuʎa]
broek (de)	spodnie (l.mn.)	['spɔdne]
jeans (de)	dżinsy (l.mn.)	['dʒinsɨ]
colbert (de)	marynarka (z)	[marɨ'narka]
kostuum (het)	garnitur (m)	[gar'nitur]
jurk (de)	sukienka (z)	[su'keŋka]
rok (de)	spódnica (z)	[spud'nitsa]
blouse (de)	bluzka (z)	['blyska]
wollen vest (de)	sweterek (m)	[sfɛ'tɛrɛk]
blazer (kort jasje)	żakiet (m)	['ʒaket]
T-shirt (het)	koszulka (z)	[kɔ'ʃuʎka]
shorts (mv.)	spodenki (l.mn.)	[spɔ'dɛŋki]
trainingspak (het)	dres (m)	[drɛs]
badjas (de)	szlafrok (m)	['ʃʎafrɔk]
pyjama (de)	pidżama (z)	[pi'dʒama]
sweater (de)	sweter (m)	['sfɛtɛr]
pullover (de)	pulower (m)	[pu'lɔvɛr]
gilet (het)	kamizelka (z)	[kami'zɛʎka]
rokkostuum (het)	frak (m)	[frak]
smoking (de)	smoking (m)	['smɔkiŋk]
uniform (het)	uniform (m)	[u'nifɔrm]
werkkleding (de)	ubranie (n) robocze	[ub'rane rɔ'bɔtʃɛ]
overall (de)	kombinezon (m)	[kɔmbi'nɛzɔn]
doktersjas (de)	kitel (m)	['kitɛʎ]

32. Kleding. Ondergoed

ondergoed (het)	bielizna (ż)	[be'lizna]
onderhemd (het)	podkoszulek (m)	[pɔtkɔ'ʃulek]
sokken (mv.)	skarpety (l.mn.)	[skar'pɛti]

nachthemd (het)	koszula (ż) nocna	[kɔ'ʃuʎa 'nɔtsna]
beha (de)	biustonosz (m)	[bys'tɔnɔʃ]
kniekousen (mv.)	podkolanówki (l.mn.)	[pɔdkɔʎa'nufki]
panty (de)	rajstopy (l.mn.)	[rajs'tɔpi]
nylonkousen (mv.)	pończochy (l.mn.)	[pɔɲt'ʃɔhi]
badpak (het)	kostium (m) kąpielowy	['kostʰjum kɔ̃pelɔvi]

33. Hoofddeksels

hoed (de)	czapka (ż)	['tʃapka]
deukhoed (de)	kapelusz (m) fedora	[ka'pɛlyʃ fɛ'dɔra]
honkbalpet (de)	bejsbolówka (ż)	[bɛjsbɔ'lyfka]
kleppet (de)	kaszkiet (m)	['kaʃket]

baret (de)	beret (m)	['bɛrɛt]
kap (de)	kaptur (m)	['kaptur]
panamahoed (de)	panama (ż)	[pa'nama]

| hoofddoek (de) | chustka (ż) | ['hustka] |
| dameshoed (de) | kapelusik (m) | [kapɛ'lyɕik] |

veiligheidshelm (de)	kask (m)	[kask]
veldmuts (de)	furażerka (ż)	[fura'ʒɛrka]
helm, valhelm (de)	hełm (m)	[hɛwm]

| bolhoed (de) | melonik (m) | [mɛ'lɔnik] |
| hoge hoed (de) | cylinder (m) | [tsi'lindɛr] |

34. Schoeisel

schoeisel (het)	obuwie (n)	[ɔ'buve]
schoenen (mv.)	buty (l.mn.)	['buti]
vrouwenschoenen (mv.)	pantofle (l.mn.)	[pan'tɔfle]
laarzen (mv.)	kozaki (l.mn.)	[kɔ'zaki]
pantoffels (mv.)	kapcie (l.mn.)	['kaptɕe]

sportschoenen (mv.)	adidasy (l.mn.)	[adi'dasi]
sneakers (mv.)	tenisówki (l.mn.)	[tɛni'sufki]
sandalen (mv.)	sandały (l.mn.)	[san'dawi]

schoenlapper (de)	szewc (m)	[ʃɛfts]
hiel (de)	obcas (m)	['ɔbtsas]
paar (een ~ schoenen)	para (ż)	['para]
veter (de)	sznurowadło (n)	[ʃnurɔ'vadwɔ]
rijgen (schoenen ~)	sznurować	[ʃnu'rɔvatʃ]

schoenlepel (de)	łyżka (ż) do butów	['wiʒka dɔ 'butuf]
schoensmeer (de/het)	pasta (ż) do butów	['pasta dɔ 'butuf]

35. Textiel. Weefsel

katoen (de/het)	bawełna (ż)	[ba'vɛwna]
katoenen (bn)	z bawełny	[z ba'vɛwnɨ]
vlas (het)	len (m)	[len]
vlas-, van vlas (bn)	z lnu	[z ʎnu]
zijde (de)	jedwab (m)	['edvap]
zijden (bn)	jedwabny	[ed'vabnɨ]
wol (de)	wełna (ż)	['vɛwna]
wollen (bn)	wełniany	[vɛw'ɲanɨ]
fluweel (het)	aksamit (m)	[ak'samit]
suède (de)	zamsz (m)	[zamʃ]
ribfluweel (het)	sztruks (m)	[ʃtruks]
nylon (de/het)	nylon (m)	['nɨlɜn]
nylon-, van nylon (bn)	z nylonu	[z nɨ'lɜnu]
polyester (het)	poliester (m)	[poli'ɛstɛr]
polyester- (abn)	poliestrowy	[poliɛst'rɔvɨ]
leer (het)	skóra (ż)	['skura]
leren (van leer gemaak)	ze skóry	[zɛ 'skurɨ]
bont (het)	futro (n)	['futrɔ]
bont- (abn)	futrzany	[fut'ʃanɨ]

36. Persoonlijke accessoires

handschoenen (mv.)	rękawiczki (l.mn.)	[rɛ̃ka'vitʃki]
wanten (mv.)	rękawiczki (l.mn.)	[rɛ̃ka'vitʃki]
sjaal (fleece ~)	szalik (m)	['ʃalik]
bril (de)	okulary (l.mn.)	[ɔku'ʎarɨ]
brilmontuur (het)	oprawka (ż)	[ɔp'rafka]
paraplu (de)	parasol (m)	[pa'rasɔʎ]
wandelstok (de)	laska (ż)	['ʎaska]
haarborstel (de)	szczotka (ż) do włosów	['ʃtʃɔtka dɔ 'vwɔsuv]
waaier (de)	wachlarz (m)	['vahʎaʃ]
das (de)	krawat (m)	['kravat]
strikje (het)	muszka (ż)	['muʃka]
bretels (mv.)	szelki (l.mn.)	['ʃɛʎki]
zakdoek (de)	chusteczka (ż) do nosa	[hus'tɛtʃka dɔ 'nɔsa]
kam (de)	grzebień (m)	['gʒɛbeɲ]
haarspeldje (het)	spinka (ż)	['spiŋka]
schuifspeldje (het)	szpilka (ż)	['ʃpiʎka]
gesp (de)	sprzączka (ż)	['spʃɔ̃tʃka]
broekriem (de)	pasek (m)	['pasɛk]

draagriem (de)	pasek (m)	['pasɛk]
handtas (de)	torba (z)	['tɔrba]
damestas (de)	torebka (z)	[tɔ'rɛpka]
rugzak (de)	plecak (m)	['plɛtsak]

37. Kleding. Diversen

mode (de)	moda (z)	['mɔda]
de mode (bn)	modny	['mɔdni]
kledingstilist (de)	projektant (m) mody	[prɔ'ektant 'mɔdi]

kraag (de)	kołnierz (m)	['kɔwnɛʃ]
zak (de)	kieszeń (z)	['kɛʃɛɲ]
zak- (abn)	kieszonkowy	[kɛʃɔ'ŋkɔvi]
mouw (de)	rękaw (m)	['rɛŋkaf]
lusje (het)	wieszak (m)	['vɛʃak]
gulp (de)	rozporek (m)	[rɔs'pɔrɛk]

rits (de)	zamek (m) błyskawiczny	['zamɛk bwiska'vitʃni]
sluiting (de)	zapięcie (m)	[za'pɛ̃tʃe]
knoop (de)	guzik (m)	['guʒik]
knoopsgat (het)	dziurką (z) na guzik	['dʒyrka na gu'ʒik]
losraken (bijv. knopen)	urwać się	['urvatʃ ɕɛ̃]

naaien (kleren, enz.)	szyć	[ʃitʃ]
borduren (ww)	haftować	[haf'tɔvatʃ]
borduursel (het)	haft (m)	[haft]
naald (de)	igła (z)	['igwa]
draad (de)	nitka (z)	['nitka]
naad (de)	szew (m)	[ʃɛf]

vies worden (ww)	wybrudzić się	[vib'rudʒitʃ ɕɛ̃]
vlek (de)	plama (z)	['pʌama]
gekreukt raken (ov. kleren)	zmiąć się	[zmɔ̃itʃ ɕɛ̃]
scheuren (ov.ww.)	rozerwać	[rɔ'zɛrvatʃ]
mot (de)	mól (m)	[muʌ]

38. Persoonlijke verzorging. Schoonheidsmiddelen

tandpasta (de)	pasta (z) do zębów	['pasta dɔ 'zɛ̃buf]
tandenborstel (de)	szczoteczka (z) do zębów	[ʃtʃɔ'tɛtʃka dɔ 'zɛ̃buf]
tanden poetsen (ww)	myć zęby	[mitʃ 'zɛ̃bi]

scheermes (het)	maszynka (z) do golenia	[ma'ʃiŋka dɔ gɔ'lɛɲa]
scheerschuim (het)	krem (m) do golenia	[krɛm dɔ gɔ'lɛɲa]
zich scheren (ww)	golić się	['gɔlitʃ ɕɛ̃]

zeep (de)	mydło (n)	['midwɔ]
shampoo (de)	szampon (m)	['ʃampɔn]

schaar (de)	nożyczki (l.mn.)	[nɔ'ʒitʃki]
nagelvijl (de)	pilnik (m) do paznokci	['piʌnik dɔ paz'nɔktʃi]

| nagelknipper (de) | cążki (l.mn.) do paznokci | ['tsɔ̃ʃki dɔ paz'nɔktɕi] |
| pincet (het) | pinceta (ż) | [pin'tsɛta] |

cosmetica (de)	kosmetyki (l.mn.)	[kɔs'mɛtiki]
masker (het)	maseczka (ż)	[ma'sɛtʃka]
manicure (de)	manikiur (m)	[ma'nikyr]
manicure doen	robić manikiur	['rɔbitʃ ma'nikyr]
pedicure (de)	pedikiur (m)	[pɛ'dikyr]

cosmetica tasje (het)	kosmetyczka (ż)	[kɔsmɛ'titʃka]
poeder (de/het)	puder (m)	['pudɛr]
poederdoos (de)	puderniczka (ż)	[pudɛr'nitʃka]
rouge (de)	róż (m)	[ruʃ]

parfum (de/het)	perfumy (l.mn.)	[pɛr'fumi]
eau de toilet (de)	woda (ż) toaletowa	['vɔda tɔale'tɔva]
lotion (de)	płyn (m) kosmetyczny	[pwin kɔsmɛ'titʃni]
eau de cologne (de)	woda (ż) kolońska	['vɔda kɔ'lɔɲska]

oogschaduw (de)	cienie (l.mn.) do powiek	['tɕene dɔ 'pɔvek]
oogpotlood (het)	kredka (ż) do oczu	['krɛtka dɔ 'ɔtʃu]
mascara (de)	tusz (m) do rzęs	[tuʃ dɔ ʒɛ̃s]

lippenstift (de)	szminka (ż)	['ʃmiŋka]
nagellak (de)	lakier (m) do paznokci	['ʎaker dɔ paz'nɔktɕi]
haarlak (de)	lakier (m) do włosów	['ʎaker dɔ 'vwɔsuv]
deodorant (de)	dezodorant (m)	[dɛzɔ'dɔrant]

crème (de)	krem (m)	[krɛm]
gezichtscrème (de)	krem (m) do twarzy	[krɛm dɔ 'tfaʒi]
handcrème (de)	krem (m) do rąk	[krɛm dɔ rɔ̃k]
dag- (abn)	na dzień	['na dʑeɲ]
nacht- (abn)	nocny	['nɔtsni]

tampon (de)	tampon (m)	['tampɔn]
toiletpapier (het)	papier (m) toaletowy	['paper tɔale'tɔvi]
föhn (de)	suszarka (ż) do włosów	[su'ʃarka dɔ 'vwɔsuv]

39. Juwelen

sieraden (mv.)	kosztowności (l.mn.)	[kɔʃtɔv'nɔɕtɕi]
edel (bijv. ~ stenen)	kosztowny	[kɔʃ'tɔvni]
keurmerk (het)	próba (ż)	['pruba]

ring (de)	pierścionek (m)	[perɕ'tʃɔnɛk]
trouwring (de)	obrączka (ż)	[ɔb'rɔ̃tʃka]
armband (de)	bransoleta (ż)	[bransɔ'leta]

oorringen (mv.)	kolczyki (l.mn.)	[kɔʎt'ʃiki]
halssnoer (het)	naszyjnik (m)	[na'ʃijnik]
kroon (de)	korona (ż)	[kɔ'rɔna]
kralen snoer (het)	korale (l.mn.)	[kɔ'rale]
diamant (de)	brylant (m)	['briʎant]
smaragd (de)	szmaragd (m)	['ʃmaragd]

robijn (de)	rubin (m)	['rubin]
saffier (de)	szafir (m)	['ʃafir]
parel (de)	perły (l.mn.)	['pɛrwi]
barnsteen (de)	bursztyn (m)	['burʃtin]

40. Horloges. Klokken

polshorloge (het)	zegarek (m)	[zɛ'garɛk]
wijzerplaat (de)	tarcza (ż) zegarowa	['tartʃa zɛga'rɔva]
wijzer (de)	wskazówka (ż)	[fska'zɔfka]
metalen horlogeband (de)	bransoleta (ż)	[bransɔ'leta]
horlogebandje (het)	pasek (m)	['pasɛk]

batterij (de)	bateria (ż)	[ba'tɛrʲja]
leeg zijn (ww)	wyczerpać się	[vit'ʃɛrpatʃ ɕɛ̃]
batterij vervangen	wymienić baterię	[vi'menitʃ ba'tɛrʲɛ̃]
voorlopen (ww)	śpieszyć się	['ɕpeʃitʃ ɕɛ̃]
achterlopen (ww)	spóźnić się	['spuʑnitʃ ɕɛ̃]

wandklok (de)	zegar (m) ścienny	['zɛgar 'ɕtʃenʲi]
zandloper (de)	klepsydra (ż)	[klɛp'sidra]
zonnewijzer (de)	zegar (m) słoneczny	['zɛgar swɔ'nɛtʃni]
wekker (de)	budzik (m)	['budʑik]
horlogemaker (de)	zegarmistrz (m)	[zɛ'garmistʃ]
repareren (ww)	naprawiać	[nap'ravʲatʃ]

Voedsel. Voeding

41. Voedsel

vlees (het)	mięso (n)	['mensɔ]
kip (de)	kurczak (m)	['kurtʃak]
kuiken (het)	kurczak (m)	['kurtʃak]
eend (de)	kaczka (ż)	['katʃka]
gans (de)	gęś (ż)	[gɛ̃ɕ]
wild (het)	dziczyzna (ż)	[dʒit'ʃizna]
kalkoen (de)	indyk (m)	['indɨk]

varkensvlees (het)	wieprzowina (ż)	[vepʃɔ'vina]
kalfsvlees (het)	cielęcina (ż)	[tʃelɛ̃'tʃina]
schapenvlees (het)	baranina (ż)	[bara'nina]
rundvlees (het)	wołowina (ż)	[vɔwɔ'vina]
konijnenvlees (het)	królik (m)	['krulik]

worst (de)	kiełbasa (ż)	[kew'basa]
saucijs (de)	parówka (ż)	[pa'rufka]
spek (het)	boczek (m)	['bɔtʃɛk]
ham (de)	szynka (ż)	['ʃiŋka]
gerookte achterham (de)	szynka (ż)	['ʃiŋka]

paté, pastei (de)	pasztet (m)	['paʃtɛt]
lever (de)	wątróbka (ż)	[võt'rupka]
varkensvet (het)	smalec (m)	['smalets]
gehakt (het)	farsz (m)	[farʃ]
tong (de)	ozór (m)	['ɔzur]

ei (het)	jajko (n)	['jajkɔ]
eieren (mv.)	jajka (l.mn.)	['jajka]
eiwit (het)	białko (n)	['bʲawkɔ]
eigeel (het)	żółtko (n)	['ʒuwtkɔ]

vis (de)	ryba (ż)	['rɨba]
zeevruchten (mv.)	owoce (l.mn.) morza	[ɔ'vɔtsɛ 'mɔʒa]
kaviaar (de)	kawior (m)	['kavɔr]

krab (de)	krab (m)	[krap]
garnaal (de)	krewetka (ż)	[krɛ'vɛtka]
oester (de)	ostryga (ż)	[ɔst'rɨga]
langoest (de)	langusta (ż)	[ʎa'ŋusta]
octopus (de)	ośmiornica (ż)	[ɔɕmɔr'nitsa]
inktvis (de)	kałamarnica (ż)	[kawamar'nitsa]

steur (de)	mięso (n) jesiotra	['mensɔ e'ɕɛtra]
zalm (de)	łosoś (m)	['wɔsɔɕ]
heilbot (de)	halibut (m)	[ha'libut]
kabeljauw (de)	dorsz (m)	[dɔrʃ]

makreel (de)	makrela (ż)	[mak'rɛla]
tonijn (de)	tuńczyk (m)	['tuɲtʃik]
paling (de)	węgorz (m)	['vɛŋɔʃ]

forel (de)	pstrąg (m)	[pstrɔ̃k]
sardine (de)	sardynka (ż)	[sar'diŋka]
snoek (de)	szczupak (m)	['ʃtʃupak]
haring (de)	śledź (m)	[ɕletʃ]

brood (het)	chleb (m)	[hlep]
kaas (de)	ser (m)	[sɛr]
suiker (de)	cukier (m)	['ʦuker]
zout (het)	sól (ż)	[suʎ]

rijst (de)	ryż (m)	[riʃ]
pasta (de)	makaron (m)	[ma'karɔn]
noedels (mv.)	makaron (m)	[ma'karɔn]

boter (de)	masło (n) śmietankowe	['maswɔ ɕmeta'ŋkɔvɛ]
plantaardige olie (de)	olej (m) roślinny	['ɔlej rɔɕliɲi]
zonnebloemolie (de)	olej (m) słonecznikowy	['ɔlej swɔnɛtʃnikɔvi]
margarine (de)	margaryna (ż)	[marga'rina]

| olijven (mv.) | oliwki (ż, l.mn.) | [ɔ'lifki] |
| olijfolie (de) | olej (m) oliwkowy | ['ɔlej ɔlif'kɔvi] |

melk (de)	mleko (n)	['mlekɔ]
gecondenseerde melk (de)	mleko (n) skondensowane	['mlekɔ skɔndɛnsɔ'vanɛ]
yoghurt (de)	jogurt (m)	[ʒgurt]
zure room (de)	śmietana (ż)	[ɕme'tana]
room (de)	śmietanka (ż)	[ɕme'taŋka]

| mayonaise (de) | majonez (m) | [maʒnɛs] |
| crème (de) | krem (m) | [krɛm] |

graan (het)	kasza (ż)	['kaʃa]
meel (het), bloem (de)	mąka (ż)	['mɔ̃ka]
conserven (mv.)	konserwy (l.mn.)	[kɔn'sɛrvi]

maïsvlokken (mv.)	płatki (l.mn.) kukurydziane	['pwatki kukuri'dʑanɛ]
honing (de)	miód (m)	[myt]
jam (de)	dżem (m)	[dʒɛm]
kauwgom (de)	guma (ż) do żucia	['guma dɔ 'ʒutʃa]

42. Drankjes

water (het)	woda (ż)	['vɔda]
drinkwater (het)	woda (ż) pitna	['vɔda 'pitna]
mineraalwater (het)	woda (ż) mineralna	['vɔda minɛ'raʎna]

zonder gas	niegazowana	[nega'zɔvana]
koolzuurhoudend (bn)	gazowana	[ga'zɔvana]
bruisend (bn)	gazowana	[ga'zɔvana]
IJs (het)	lód (m)	[lyt]

met ijs	z lodem	[z 'lɔdɛm]
alcohol vrij (bn)	bezalkoholowy	[bɛzaʎkɔhɔ'lɔvɨ]
alcohol vrije drank (de)	napój (m) bezalkoholowy	['napuj bɛzalkɔhɔ'lɔvɨ]
frisdrank (de)	napój (m) orzeźwiający	['napuj ɔʒɛʑ'vjaɔ̃tsɨ]
limonade (de)	lemoniada (ż)	[lemɔ'ɲjada]

alcoholische dranken (mv.)	napoje (l.mn.) alkoholowe	[na'pɔe aʎkɔhɔ'lɔvɛ]
wijn (de)	wino (n)	['vinɔ]
witte wijn (de)	białe wino (n)	['bʲawɛ 'vinɔ]
rode wijn (de)	czerwone wino (n)	[tʃɛr'vɔnɛ 'vinɔ]

likeur (de)	likier (m)	['liker]
champagne (de)	szampan (m)	['ʃampan]
vermout (de)	wermut (m)	['vɛrmut]

whisky (de)	whisky (ż)	[u'iski]
wodka (de)	wódka (ż)	['vutka]
gin (de)	dżin (m), gin (m)	[dʒin]
cognac (de)	koniak (m)	['kɔɲjak]
rum (de)	rum (m)	[rum]

koffie (de)	kawa (ż)	['kava]
zwarte koffie (de)	czarna kawa (ż)	['tʃarna 'kava]
koffie (de) met melk	kawa (ż) z mlekiem	['kava z 'mlekem]
cappuccino (de)	cappuccino (n)	[kapu'tʃinɔ]
oploskoffie (de)	kawa (ż) rozpuszczalna	['kava rɔspuʃt'ʃaʎna]

melk (de)	mleko (n)	['mlekɔ]
cocktail (de)	koktajl (m)	['kɔktajʎ]
milkshake (de)	koktajl (m) mleczny	['kɔktajʎ 'mletʃnɨ]

sap (het)	sok (m)	[sɔk]
tomatensap (het)	sok (m) pomidorowy	[sɔk pɔmidɔ'rɔvɨ]
sinaasappelsap (het)	sok (m) pomarańczowy	[sɔk pɔmaraɲt'ʃɔvɨ]
vers geperst sap (het)	sok (m) ze świeżych owoców	[sɔk zɛ 'ɕfeʑɨh ɔ'vɔtsuf]

bier (het)	piwo (n)	['pivɔ]
licht bier (het)	piwo (n) jasne	[pivɔ 'jasnɛ]
donker bier (het)	piwo (n) ciemne	[pivɔ 'tʃemnɛ]

thee (de)	herbata (ż)	[hɛr'bata]
zwarte thee (de)	czarna herbata (ż)	['tʃarna hɛr'bata]
groene thee (de)	zielona herbata (ż)	[ʒe'lɔna hɛr'bata]

43. Groenten

| groenten (mv.) | warzywa (l.mn.) | [va'ʒɨva] |
| verse kruiden (mv.) | włoszczyzna (ż) | [vwɔʃt'ʃɨzna] |

tomaat (de)	pomidor (m)	[pɔ'midɔr]
augurk (de)	ogórek (m)	[ɔ'gurɛk]
wortel (de)	marchew (ż)	['marhɛf]
aardappel (de)	ziemniak (m)	[ʒem'ɲak]

| ui (de) | cebula (ż) | [ˌʦɛ'buʎa] |
| knoflook (de) | czosnek (m) | ['ʧɔsnɛk] |

kool (de)	kapusta (ż)	[ka'pusta]
bloemkool (de)	kalafior (m)	[ka'ʎafɜr]
spruitkool (de)	brukselka (ż)	[bruk'sɛʎka]
broccoli (de)	brokuły (l.mn.)	[brɔ'kuwi]

rode biet (de)	burak (m)	['burak]
aubergine (de)	bakłażan (m)	[bak'waʒan]
courgette (de)	kabaczek (m)	[ka'baʧɛk]
pompoen (de)	dynia (ż)	['diɲa]
raap (de)	rzepa (ż)	['ʒɛpa]

peterselie (de)	pietruszka (ż)	[pet'ruʃka]
dille (de)	koperek (m)	[kɔ'pɛrɛk]
sla (de)	sałata (ż)	[sa'wata]
selderij (de)	seler (m)	['sɛler]
asperge (de)	szparagi (l.mn.)	[ʃpa'ragi]
spinazie (de)	szpinak (m)	['ʃpinak]

erwt (de)	groch (m)	[grɔh]
bonen (mv.)	bób (m)	[bup]
maïs (de)	kukurydza (ż)	[kuku'riʣa]
boon (de)	fasola (ż)	[fa'sɔʎa]

peper (de)	słodka papryka (ż)	['swɔdka pap'rika]
radijs (de)	rzodkiewka (ż)	[ʒɔt'kefka]
artisjok (de)	karczoch (m)	['karʧɔh]

44. Vruchten. Noten

vrucht (de)	owoc (m)	['ɔvɔʦ]
appel (de)	jabłko (n)	['jabkɔ]
peer (de)	gruszka (ż)	['gruʃka]
citroen (de)	cytryna (ż)	[ʦit'rina]
sinaasappel (de)	pomarańcza (ż)	[pɔma'raɲʧa]
aardbei (de)	truskawka (ż)	[trus'kafka]

mandarijn (de)	mandarynka (ż)	[manda'riŋka]
pruim (de)	śliwka (ż)	['ɕlifka]
perzik (de)	brzoskwinia (ż)	[bʒɔsk'fiɲa]
abrikoos (de)	morela (ż)	[mɔ'rɛʎa]
framboos (de)	malina (ż)	[ma'lina]
ananas (de)	ananas (m)	[a'nanas]

banaan (de)	banan (m)	['banan]
watermeloen (de)	arbuz (m)	['arbus]
druif (de)	winogrona (l.mn.)	[vinɔg'rɔna]
zure kers (de)	wiśnia (ż)	['viɕɲa]
zoete kers (de)	czereśnia (ż)	[ʧɛ'rɛɕɲa]
meloen (de)	melon (m)	['mɛlɔn]
grapefruit (de)	grejpfrut (m)	['grɛjpfrut]
avocado (de)	awokado (n)	[avɔ'kadɔ]

papaja (de)	papaja (z)	[pa'paja]
mango (de)	mango (n)	['maŋɔ]
granaatappel (de)	granat (m)	['granat]

rode bes (de)	czerwona porzeczka (z)	[tʃɛr'vɔna pɔ'ʒɛtʃka]
zwarte bes (de)	czarna porzeczka (z)	['tʃarna pɔ'ʒɛtʃka]
kruisbes (de)	agrest (m)	['agrɛst]
bosbes (de)	borówka (z) czarna	[bɔ'rɔfka 'tʃarna]
braambes (de)	jeżyna (z)	[e'ʒina]

rozijn (de)	rodzynek (m)	[rɔ'dzinɛk]
vijg (de)	figa (z)	['figa]
dadel (de)	daktyl (m)	['daktil]

pinda (de)	orzeszek (l.mn.) ziemny	[ɔ'ʒɛʃɛk 'ʒemnɛ]
amandel (de)	migdał (m)	['migdaw]
walnoot (de)	orzech (m) włoski	['ɔʒɛh 'vwɔski]
hazelnoot (de)	orzech (m) laskowy	['ɔʒɛh ʎas'kɔvi]
kokosnoot (de)	orzech (m) kokosowy	['ɔʒɛh kɔkɔ'sɔvi]
pistaches (mv.)	fistaszki (l.mn.)	[fis'taʃki]

45. Brood. Snoep

suikerbakkerij (de)	wyroby (l.mn.) cukiernicze	[vi'rɔbɨ tsuker'nitʃɛ]
brood (het)	chleb (m)	[hlep]
koekje (het)	herbatniki (l.mn.)	[hɛrbat'niki]

chocolade (de)	czekolada (z)	[tʃɛkɔ'ʎada]
chocolade- (abn)	czekoladowy	[tʃɛkɔʎa'dɔvɨ]
snoepje (het)	cukierek (m)	[tsu'kerɛk]
cakeje (het)	ciastko (n)	['tʃastkɔ]
taart (bijv. verjaardags~)	tort (m)	[tɔrt]

| pastei (de) | ciasto (n) | ['tʃastɔ] |
| vulling (de) | nadzienie (n) | [na'dʒene] |

confituur (de)	konfitura (z)	[kɔnfi'tura]
marmelade (de)	marmolada (z)	[marmɔ'ʎada]
wafel (de)	wafle (l.mn.)	['vafle]
IJsje (het)	lody (l.mn.)	['lɔdɨ]

46. Bereide gerechten

gerecht (het)	danie (n)	['dane]
keuken (bijv. Franse ~)	kuchnia (z)	['kuhɲa]
recept (het)	przepis (m)	['pʃɛpis]
portie (de)	porcja (z)	['pɔrtsʰja]

salade (de)	sałatka (z)	[sa'watka]
soep (de)	zupa (z)	['zupa]
bouillon (de)	rosół (m)	['rɔsuw]
boterham (de)	kanapka (z)	[ka'napka]

spiegelei (het)	jajecznica (z)	[jaetʃ'nitsa]
hamburger (de)	kotlet (m)	['kɔtlɛt]
hamburger (de)	hamburger (m)	[ham'burgɛr]
biefstuk (de)	befsztyk (m)	['bɛfʃtik]
hutspot (de)	pieczeń (z)	['petʃɛɲ]

garnering (de)	dodatki (l.mn.)	[dɔ'datki]
spaghetti (de)	spaghetti (n)	[spa'gɛtti]
pizza (de)	pizza (z)	['pitsa]
pap (de)	kasza (z)	['kaʃa]
omelet (de)	omlet (m)	['ɔmlɛt]

gekookt (in water)	gotowany	[gɔtɔ'vani]
gerookt (bn)	wędzony	[vě'dzɔni]
gebakken (bn)	smażony	[sma'ʒɔni]
gedroogd (bn)	suszony	[su'ʃɔni]
diepvries (bn)	mrożony	[mrɔ'ʒɔni]
gemarineerd (bn)	marynowany	[marinɔ'vani]

zoet (bn)	słodki	['swɔtki]
gezouten (bn)	słony	['swɔni]
koud (bn)	zimny	['ʒimni]
heet (bn)	gorący	[gɔ'rɔ̃tsi]
bitter (bn)	gorzki	['gɔʃki]
lekker (bn)	smaczny	['smatʃni]

koken (in kokend water)	gotować	[gɔ'tɔvatʃ]
bereiden (avondmaaltijd ~)	gotować	[gɔ'tɔvatʃ]
bakken (ww)	smażyć	['smaʒitʃ]
opwarmen (ww)	odgrzewać	[ɔdg'ʒɛvatʃ]

zouten (ww)	solić	['sɔlitʃ]
peperen (ww)	pieprzyć	['pepʃitʃ]
raspen (ww)	trzeć	[tʃɛtʃ]
schil (de)	skórka (z)	['skurka]
schillen (ww)	obierać	[ɔ'beratʃ]

47. Kruiden

zout (het)	sól (z)	[suʎ]
gezouten (bn)	słony	['swɔni]
zouten (ww)	solić	['sɔlitʃ]

zwarte peper (de)	pieprz (m) czarny	[pepʃ 'tʃarni]
rode peper (de)	papryka (z)	[pap'rika]
mosterd (de)	musztarda (z)	[muʃ'tarda]
mierikswortel (de)	chrzan (m)	[hʃan]

condiment (het)	przyprawa (z)	[pʃip'rava]
specerij , kruiderij (de)	przyprawa (z)	[pʃip'rava]
saus (de)	sos (m)	[sɔs]
azijn (de)	ocet (m)	['ɔtset]
anijs (de)	anyż (m)	['aniʃ]
basilicum (de)	bazylia (z)	[ba'ziʎja]

kruidnagel (de)	goździki (l.mn.)	['gɔʑ¹dʒiki]
gember (de)	imbir (m)	['imbir]
koriander (de)	kolendra (ż)	[kɔ'lendra]
kaneel (de/het)	cynamon (m)	[tsi'namɔn]

sesamzaad (het)	sezam (m)	['sɛzam]
laurierblad (het)	liść (m) laurowy	[liɕtʃ ʎau'rɔvɨ]
paprika (de)	papryka (ż)	[pap'rika]
komijn (de)	kminek (m)	['kminɛk]
saffraan (de)	szafran (m)	['ʃafran]

48. Maaltijden

| eten (het) | jedzenie (n) | [e'dzɛne] |
| eten (ww) | jeść | [eɕtʃ] |

ontbijt (het)	śniadanie (n)	[ɕɲa'dane]
ontbijten (ww)	jeść śniadanie	[eɕtʃ ɕɲa'dane]
lunch (de)	obiad (m)	['ɔbʲat]
lunchen (ww)	jeść obiad	[eɕtʃ 'ɔbʲat]
avondeten (het)	kolacja (ż)	[kɔ'ʎatsʰja]
souperen (ww)	jeść kolację	[eɕtʃ kɔ'ʎatsʰɛ̃]

| eetlust (de) | apetyt (m) | [a'pɛtɨt] |
| Eet smakelijk! | Smacznego! | [smatʃ'nɛgɔ] |

openen (een fles ~)	otwierać	[ɔt'feratʃ]
morsen (koffie, enz.)	rozlać	['rɔzʎatʃ]
zijn gemorst	rozlać się	['rɔzʎatʃ ɕɛ̃]

koken (water kookt bij 100°C)	gotować się	[gɔ'tɔvatʃ ɕɛ̃]
koken (Hoe om water te ~)	gotować	[gɔ'tɔvatʃ]
gekookt (~ water)	gotowany	[gɔtɔ'vanɨ]

| afkoelen (koeler maken) | ostudzić | [ɔs'tudʒitʃ] |
| afkoelen (koeler worden) | stygnąć | ['stɨgnɔ̃tʃ] |

| smaak (de) | smak (m) | [smak] |
| nasmaak (de) | posmak (m) | ['pɔsmak] |

volgen een dieet	odchudzać się	[ɔd'hudzatʃ ɕɛ̃]
dieet (het)	dieta (ż)	['dʰeta]
vitamine (de)	witamina (ż)	[vita'mina]
calorie (de)	kaloria (ż)	[ka'lɔrja]

| vegetariër (de) | wegetarianin (m) | [vɛgɛtarʰ'janin] |
| vegetarisch (bn) | wegetariański | [vɛgɛtarʰ'jaɲski] |

vetten (mv.)	tłuszcze (l.mn.)	['twuʃtʃɛ]
eiwitten (mv.)	białka (l.mn.)	['bʲawka]
koolhydraten (mv.)	węglowodany (l.mn.)	[vɛnɛ̃zvɔ'danɨ]
snede (de)	plasterek (m)	[pʎas'tɛrɛk]
stuk (bijv. een ~ taart)	kawałek (m)	[ka'vawɛk]
kruimel (de)	okruchek (m)	[ɔk'ruhɛk]

49. Tafelschikking

lepel (de)	łyżka (ż)	['wiʃka]
mes (het)	nóż (m)	[nuʃ]
vork (de)	widelec (m)	[vi'dɛlɛts]
kopje (het)	filiżanka (ż)	[fili'ʒaŋka]
bord (het)	talerz (m)	['taleʃ]
schoteltje (het)	spodek (m)	['spɔdɛk]
servet (het)	serwetka (ż)	[sɛr'vɛtka]
tandenstoker (de)	wykałaczka (ż)	[vika'watʃka]

50. Restaurant

restaurant (het)	restauracja (ż)	[rɛstau'ratsʰja]
koffiehuis (het)	kawiarnia (ż)	[ka'vʲarɲa]
bar (de)	bar (m)	[bar]
tearoom (de)	herbaciarnia (ż)	[hɛrba'tʃarɲa]
kelner, ober (de)	kelner (m)	['kɛʎnɛr]
serveerster (de)	kelnerka (ż)	[kɛʎ'nɛrka]
barman (de)	barman (m)	['barman]
menu (het)	menu (n)	['menu]
wijnkaart (de)	karta (ż) win	['karta vin]
een tafel reserveren	zarezerwować stolik	[zarɛzɛrvɔvatʃ 'stɔlik]
gerecht (het)	danie (n)	['dane]
bestellen (eten ~)	zamówić	[za'muvitʃ]
een bestelling maken	zamówić	[za'muvitʃ]
aperitief (de/het)	aperitif (m)	[apɛri'tif]
voorgerecht (het)	przystawka (ż)	[pʃis'tafka]
dessert (het)	deser (m)	['dɛsɛr]
rekening (de)	rachunek (m)	[ra'hunɛk]
de rekening betalen	zapłacić rachunek	[zap'watʃitʃ ra'hunɛk]
wisselgeld teruggeven	wydać resztę	['vidatʃ 'rɛʃtɛ̃]
fooi (de)	napiwek (m)	[na'pivɛk]

Familie, verwanten en vrienden

51. Persoonlijke informatie. Formulieren

naam (de)	imię (n)	['imɛ̃]
achternaam (de)	nazwisko (n)	[naz'viskɔ]
geboortedatum (de)	data (ż) urodzenia	['data urɔ'dzɛɲa]
geboorteplaats (de)	miejsce (n) urodzenia	['mejsʦɛ urɔ'dzɛɲa]

nationaliteit (de)	narodowość (ż)	[narɔ'dɔvɔɕʧ]
woonplaats (de)	miejsce (n) zamieszkania	['mejsʦe zameʃ'kaɲa]
land (het)	kraj (m)	[kraj]
beroep (het)	zawód (m)	['zavut]

geslacht (ov. het vrouwelijk ~)	płeć (ż)	['pwɛʧ]
lengte (de)	wzrost (m)	[vzrɔst]
gewicht (het)	waga (ż)	['vaga]

52. Familieleden. Verwanten

moeder (de)	matka (ż)	['matka]
vader (de)	ojciec (m)	['ɔjʧeʦ]
zoon (de)	syn (m)	[sɨn]
dochter (de)	córka (ż)	['ʦurka]

jongste dochter (de)	młodsza córka (ż)	['mwɔtʃa 'ʦurka]
jongste zoon (de)	młodszy syn (m)	['mwɔtʃɨ sɨn]
oudste dochter (de)	starsza córka (ż)	['starʃa 'ʦurka]
oudste zoon (de)	starszy syn (m)	['starʃɨ sɨn]

broer (de)	brat (m)	[brat]
zuster (de)	siostra (ż)	['ɕɔstra]

neef (zoon van oom/tante)	kuzyn (m)	['kuzɨn]
nicht (dochter van oom/tante)	kuzynka (ż)	[ku'zɨŋka]
mama (de)	mama (ż)	['mama]
papa (de)	tata (m)	['tata]
ouders (mv.)	rodzice (l.mn.)	[rɔ'dʑiʦɛ]
kind (het)	dziecko (n)	['dʑeʦkɔ]
kinderen (mv.)	dzieci (l.mn.)	['dʑeʧi]

oma (de)	babcia (ż)	['babʧa]
opa (de)	dziadek (m)	['dʑ'adɛk]
kleinzoon (de)	wnuk (m)	[vnuk]
kleindochter (de)	wnuczka (ż)	['vnutʃka]
kleinkinderen (mv.)	wnuki (l.mn.)	['vnuki]
oom (de)	wujek (m)	['vuek]

53

tante (de)	ciocia (ż)	['tɕotʲa]
neef (zoon van broer/zus)	bratanek (m), siostrzeniec (m)	[bra'tanɛk], [sɜst'ʃɛnɛts]
nicht (dochter van broer/zus)	bratanica (ż), siostrzenica (ż)	[brata'nitsa], [sɜst'ʃɛnitsa]

schoonmoeder (de)	teściowa (ż)	[tɛɕ'tɕova]
schoonvader (de)	teść (m)	[tɛɕtɕ]
schoonzoon (de)	zięć (m)	[ʒɛ̃tɕ]
stiefmoeder (de)	macocha (ż)	[ma'tsɔha]
stiefvader (de)	ojczym (m)	['ɔjtʃim]

zuigeling (de)	niemowlę (n)	[ne'mɔvlɛ̃]
wiegenkind (het)	niemowlę (n)	[ne'mɔvlɛ̃]
kleuter (de)	maluch (m)	['malyh]

vrouw (de)	żona (ż)	['ʒɔna]
man (de)	mąż (m)	[mɔ̃ʃ]
echtgenoot (de)	małżonek (m)	[maw'ʒɔnɛk]
echtgenote (de)	małżonka (ż)	[maw'ʒɔŋka]

gehuwd (mann.)	żonaty	[ʒɔ'nati]
gehuwd (vrouw.)	zamężna	[za'mɛnʒna]
ongehuwd (mann.)	nieżonaty	[neʒɔ'nati]
vrijgezel (de)	kawaler (m)	[ka'valer]
gescheiden (bn)	rozwiedziony	[rɔzve'dʑɜni]
weduwe (de)	wdowa (ż)	['vdɔva]
weduwnaar (de)	wdowiec (m)	['vdɔvets]

familielid (het)	krewny (m)	['krɛvni]
dichte familielid (het)	bliski krewny (m)	['bliski 'krɛvni]
verre familielid (het)	daleki krewny (m)	[da'leki 'krɛvni]
familieleden (mv.)	rodzina (ż)	[rɔ'dʑina]

wees (de), weeskind (het)	sierota (ż)	[ɕe'rɔta]
voogd (de)	opiekun (m)	[ɔ'pekun]
adopteren (een jongen te ~)	zaadoptować	[za:dɔp'tɔvatʃ]
adopteren (een meisje te ~)	zaadoptować	[za:dɔp'tɔvatʃ]

53. Vrienden. Collega's

vriend (de)	przyjaciel (m)	[pʃi'jatʃeʎ]
vriendin (de)	przyjaciółka (ż)	[pʃija'tʃuwka]
vriendschap (de)	przyjaźń (ż)	['pʃijazʲɲ]
bevriend zijn (ww)	przyjaźnić się	[pʃi'jazʲnitʃ ɕɛ̃]

makker (de)	kumpel (m)	['kumpɛʎ]
vriendin (de)	kumpela (ż)	[kum'pɛʎa]
partner (de)	partner (m)	['partnɛr]

chef (de)	szef (m)	[ʃɛf]
baas (de)	kierownik (m)	[ke'rɔvnik]
ondergeschikte (de)	podwładny (m)	[pɔdv'wadni]
collega (de)	koleżanka (ż)	[kɔle'ʒaŋka]
kennis (de)	znajomy (m)	[znaʒmi]
medereiziger (de)	towarzysz (m) podróży	[tɔ'vaʒiʃ pɔd'ruʒi]

klasgenoot (de)	kolega (m) z klasy	[kɔ'lega s 'kʎasi]
buurman (de)	sąsiad (m)	['sɔ̃ɕat]
buurvrouw (de)	sąsiadka (ż)	[sɔ̃'ɕatka]
buren (mv.)	sąsiedzi (l.mn.)	[sɔ̃'ɕedʑi]

54. Man. Vrouw

vrouw (de)	kobieta (ż)	[kɔ'beta]
meisje (het)	dziewczyna (ż)	[dʑeft'ʃina]
bruid (de)	narzeczona (ż)	[naʒɛt'ʃɔna]

mooi(e) (vrouw, meisje)	piękna	['peŋkna]
groot, grote (vrouw, meisje)	wysoka	[vi'sɔka]
slank(e) (vrouw, meisje)	zgrabna	['zgrabna]
korte, kleine (vrouw, meisje)	niedużego wzrostu	[nedu'ʒɛgɔ 'vzrɔstu]

| blondine (de) | blondynka (ż) | [blɔn'diŋka] |
| brunette (de) | brunetka (ż) | [bru'nɛtka] |

dames- (abn)	damski	['damski]
maagd (de)	dziewica (ż)	['dʑevitsa]
zwanger (bn)	ciężarna (ż)	[ʧɛ̃'ʒarna]

man (de)	mężczyzna (m)	[mɛ̃ʃt'ʃizna]
blonde man (de)	blondyn (m)	['blɔndin]
bruinharige man (de)	brunet (m)	['brunɛt]
groot (bn)	wysoki	[vi'sɔki]
klein (bn)	niedużego wzrostu	[nedu'ʒɛgɔ 'vzrɔstu]

onbeleefd (bn)	grubiański	[gru'bⁱaɲski]
gedrongen (bn)	krępy	['krɛ̃pi]
robuust (bn)	mocny	['mɔtsni]
sterk (bn)	silny	['ɕiʎni]
sterkte (de)	siła (ż)	['ɕiwa]

mollig (bn)	tęgi	['tɛɲi]
getaand (bn)	śniady	['ɕɲadi]
slank (bn)	zgrabny	['zgrabni]
elegant (bn)	elegancki	[ɛle'gantski]

55. Leeftijd

leeftijd (de)	wiek (m)	[vek]
jeugd (de)	wczesna młodość (ż)	['ftʃɛsna 'mwɔdɔɕʧ]
jong (bn)	młody	['mwɔdi]

| jonger (bn) | młodszy | ['mwɔtʃi] |
| ouder (bn) | starszy | ['starʃi] |

jongen (de)	młodzieniec (m)	[mwɔ'dʑenets]
tiener, adolescent (de)	nastolatek (m)	[nastɔ'ʎatɛk]
kerel (de)	chłopak (m)	['hwɔpak]

| oude man (de) | staruszek (m) | [sta'ruʃɛk] |
| oude vrouw (de) | staruszka (ż) | [sta'ruʃka] |

volwassen (bn)	dorosły (m)	[dɔ'rɔswi]
van middelbare leeftijd (bn)	w średnim wieku	[f 'ɕrɛdnim 'veku]
bejaard (bn)	w podeszłym wieku	[f pɔ'dɛʃwim 'veku]
oud (bn)	stary	['stari]

pensioen (het)	emerytura (ż)	[ɛmɛri'tura]
met pensioen gaan	przejść na emeryturę	['pʃɛjɕtɕ na ɛmɛri'turɛ̃]
gepensioneerde (de)	emeryt (m)	[ɛ'mɛrit]

56. Kinderen

kind (het)	dziecko (n)	['dʑɛtskɔ]
kinderen (mv.)	dzieci (l.mn.)	['dʑɛtʃi]
tweeling (de)	bliźniaki (l.mn.)	[bliʑ'ɲaki]

wieg (de)	kołyska (ż)	[kɔ'wiska]
rammelaar (de)	grzechotka (ż)	[gʒɛ'hɔtka]
luier (de)	pieluszka (ż)	[pʲɛ'luʃka]

speen (de)	smoczek (m)	['smɔtʃɛk]
kinderwagen (de)	wózek (m)	['vuzɛk]
kleuterschool (de)	przedszkole (n)	[pʃɛtʃ'kɔle]
babysitter (de)	opiekunka (ż) do dziecka	[ɔpe'kuŋka dɔ 'dʑɛtska]

kindertijd (de)	dzieciństwo (n)	[dʑe'tʃijnstfɔ]
pop (de)	lalka (ż)	['ʎaʎka]
speelgoed (het)	zabawka (ż)	[za'bafka]
bouwspeelgoed (het)	zestaw (m) konstruktor	['zɛstaf kɔnst'ruktɔr]

welopgevoed (bn)	dobrze wychowany	['dɔbʒɛ viɦɔ'vani]
onopgevoed (bn)	źle wychowany	[ʑle viɦɔ'vani]
verwend (bn)	rozpieszczony	[rɔspeʃt'ʃɔni]

stout zijn (ww)	psosić	['psɔʃitʃ]
stout (bn)	psotny	['psɔtni]
stoutheid (de)	psota (ż)	['psɔta]
stouterd (de)	psotnik (m)	['psɔtnik]

| gehoorzaam (bn) | posłuszny | [pɔs'wuʃni] |
| ongehoorzaam (bn) | nieposłuszny | [nepɔs'wuʃni] |

braaf (bn)	rozumny	[rɔ'zumni]
slim (verstandig)	sprytny	['spritni]
wonderkind (het)	cudowne dziecko (n)	[tsu'dɔvnɛ 'dʑɛtskɔ]

57. Gehuwde paren. Gezinsleven

| kussen (een kus geven) | całować | [tsa'wɔvatʃ] |
| elkaar kussen (ww) | całować się | [tsa'wɔvatʃ ɕɛ̃] |

gezin (het)	rodzina (ż)	[rɔ'dʑina]
gezins- (abn)	rodzinny	[rɔ'dʑiɲi]
paar (het)	para (ż)	['para]
huwelijk (het)	małżeństwo (n)	[maw'ʒɛɲstfɔ]
thuis (het)	ognisko domowe (n)	[ɔg'niskɔ dɔ'mɔvɛ]
dynastie (de)	dynastia (ż)	[di'nastʲja]

| date (de) | randka (ż) | ['rantka] |
| zoen (de) | pocałunek (m) | [pɔtsa'wunɛk] |

liefde (de)	miłość (ż)	['miwɔɕtʃ]
liefhebben (ww)	kochać	['kɔhatʃ]
geliefde (bn)	ukochany	[ukɔ'hani]

tederheid (de)	czułość (ż)	['tʃuwɔɕtʃ]
teder (bn)	czuły	['tʃuwi]
trouw (de)	wierność (ż)	['vernɔɕtʃ]
trouw (bn)	wierny	['vjerni]
zorg (bijv. bejaarden~)	troska (ż)	['trɔska]
zorgzaam (bn)	troskliwy	[trɔsk'livi]

jonggehuwden (mv.)	nowożeńcy (m, l.mn.)	[nɔvɔ'ʒɛɲtɕi]
wittebroodsweken (mv.)	miesiąc (m) miodowy	['meɕɔ̃ts mɔ'dɔvi]
trouwen (vrouw)	wyjść za mąż	[vijɕtʃ 'za mɔ̃ʃ]
trouwen (man)	żenić się	['ʒɛniʃ ɕɛ̃]

bruiloft (de)	wesele (n)	[vɛ'sɛle]
gouden bruiloft (de)	złota rocznica (ż) ślubu	['zwɔtɛ rɔtʃ'nitsa 'slubu]
verjaardag (de)	rocznica (ż)	[rɔtʃ'nitsa]

| minnaar (de) | kochanek (m) | [kɔ'hanɛk] |
| minnares (de) | kochanka (ż) | [kɔ'haŋka] |

overspel (het)	zdrada (ż)	['zdrada]
overspel plegen (ww)	zdradzić	['zdradʑitʃ]
jaloers (bn)	zazdrosny	[zazd'rɔsni]
jaloers zijn (echtgenoot, enz.)	być zazdrosnym	[bitʃ zazd'rɔsnim]
echtscheiding (de)	rozwód (m)	['rɔzvud]
scheiden (ww)	rozwieść się	['rɔzveɕtʃ ɕɛ̃]

ruzie hebben (ww)	kłócić się	['kwutʃitʃ ɕɛ̃]
vrede sluiten (ww)	godzić się	['gɔdʑitʃ ɕɛ̃]
samen (bw)	razem	['razɛm]
seks (de)	seks (m)	[sɛks]

geluk (het)	szczęście (n)	['ʃtʃɛ̃ɕtʃe]
gelukkig (bn)	szczęśliwy	[ʃtʃɛ̃ɕ'livi]
ongeluk (het)	nieszczęście (n)	[neʃ'tʃɛ̃ɕtʃe]
ongelukkig (bn)	nieszczęśliwy	[neʃtʃɛ̃ɕ'livi]

Karakter. Gevoelens. Emoties

58. Gevoelens. Emoties

gevoel (het)	uczucie (m)	[ut'ʃutʃe]
gevoelens (mv.)	uczucia (l.mn.)	[ut'ʃutʃa]
honger (de)	głód (m)	[gwut]
honger hebben (ww)	chcieć jeść	[htʃetʃ eɕtʃ]
dorst (de)	pragnienie (n)	[prag'nene]
dorst hebben	chcieć pić	[htʃetʃ pitʃ]
slaperigheid (de)	senność (z)	['sɛŋɔɕtʃ]
willen slapen	chcieć spać	[htʃetʃ spatʃ]
moeheid (de)	zmęczenie (n)	[zmɛ̃t'ʃɛne]
moe (bn)	zmęczony	[zmɛ̃t'ʃoni]
vermoeid raken (ww)	zmęczyć się	['zmɛntʃitʃ ɕɛ̃]
stemming (de)	nastrój (m)	['nastruj]
verveling (de)	nuda (z), znudzenie (n)	['nuda], [znu'dzɛnie]
zich vervelen (ww)	nudzić się	['nudzitʃ ɕɛ̃]
afzondering (de)	odosobnienie (n)	[ɔdɔsɔb'nenie]
zich afzonderen (ww)	odseparować się	[ɔtsɛpa'rɔvatʃ ɕɛ̃]
bezorgd maken (ww)	niepokoić	[nepɔ'kɔitʃ]
zich bezorgd maken	martwić się	['martfitʃ ɕɛ̃]
zorg (bijv. geld~en)	niepokój (m)	[ne'pɔkuj]
ongerustheid (de)	trwoga (z)	['trfɔga]
ongerust (bn)	zatroskany	[zatrɔs'kani]
zenuwachtig zijn (ww)	denerwować się	[dɛnɛr'vɔvatʃ ɕɛ̃]
in paniek raken	panikować	[pani'kɔvatʃ]
hoop (de)	nadzieja (z)	[na'dʒeja]
hopen (ww)	mieć nadzieję	[metʃ na'dʒeɛ̃]
zekerheid (de)	pewność (z)	['pɛvnɔɕtʃ]
zeker (bn)	pewny	['pɛvni]
onzekerheid (de)	niepewność (z)	[ne'pɛvnɔɕtʃ]
onzeker (bn)	niepewny	[ne'pɛvni]
dronken (bn)	pijany	[pi'jani]
nuchter (bn)	trzeźwy	['tʃɛzʲvi]
zwak (bn)	słaby	['swabi]
gelukkig (bn)	szczęśliwy	[ʃtʃɛ̃ɕ'livi]
doen schrikken (ww)	przestraszyć	[pʃɛst'raʃitʃ]
toorn (de)	wściekłość (z)	['fɕtʃekwɔɕtʃ]
woede (de)	furia (z)	['furʰja]
depressie (de)	depresja (z)	[dɛp'rɛsʰja]
ongemak (het)	dyskomfort (m)	[dis'kɔmfɔrt]

gemak, comfort (het)	komfort (m)	['komfort]
spijt hebben (ww)	żałować	[ʒa'wɔvatʃ]
spijt (de)	żal (m)	[ʒaʎ]
pech (de)	pech (m)	[pɛh]
bedroefdheid (de)	smutek (m), smętek (m)	['smutɛk], ['smɛ̃tɛk]

schaamte (de)	wstyd (m)	[fstit]
pret (de), plezier (het)	uciecha (ż)	[u'tʃeha]
enthousiasme (het)	entuzjazm (m)	[ɛn'tuzʰjazm]
enthousiasteling (de)	entuzjasta (m)	[ɛntuzʰ'jasta]
enthousiasme vertonen	przejawić entuzjazm	[pʃɛ'javitʃ ɛn'tuzʰjazm]

59. Karakter. Persoonlijkheid

karakter (het)	charakter (m)	[ha'raktɛr]
karakterfout (de)	wada (ż)	['vada]
verstand (het)	umysł (m)	['umɨsw]
rede (de)	rozum (m)	['rɔzum]

geweten (het)	sumienie (n)	[su'mene]
gewoonte (de)	nawyk (m)	['navɨk]
bekwaamheid (de)	zdolność (ż)	['zdoʎnɔɕtʃ]
kunnen (bijv., ~ zwemmen)	umieć	['umetʃ]

geduldig (bn)	cierpliwy	[tʃerp'livɨ]
ongeduldig (bn)	niecierpliwy	[netʃerp'livɨ]
nieuwsgierig (bn)	ciekawy	[tʃe'kavɨ]
nieuwsgierigheid (de)	ciekawość (ż)	[tʃe'kavɔɕtʃ]

bescheidenheid (de)	skromność (ż)	['skrɔmnɔɕtʃ]
bescheiden (bn)	skromny	['skrɔmnɨ]
onbescheiden (bn)	nieskromny	[nesk'rɔmnɨ]

luiheid (de)	lenistwo (n)	[le'nistvɔ]
lui (bn)	leniwy	[le'nivɨ]
luiwammes (de)	leń (m)	[leɲ]

sluwheid (de)	przebiegłość (ż)	[pʃɛ'begwɔɕtʃ]
sluw (bn)	przebiegły	[pʃɛ'begwɨ]
wantrouwen (het)	nieufność (ż)	[ne'ufnɔɕtʃ]
wantrouwig (bn)	nieufny	[ne'ufnɨ]

gulheid (de)	hojność (ż)	['hɔjnɔɕtʃ]
gul (bn)	hojny	['hɔjnɨ]
talentrijk (bn)	utalentowany	[utalentɔ'vanɨ]
talent (het)	talent (m)	['talent]

moedig (bn)	śmiały	['ɕmʲawɨ]
moed (de)	śmiałość (ż)	['ɕmʲawɔɕtʃ]
eerlijk (bn)	uczciwy	[utʃ'tʃivɨ]
eerlijkheid (de)	uczciwość (ż)	[utʃ'tʃivɔɕtʃ]

| voorzichtig (bn) | ostrożny | [ɔst'rɔʒnɨ] |
| manhaftig (bn) | odważny | [ɔd'vaʒnɨ] |

| ernstig (bn) | poważny | [pɔ'vaʒni] |
| streng (bn) | surowy | [su'rɔvi] |

resoluut (bn)	zdecydowany	[zdɛtsidɔ'vani]
onzeker, irresoluut (bn)	niezdecydowany	[nezdɛtsidɔ'vani]
schuchter (bn)	nieśmiały	[neɕ'mʲawi]
schuchterheid (de)	nieśmiałość (ż)	[neɕ'mʲawɔɕʨ]

vertrouwen (het)	zaufanie (n)	[zau'fane]
vertrouwen (ww)	wierzyć	['veʒiʨ]
goedgelovig (bn)	ufny	['ufni]

oprecht (bw)	szczerze	['ʃʧɛʒɛ]
oprecht (bn)	szczery	['ʃʧɛri]
oprechtheid (de)	szczerość (ż)	['ʃʧɛrɔɕʨ]
open (bn)	otwarty	[ɔt'farti]

rustig (bn)	spokojny	[spɔ'kɔjni]
openhartig (bn)	szczery	['ʃʧɛri]
naïef (bn)	naiwny	[na'ivni]
verstrooid (bn)	roztargniony	[rɔstarg'nɔni]
leuk, grappig (bn)	zabawny	[za'bavni]

gierigheid (de)	chciwość (ż)	['hʧivɔɕʨ]
gierig (bn)	chciwy	['hʧivi]
inhalig (bn)	skąpy	['skɔ̃pi]
kwaad (bn)	zły	[zwi]
koppig (bn)	uparty	[u'parti]
onaangenaam (bn)	nieprzyjemny	[nepʃi'emni]

egoïst (de)	egoista (m)	[ɛgɔ'ista]
egoïstisch (bn)	egoistyczny	[ɛgɔis'tiʧni]
lafaard (de)	tchórz (m)	[thuʃ]
laf (bn)	tchórzliwy	[thuʒ'livi]

60. Slaap. Dromen

slapen (ww)	spać	[spaʨ]
slaap (in ~ vallen)	sen (m)	[sɛn]
droom (de)	sen (m)	[sɛn]
dromen (in de slaap)	śnić	[ɕniʨ]
slaperig (bn)	senny	['sɛɲi]

bed (het)	łóżko (n)	['wuʃkɔ]
matras (de)	materac (m)	[ma'tɛrats]
deken (de)	kołdra (ż)	['kɔwdra]
kussen (het)	poduszka (ż)	[pɔ'duʃka]
laken (het)	prześcieradło (n)	[pʃɛɕʨe'radwɔ]

slapeloosheid (de)	bezsenność (ż)	[bɛs'sɛnɔɕʨ]
slapeloos (bn)	bezsenny	[bɛs'sɛɲi]
slaapmiddel (het)	tabletka (ż) nasenna	[tab'lɛtka na'sɛɲa]
slaapmiddel innemen	zażyć środek nasenny	['zaʒiʨ 'ɕrɔdɛk na'sɛɲi]
willen slapen	chcieć spać	[hʧeʨ spaʨ]

geeuwen (ww)	ziewać	['ʒevatʃ]
gaan slapen	iść spać	[istʃ spatʃ]
het bed opmaken	ścielić łóżko	['ctʃelitʃ 'wuʃkɔ]
inslapen (ww)	zasnąć	['zasnɔ̃tʃ]

nachtmerrie (de)	koszmar (m)	['kɔʃmar]
gesnurk (het)	chrapanie (n)	[hra'pane]
snurken (ww)	chrapać	['hrapatʃ]

wekker (de)	budzik (m)	['budʒik]
wekken (ww)	obudzić	[ɔ'budʒitʃ]
wakker worden (ww)	budzić się	['budʒitʃ cɛ̃]
opstaan (ww)	wstawać	['fstavatʃ]
zich wassen (ww)	myć się	['mitʃ cɛ̃]

61. Humor. Gelach. Blijdschap

humor (de)	humor (m)	['humɔr]
gevoel (het) voor humor	poczucie (n)	[pɔt'ʃutʃe]
plezier hebben (ww)	bawić się	['bavitʃ cɛ̃]
vrolijk (bn)	wesoły	[vɛ'sɔwi]
pret (de), plezier (het)	wesołość (z)	[ve'sɔwɔʃtʃ]

glimlach (de)	uśmiech (m)	['ucmeh]
glimlachen (ww)	uśmiechać się	[uc'mehatʃ cɛ̃]
beginnen te lachen (ww)	zaśmiać się	['zacmʲatʃ cɛ̃]
lachen (ww)	śmiać się	['cmʲatʃ cɛ̃]
lach (de)	śmiech (m)	[cmeh]

mop (de)	anegdota (z)	[anɛg'dɔta]
grappig (een ~ verhaal)	śmieszny	['cmeʃni]
grappig (~e clown)	zabawny	[za'bavni]

grappen maken (ww)	żartować	[ʒar'tɔvatʃ]
grap (de)	żart (m)	[ʒart]
blijheid (de)	radość (z)	['radɔctʃ]
blij zijn (ww)	cieszyć się	['tʃeʃitʃ cɛ̃]
blij (bn)	radosny	[ra'dɔsni]

62. Discussie, conversatie. Deel 1

| communicatie (de) | komunikacja (z) | [kɔmuni'katsʰja] |
| communiceren (ww) | komunikować się | [kɔmuni'kɔvatʃ cɛ̃] |

conversatie (de)	rozmowa (z)	[rɔz'mɔva]
dialoog (de)	dialog (m)	['dʰjalɔg]
discussie (de)	dyskusja (z)	[dis'kusʰja]
debat (het)	spór (m)	[spur]
debatteren, twisten (ww)	spierać się	['speratʃ cɛ̃]

| gesprekspartner (de) | rozmówca (m) | [rɔz'muftsa] |
| thema (het) | temat (m) | ['tɛmat] |

standpunt (het)	**punkt** (m) **widzenia**	[puŋkt vi'dzɛɲa]
mening (de)	**zdanie** (n)	['zdane]
toespraak (de)	**przemówienie** (n)	[pʃɛmu'vene]

bespreking (de)	**dyskusja** (ż)	[dis'kusʰja]
bespreken (spreken over)	**omawiać**	[ɔ'mavⁱatʃ]
gesprek (het)	**rozmowa** (ż)	[rɔz'mɔva]
spreken (converseren)	**rozmawiać**	[rɔz'mavⁱatʃ]
ontmoeting (de)	**spotkanie** (n)	[spɔt'kane]
ontmoeten (ww)	**spotkać się**	['spɔtkatʃ ɕɛ̃]

spreekwoord (het)	**przysłowie** (n)	[pʃis'wɔve]
gezegde (het)	**powiedzenie** (n)	[pɔvje'dzɛnie]
raadsel (het)	**zagadka** (ż)	[za'gatka]
een raadsel opgeven	**zadawać zagadkę**	[za'davatʃ za'gadkɛ̃]
wachtwoord (het)	**hasło** (n)	['haswɔ]
geheim (het)	**sekret** (m)	['sɛkrɛt]

eed (de)	**przysięga** (ż)	[pʃi'ɕeɲa]
zweren (een eed doen)	**przysięgać**	[pʃi'ɕeɲatʃ]
belofte (de)	**obietnica** (ż)	[ɔbetnitsa]
beloven (ww)	**obiecać**	[ɔ'betsatʃ]

advies (het)	**rada** (ż)	['rada]
adviseren (ww)	**radzić**	['radʑitʃ]
luisteren (gehoorzamen)	**słuchać**	['swuhatʃ]

nieuws (het)	**nowina** (ż)	[nɔ'vina]
sensatie (de)	**sensacja** (ż)	[sɛn'satsʰja]
informatie (de)	**wiadomości** (l.mn.)	[vⁱadɔ'mɔɕtʃi]
conclusie (de)	**wniosek** (m)	['vnɔsɛk]
stem (de)	**głos** (m)	[gwɔs]
compliment (het)	**komplement** (m)	[kɔmp'lemɛnt]
vriendelijk (bn)	**uprzejmy**	[up'ʃɛjmɨ]

woord (het)	**słowo** (n)	['swɔvɔ]
zin (de), zinsdeel (het)	**fraza** (ż)	['fraza]
antwoord (het)	**odpowiedź** (ż)	[ɔtpɔ'vetʃ]

waarheid (de)	**prawda** (ż)	['pravda]
leugen (de)	**kłamstwo** (n)	['kwamstfɔ]

gedachte (de)	**myśl** (ż)	[miɕʎ]
idee (de/het)	**pomysł** (m)	['pɔmɨsw]
fantasie (de)	**fantazja** (ż)	[fan'tazⁱa]

63. Discussie, conversatie. Deel 2

gerespecteerd (bn)	**szanowny**	[ʃa'nɔvnɨ]
respecteren (ww)	**szanować**	[ʃa'nɔvatʃ]
respect (het)	**szacunek** (m)	[ʃa'tsunɛk]
Geachte ... (brief)	**Drogi ...**	['drɔgi]
voorstellen (Mag ik jullie ~)	**poznać**	['pɔznatʃ]
intentie (de)	**zamiar** (m)	['zamⁱar]

intentie hebben (ww)	zamierzać	[za'meʒatʃ]
wens (de)	życzenie (n)	[ʒit'ʃɛne]
wensen (ww)	życzyć	['ʒitʃitʃ]
verbazing (de)	zdziwienie (n)	[zdʑi'vene]
verbazen (verwonderen)	dziwić	['dʑivitʃ]
verbaasd zijn (ww)	dziwić się	['dʑivitʃ ɕɛ̃]
geven (ww)	dać	[datʃ]
nemen (ww)	wziąć	[vʒɔ̃itʃ]
teruggeven (ww)	zwrócić	['zvrutʃitʃ]
retourneren (ww)	zwrócić	['zvrutʃitʃ]
zich verontschuldigen	przepraszać	[pʃɛp'raʃatʃ]
verontschuldiging (de)	przeprosiny (l.mn.)	[pʃɛprɔ'ɕinɨ]
vergeven (ww)	przebaczać	[pʃɛ'batʃatʃ]
spreken (ww)	rozmawiać	[rɔz'mavʲatʃ]
luisteren (ww)	słuchać	['swuhatʃ]
aanhoren (ww)	wysłuchać	[vɨs'wuhatʃ]
begrijpen (ww)	zrozumieć	[zrɔ'zumetʃ]
tonen (ww)	pokazać	[pɔ'kazatʃ]
kijken naar ...	patrzeć	['patʃɛtʃ]
roepen (vragen te komen)	zawołać	[za'vɔwatʃ]
storen (lastigvallen)	przeszkadzać	[pʃɛʃ'kadzatʃ]
doorgeven (ww)	wręczyć	['vrɛntʃitʃ]
verzoek (het)	prośba (ż)	['prɔʑba]
verzoeken (ww)	prosić	['prɔɕitʃ]
eis (de)	żądanie (n)	[ʒɔ̃'dane]
eisen (met klem vragen)	żądać	['ʒɔ̃datʃ]
beledigen	przezywać	[pʃɛ'zivatʃ]
(beledigende namen geven)		
uitlachen (ww)	kpić	[kpitʃ]
spot (de)	kpina (ż)	['kpina]
bijnaam (de)	przezwisko (n)	[pʃɛz'viskɔ]
zinspeling (de)	aluzja (ż)	[a'lyzʰja]
zinspelen (ww)	czynić aluzję	['tʃinitʃ a'lyzʰɛ̃]
impliceren (duiden op)	mieć na myśli	[metʃ na 'miɕli]
beschrijving (de)	opis (m)	['ɔpis]
beschrijven (ww)	opisać	[ɔ'pisatʃ]
lof (de)	pochwała (ż)	[poh'fawa]
loven (ww)	pochwalić	[poh'falitʃ]
teleurstelling (de)	rozczarowanie (n)	[rɔstʃarɔ'vane]
teleurstellen (ww)	rozczarować	[rɔstʃa'rɔvatʃ]
teleurgesteld zijn (ww)	rozczarować się	[rɔstʃa'rɔvatʃ ɕɛ̃]
veronderstelling (de)	założenie (n)	[zawɔ'ʒene]
veronderstellen (ww)	przypuszczać	[pʃɨ'puʃtʃatʃ]
waarschuwing (de)	ostrzeżenie (n)	[ɔstʃɛ'ʒene]
waarschuwen (ww)	ostrzec	['ɔstʃɛts]

64. Discussie, conversatie. Deel 3

aanpraten (ww)	namówić	[na'muvitʃ]
kalmeren (kalm maken)	uspokajać	[uspɔ'kajatʃ]
stilte (de)	milczenie (n)	[miʎt'ʃɛne]
zwijgen (ww)	milczeć	['miʎtʃɛtʃ]
fluisteren (ww)	szepnąć	['ʃɛpnɔ̃tʃ]
gefluister (het)	szept (m)	[ʃɛpt]
open, eerlijk (bw)	szczerze	['ʃtʃɛʒɛ]
volgens mij ...	moim zdaniem	['mɔim 'zdanem]
detail (het)	szczegół (m)	['ʃtʃɛguw]
gedetailleerd (bn)	szczegółowy	[ʃtʃɛgu'wɔvi]
gedetailleerd (bw)	szczegółowo	[ʃtʃɛgu'wɔvɔ]
hint (de)	wskazówka (ż)	[fska'zɔfka]
een hint geven	dać wskazówkę	[datʃ fska'zɔfkɛ̃]
blik (de)	spojrzenie (n)	[spɔj'ʒɛne]
een kijkje nemen	spojrzeć	['spɔjʒɛtʃ]
strak (een ~ke blik)	nieruchomy	[neru'hɔmi]
knipperen (ww)	mrugać	['mrugatʃ]
knipogen (ww)	mrugnąć	['mrugnɔ̃tʃ]
knikken (ww)	przytaknąć	[pʃi'taknɔ̃tʃ]
zucht (de)	westchnienie (n)	[vɛsth'nene]
zuchten (ww)	westchnąć	['vɛsthnɔ̃tʃ]
huiveren (ww)	wzdrygać się	['vzdrigatʃ ɕɛ̃]
gebaar (het)	gest (m)	[gɛst]
aanraken (ww)	dotknąć	['dɔtknɔ̃tʃ]
grijpen (ww)	chwytać	['hfitatʃ]
een schouderklopje geven	klepać	['klepatʃ]
Kijk uit!	Uwaga!	[u'vaga]
Echt?	Czyżby?	['tʃiʒbi]
Bent je er zeker van?	Jesteś pewien?	['estɛɕ 'pɛven]
Succes!	Powodzenia!	[pɔvɔ'dzɛɲa]
Juist, ja!	Jasne!	['jasnɛ]
Wat jammer!	Szkoda!	['ʃkɔda]

65. Overeenstemming. Weigering

instemming (het)	zgoda (ż)	['zgɔda]
instemmen (akkoord gaan)	zgadzać się	['zgadzatʃ ɕɛ̃]
goedkeuring (de)	aprobata (ż)	[aprɔ'bata]
goedkeuren (ww)	zaaprobować	[za:prɔ'bɔvatʃ]
weigering (de)	odmowa (ż)	[ɔd'mɔva]
weigeren (ww)	odmawiać	[ɔd'maviatʃ]
Geweldig!	Świetnie!	['ɕfetne]
Goed!	Dobrze!	['dɔbʒɛ]

Akkoord!	Dobra!	['dɔbra]
verboden (bn)	zakazany	[zaka'zanɨ]
het is verboden	nie wolno	[ne 'vɔʎnɔ]
het is onmogelijk	niemożliwe	[nemɔʒ'livɛ]
onjuist (bn)	błędny	['bwɛ̃dnɨ]

afwijzen (ww)	odrzucić	[ɔ'dʒutʃitʃ]
steunen	poprzeć	['pɔpʃɛtʃ]
(een goed doel, enz.)		
aanvaarden (excuses ~)	przyjąć	['pʃɨ̃tʃ]

bevestigen (ww)	potwierdzić	[pɔt'ferdʒitʃ]
bevestiging (de)	potwierdzenie (n)	[pɔtfer'dzɛne]

toestemming (de)	pozwolenie (n)	[pɔzvɔ'lene]
toestaan (ww)	zezwolić	[zɛz'volitʃ]
beslissing (de)	decyzja (z)	[dɛ'tsɨzʲja]
z'n mond houden (ww)	nic nie mówić	[nits nɛ 'mɔvitʃ]

voorwaarde (de)	warunek (m)	[va'runɛk]
smoes (de)	wymówka (z)	[vɨ'mufka]
lof (de)	pochwała (z)	[pɔh'fawa]
loven (ww)	chwalić	['hfalitʃ]

66. Succes. Veel geluk. Mislukking

succes (het)	sukces (m)	['suktsɛs]
succesvol (bw)	z powodzeniem	[s pɔvɔ'dzɛnem]
succesvol (bn)	skuteczny	[sku'tɛtʃnɨ]

geluk (het)	powodzenie (n)	[pɔvɔ'dzɛnie]
Succes!	Powodzenia!	[pɔvɔ'dzɛɲa]

geluks- (bn)	szczęśliwy	[ʃtʃɛ̃ɕ'livɨ]
gelukkig (fortuinlijk)	fortunny	[fɔr'tuɲɨ]

mislukking (de)	porażka (z)	[pɔ'raʃka]
tegenslag (de)	niepowodzenie (n)	[nepɔvɔ'dzɛne]
pech (de)	pech (m)	[pɛh]

zonder succes (bn)	nieudany	[neu'danɨ]
catastrofe (de)	katastrofa (z)	[katast'rɔfa]

fierheid (de)	duma (z)	['duma]
fier (bn)	dumny	['dumnɨ]
fier zijn (ww)	być dumnym	[bɨtʃ 'dumnɨm]

winnaar (de)	zwycięzca (m)	[zvɨ'tʃɛnstsa]
winnen (ww)	zwyciężyć	[zvɨ'tʃɛnʒitʃ]

verliezen (ww)	przegrać	['pʃɛgratʃ]
poging (de)	próba (z)	['pruba]
pogen, proberen (ww)	próbować	[pru'bovatʃ]
kans (de)	szansa (z)	['ʃansa]

67. Ruzies. Negatieve emoties

schreeuw (de)	krzyk (m)	[kʃik]
schreeuwen (ww)	krzyczeć	['kʃitʃɛtʃ]
beginnen te schreeuwen	krzyknąć	['kʃiknɔtʃ]
ruzie (de)	kłótnia (ż)	['kwutɲa]
ruzie hebben (ww)	kłócić się	['kwutʃitʃ ɕɛ̃]
schandaal (het)	głośna kłótnia (ż)	['gwɔʃna 'kwɔtɲa]
schandaal maken (ww)	kłócić się głośno	['kwɔtʃitʃ ɕɛ̃ 'gwɔʃnɔ]
conflict (het)	konflikt (m)	['kɔnflikt]
misverstand (het)	nieporozumienie (n)	[nepɔrɔzu'mene]
belediging (de)	zniewaga (ż)	[zni'evaga]
beledigen	znieważać	[zne'vaʒatʃ]
(met scheldwoorden)		
beledigd (bn)	obrażony	[ɔbra'ʒɔni]
krenking (de)	obraza (ż)	[ɔb'raza]
krenken (beledigen)	obrazić	[ɔb'raʒitʃ]
gekwetst worden (ww)	obrazić się	[ɔb'raʒitʃ ɕɛ̃]
verontwaardiging (de)	oburzenie (n)	[ɔbu'ʒɛne]
verontwaardigd zijn (ww)	oburzać się	[ɔ'buʒatʃ ɕɛ̃]
klacht (de)	skarga (ż)	['skarga]
klagen (ww)	skarżyć się	['skarʒitʃ ɕɛ̃]
verontschuldiging (de)	przeprosiny (l.mn.)	[pʃɛprɔ'ɕini]
zich verontschuldigen	przepraszać	[pʃɛp'raʃatʃ]
excuus vragen	przepraszać	[pʃɛp'raʃatʃ]
kritiek (de)	krytyka (ż)	['kritika]
bekritiseren (ww)	krytykować	[kriti'kɔvatʃ]
beschuldiging (de)	oskarżenie (n)	[ɔskar'ʒɛne]
beschuldigen (ww)	obwiniać	[ɔb'viɲatʃ]
wraak (de)	zemsta (ż)	['zɛmsta]
wreken (ww)	mścić się	[mɕtʃitʃ ɕɛ̃]
wraak nemen (ww)	odpłacić	[ɔdp'watʃitʃ]
minachting (de)	pogarda (ż)	[pɔ'garda]
minachten (ww)	pogardzać	[pɔ'gardzatʃ]
haat (de)	nienawiść (ż)	[ne'naviɕtʃ]
haten (ww)	nienawidzieć	[nena'vidʑetʃ]
zenuwachtig (bn)	nerwowy	[nɛr'vɔvi]
zenuwachtig zijn (ww)	denerwować się	[dɛnɛr'vɔvatʃ ɕɛ̃]
boos (bn)	zły	[zwi]
boos maken (ww)	rozzłościć	[rɔzz'wɔɕtʃitʃ]
vernedering (de)	poniżenie (n)	[pɔni'ʒɛne]
vernederen (ww)	poniżać	[pɔ'niʒatʃ]
zich vernederen (ww)	poniżać się	[pɔ'niʒatʃ ɕɛ̃]
schok (de)	szok (m)	[ʃɔk]
schokken (ww)	szokować	[ʃɔ'kɔvatʃ]

| onaangenaamheid (de) | przykrość (z) | ['pʃikrɔɕtʃ] |
| onaangenaam (bn) | nieprzyjemny | [nepʃi'emni] |

vrees (de)	strach (m)	[strah]
vreselijk (bijv. ~ onweer)	okropny	[ɔk'rɔpni]
eng (bn)	straszny	['straʃni]
gruwel (de)	przerażenie (n)	[pʃɛra'ʒɛne]
vreselijk (~ nieuws)	okropny	[ɔk'rɔpni]

huilen (wenen)	płakać	['pwakatʃ]
beginnen te huilen (wenen)	zapłakać	[zap'wakatʃ]
traan (de)	łza (z)	[wza]

schuld (~ geven aan)	wina (z)	['vina]
schuldgevoel (het)	wina (z)	['vina]
schande (de)	hańba (z)	['hanba]
protest (het)	protest (m)	['prɔtɛst]
stress (de)	stres (m)	[strɛs]

storen (lastigvallen)	przeszkadzać	[pʃɛʃ'kadzatʃ]
kwaad zijn (ww)	złościć się	['zwɔɕtʃitʃ ɕɛ̃]
kwaad (bn)	zły	[zwi]
beëindigen (een relatie ~)	zakończyć	[za'kɔntʃitʃ]
vloeken (ww)	kłócić się	['kwutʃitʃ ɕɛ̃]

schrikken (schrik krijgen)	bać się	[batʃ ɕɛ̃]
slaan (iemand ~)	uderzyć	[u'dɛʒitʃ]
vechten (ww)	bić się	[bitʃ ɕɛ̃]

regelen (conflict)	załatwić	[za'watvitʃ]
ontevreden (bn)	niezadowolony	[nezadɔvɔ'lɔni]
woedend (bn)	wściekły	['fɕtʃekwi]

| Dat is niet goed! | Nie jest dobrze! | [ni estʲ 'dɔbʒɛ] |
| Dat is slecht! | To źle! | [tɔ zʲle] |

Geneeskunde

68. Ziekten

ziekte (de)	choroba (ż)	[hɔ'rɔba]
ziek zijn (ww)	chorować	[hɔ'rɔvatʃ]
gezondheid (de)	zdrowie (n)	['zdrɔve]
snotneus (de)	katar (m)	['katar]
angina (de)	angina (ż)	[aɲina]
verkoudheid (de)	przeziębienie (n)	[pʃɛʒɛ̃'bene]
verkouden raken (ww)	przeziębić się	[pʃɛ'ʒembitʃ ɕɛ̃]
bronchitis (de)	zapalenie (n) oskrzeli	[zapa'lɛne ɔsk'ʃɛli]
longontsteking (de)	zapalenie (n) płuc	[zapa'lɛne pwuts]
griep (de)	grypa (ż)	['gripa]
bijziend (bn)	krótkowzroczny	[krutkɔvz'rɔtʃnɨ]
verziend (bn)	dalekowzroczny	[dalekɔvz'rɔtʃnɨ]
scheelheid (de)	zez (m)	[zɛs]
scheel (bn)	zezowaty	[zɛzɔ'vatɨ]
grauwe staar (de)	katarakta (ż)	[kata'rakta]
glaucoom (het)	jaskra (ż)	['jaskra]
beroerte (de)	wylew (m)	['vɨlef]
hartinfarct (het)	zawał (m)	['zavaw]
myocardiaal infarct (het)	zawał (m) mięśnia sercowego	['zavaw 'mɛ̃ɕɲa sɛrtsɔ'vɛgɔ]
verlamming (de)	paraliż (m)	[pa'raliʃ]
verlammen (ww)	sparaliżować	[sparali'ʒɔvatʃ]
allergie (de)	alergia (ż)	[a'lergʰja]
astma (de/het)	astma (ż)	['astma]
diabetes (de)	cukrzyca (ż)	[tsuk'ʃɨtsa]
tandpijn (de)	ból (m) zęba	[buʎ 'zɛ̃ba]
tandbederf (het)	próchnica (ż)	[pruh'nitsa]
diarree (de)	rozwolnienie (n)	[rɔzvɔʎ'nene]
constipatie (de)	zaparcie (n)	[za'partʃe]
maagstoornis (de)	rozstrój (m) żołądka	['rɔsstruj ʒɔ'wɔtka]
voedselvergiftiging (de)	zatrucie (n) pokarmowe	[zat'rutʃe pɔkar'mɔvɛ]
voedselvergiftiging oplopen	zatruć się	['zatrutʃ ɕɛ̃]
artritis (de)	artretyzm (m)	[art'rɛtizm]
rachitis (de)	krzywica (ż)	[kʃɨ'vitsa]
reuma (het)	reumatyzm (m)	[rɛu'matizm]
arteriosclerose (de)	miażdżyca (ż)	[mʲaʒ'dʒɨtsa]
gastritis (de)	nieżyt (m) żołądka	['neʒit ʒɔ'wɔtka]
blindedarmontsteking (de)	zapalenie (n) wyrostka robaczkowego	[zapa'lene vɨ'rɔstka rɔbatʃkɔ'vɛgɔ]

zweer (de)	wrzód (m)	[vʒut]
mazelen (mv.)	odra (ż)	['ɔdra]
rodehond (de)	różyczka (ż)	[ru'ʒiʧka]
geelzucht (de)	żółtaczka (ż)	[ʒuw'taʧka]
leverontsteking (de)	zapalenie (n) wątroby	[zapa'lene vɔ̃t'rɔbi]

schizofrenie (de)	schizofrenia (ż)	[shizɔf'rɛnʰja]
dolheid (de)	wścieklizna (ż)	[vɕʧek'lizna]
neurose (de)	nerwica (ż)	[nɛr'viʦa]
hersenschudding (de)	wstrząs (m) mózgu	[fstʃɔ̃s 'muzgu]

kanker (de)	rak (m)	[rak]
sclerose (de)	stwardnienie (n)	[stvard'nene]
multiple sclerose (de)	stwardnienie (n) rozsiane	[stfard'nene rɔz'ɕanɛ]

alcoholisme (het)	alkoholizm (m)	[aʎkɔ'hɔlizm]
alcoholicus (de)	alkoholik (m)	[aʎkɔ'hɔlik]
syfilis (de)	syfilis (m)	[si'filis]
AIDS (de)	AIDS (m)	[ɛjʦ]

tumor (de)	nowotwór (m)	[nɔ'vɔtfur]
kwaadaardig (bn)	złośliwa	[zwɔɕ'liva]
goedaardig (bn)	niezłośliwa	[nezwɔɕ'liva]

koorts (de)	febra (ż)	['fɛbra]
malaria (de)	malaria (ż)	[ma'ʎarʰja]
gangreen (het)	gangrena (ż)	[gaŋ'rɛna]
zeeziekte (de)	choroba (ż) morska	[hɔ'rɔba 'mɔrska]
epilepsie (de)	padaczka (ż)	[pa'daʧka]

epidemie (de)	epidemia (ż)	[ɛpi'dɛmʰja]
tyfus (de)	tyfus (m)	['tifus]
tuberculose (de)	gruźlica (ż)	[gruʑ'liʦa]
cholera (de)	cholera (ż)	[hɔ'lera]
pest (de)	dżuma (ż)	['dʒuma]

69. Symptomen. Behandelingen. Deel 1

symptoom (het)	objaw (m)	['ɔbʰjaf]
temperatuur (de)	temperatura (ż)	[tɛmpɛra'tura]
verhoogde temperatuur (de)	gorączka (ż)	[gɔ'rɔ̃ʧka]
polsslag (de)	puls (m)	[puʎs]

duizeling (de)	zawrót (m) głowy	['zavrut 'gwɔvi]
heet (erg warm)	gorący	[gɔ'rɔ̃tsi]
koude rillingen (mv.)	dreszcz (m)	['drɛʃʧ]
bleek (bn)	blady	['bʎadi]

hoest (de)	kaszel (m)	['kaʃɛʎ]
hoesten (ww)	kaszleć	['kaʃleʧ]
niezen (ww)	kichać	['kihaʧ]
flauwte (de)	omdlenie (n)	[ɔmd'lene]
flauwvallen (ww)	zemdleć	['zɛmdleʧ]
blauwe plek (de)	siniak (m)	['ɕiɲak]

buil (de)	guz (m)	[gus]
zich stoten (ww)	uderzyć się	[u'dɛʒitʃ ɕɛ̃]
kneuzing (de)	stłuczenie (n)	[stwut'ʃɛne]
kneuzen (gekneusd zijn)	potłuc się	['potwuts ɕɛ̃]

hinken (ww)	kuleć	['kuletʃ]
verstuiking (de)	zwichnięcie (n)	[zvih'nɛ̃tʃe]
verstuiken (enkel, enz.)	zwichnąć	['zvihnɔ̃tʃ]
breuk (de)	złamanie (n)	[zwa'mane]
een breuk oplopen	otrzymać złamanie	[ɔt'ʃimatʃ zwa'mane]

snijwond (de)	skaleczenie (n)	[skalet'ʃɛne]
zich snijden (ww)	skaleczyć się	[ska'letʃitʃ ɕɛ̃]
bloeding (de)	krwotok (m)	['krfɔtɔk]

| brandwond (de) | oparzenie (n) | [ɔpa'ʒɛne] |
| zich branden (ww) | poparzyć się | [pɔ'paʒitʃ ɕɛ̃] |

prikken (ww)	ukłuć	['ukwutʃ]
zich prikken (ww)	ukłuć się	['ukwutʃ ɕɛ̃]
blesseren (ww)	uszkodzić	[uʃ'kɔdʒitʃ]
blessure (letsel)	uszkodzenie (n)	[uʃkɔ'dzɛne]
wond (de)	rana (z)	['rana]
trauma (het)	uraz (m)	['uras]

IJlen (ww)	bredzić	['brɛdʒitʃ]
stotteren (ww)	jąkać się	[ɔ̃katʃ ɕɛ̃]
zonnesteek (de)	udar (m) słoneczny	['udar swɔ'nɛtʃni]

70. Symptomen. Behandelingen. Deel 2

| pijn (de) | ból (m) | [buʎ] |
| splinter (de) | drzazga (z) | ['dʒazga] |

zweet (het)	pot (m)	[pɔt]
zweten (ww)	pocić się	['pɔtʃitʃ ɕɛ̃]
braking (de)	wymiotowanie (n)	[vimɔtɔ'vane]
stuiptrekkingen (mv.)	drgawki (l.mn.)	['drgavki]

zwanger (bn)	ciężarna (z)	[tʃɛ̃'ʒarna]
geboren worden (ww)	urodzić się	[u'rɔdʒitʃ ɕɛ̃]
geboorte (de)	poród (m)	['pɔrut]
baren (ww)	rodzić	['rɔdʒitʃ]
abortus (de)	aborcja (z)	[a'bɔrtsʰja]

ademhaling (de)	oddech (m)	['ɔddɛh]
inademing (de)	wdech (m)	[vdɛh]
uitademing (de)	wydech (m)	['vidɛh]
uitademen (ww)	zrobić wydech	['zrɔbitʃ 'vidɛh]
inademen (ww)	zrobić wdech	['zrɔbitʃ vdɛh]

invalide (de)	niepełnosprawny (m)	[nepɛwnɔsp'ravni]
gehandicapte (de)	kaleka (m, ż)	[ka'leka]
drugsverslaafde (de)	narkoman (m)	[nar'kɔman]

doof (bn)	niesłyszący, głuchy	[neswɨ'ʃɔ̃tsɨ], ['gwuhɨ]
stom (bn)	niemy	['nemɨ]
doofstom (bn)	głuchoniemy	[gwuhɔ'nemɨ]

krankzinnig (bn)	zwariowany	[zvarʰɔ'vanɨ]
krankzinnige (man)	wariat (m)	['varʰjat]
krankzinnige (vrouw)	wariatka (ż)	[varʰ'jatka]
krankzinnig worden	stracić rozum	['stratʃitʃ rɔzum]

gen (het)	gen (m)	[gɛn]
immuniteit (de)	odporność (ż)	[ɔt'pɔrnɔɕtʃ]
erfelijk (bn)	dziedziczny	[dʒe'dʑitʃnɨ]
aangeboren (bn)	wrodzony	[vrɔ'dzɔnɨ]

virus (het)	wirus (m)	['virus]
microbe (de)	mikrob (m)	['mikrɔb]
bacterie (de)	bakteria (ż)	[bak'tɛrʰja]
infectie (de)	infekcja (ż)	[in'fɛktsʰja]

71. Symptomen. Behandelingen. Deel 3

| ziekenhuis (het) | szpital (m) | ['ʃpitaʎ] |
| patiënt (de) | pacjent (m) | ['patsʰent] |

diagnose (de)	diagnoza (ż)	[dʰjag'nɔza]
genezing (de)	leczenie (n)	[let'ʃɛne]
medische behandeling (de)	leczenie (n)	[let'ʃɛne]
onder behandeling zijn	leczyć się	['letʃitʃ ɕɛ̃]
behandelen (ww)	leczyć	['letʃitʃ]
zorgen (zieken ~)	opiekować się	[ɔpe'kɔvatʃ ɕɛ̃]
ziekenzorg (de)	opieka (ż)	[ɔ'peka]

operatie (de)	operacja (ż)	[ɔpɛ'ratsʰja]
verbinden (een arm ~)	opatrzyć	[ɔ'patʃitʃ]
verband (het)	opatrunek (m)	[ɔpat'runɛk]

vaccin (het)	szczepionka (m)	[ʃtʃɛ'pɔŋka]
inenten (vaccineren)	szczepić	['ʃtʃɛpitʃ]
injectie (de)	zastrzyk (m)	['zastʃik]
een injectie geven	robić zastrzyk	['rɔbitʃ 'zastʃik]

amputatie (de)	amputacja (ż)	[ampu'tatsʰja]
amputeren (ww)	amputować	[ampu'tɔvatʃ]
coma (het)	śpiączka (ż)	[ɕpɔ̃tʃka]
in coma liggen	być w śpiączce	[bɨtʃ f ɕpɔ̃tʃse]
intensieve zorg, ICU (de)	reanimacja (ż)	[rɛani'matsʰja]

zich herstellen (ww)	wracać do zdrowia	['vratsatʃ dɔ 'zdrɔvʲa]
toestand (de)	stan (m)	[stan]
bewustzijn (het)	przytomność (ż)	[pʃɨ'tɔmnɔɕtʃ]
geheugen (het)	pamięć (ż)	['pamɛ̃tʃ]

| trekken (een kies ~) | usuwać | [u'suvatʃ] |
| vulling (de) | plomba (ż) | ['plɔmba] |

71

vullen (ww)	plombować	[plɔm'bɔvatʃ]
hypnose (de)	hipnoza (ż)	[hip'nɔza]
hypnotiseren (ww)	hipnotyzować	[hipnɔti'zɔvatʃ]

72. Artsen

dokter, arts (de)	lekarz (m)	['lekaʃ]
ziekenzuster (de)	pielęgniarka (ż)	[pelɛ̃g'ɲarka]
lijfarts (de)	lekarz (m) prywatny	[lekaʒ pri'vatni]

tandarts (de)	dentysta (m)	[dɛn'tista]
oogarts (de)	okulista (m)	[ɔku'lista]
therapeut (de)	internista (m)	[intɛr'nista]
chirurg (de)	chirurg (m)	['hirurk]

psychiater (de)	psychiatra (m)	[psihʰ'atra]
pediater (de)	pediatra (m)	[pɛdʰ'atra]
psycholoog (de)	psycholog (m)	[psi'hɔlɔg]
gynaecoloog (de)	ginekolog (m)	[ginɛ'kɔlɔk]
cardioloog (de)	kardiolog (m)	[kardʰɔ'lɔk]

73. Geneeskunde. Medicijnen. Accessoires

geneesmiddel (het)	lekarstwo (n)	[le'karstfɔ]
middel (het)	środek (m)	['ɕrɔdɛk]
voorschrijven (ww)	zapisać	[za'pisatʃ]
recept (het)	recepta (ż)	[rɛ'tsɛpta]

tablet (de/het)	tabletka (ż)	[tab'letka]
zalf (de)	maść (ż)	[maɕtʃ]
ampul (de)	ampułka (ż)	[am'puwka]
drank (de)	mikstura (ż)	[miks'tura]
siroop (de)	syrop (m)	['sirɔp]
pil (de)	pigułka (ż)	[pi'guwka]
poeder (de/het)	proszek (m)	['prɔʃɛk]

verband (het)	bandaż (m)	['bandaʃ]
watten (mv.)	wata (ż)	['vata]
jodium (het)	jodyna (ż)	[ʒ'dina]
pleister (de)	plaster (m)	['pʎaster]
pipet (de)	zakraplacz (m)	[zak'rapʎatʃ]
thermometer (de)	termometr (m)	[tɛr'mɔmɛtr]
spuit (de)	strzykawka (ż)	[stʃi'kafka]

| rolstoel (de) | wózek (m) inwalidzki | ['vɔzɛk inva'lidzki] |
| krukken (mv.) | kule (l.mn.) | ['kule] |

pijnstiller (de)	środek (m) przeciwbólowy	['ɕrɔdɛk pʃɛtʃifbɔ'lɔvi]
laxeermiddel (het)	środek (m) przeczyszczający	['ɕrɔdɛk pʃɛtʃiʃtʃaɔ̃tsi]
spiritus (de)	spirytus (m)	[spi'ritus]
medicinale kruiden (mv.)	zioła (l.mn.) lecznicze	[ʒi'ɔla lɛtʃ'nitʃɛ]
kruiden- (abn)	ziołowy	[ʒɔ'wɔvi]

74. Roken. Tabaksproducten

tabak (de)	tytoń (m)	['titɔɲ]
sigaret (de)	papieros (m)	[pa'perɔs]
sigaar (de)	cygaro (n)	[tsi'garɔ]
pijp (de)	fajka (ż)	['fajka]
pakje (~ sigaretten)	paczka (ż)	['patʃka]

lucifers (mv.)	zapałki (l.mn.)	[za'pawki]
luciferdoosje (het)	pudełko (n) zapałek	[pu'dɛwkɔ za'pawɛk]
aansteker (de)	zapalniczka (ż)	[zapaʎ'nitʃka]
asbak (de)	popielniczka (ż)	[pɔpeʎ'nitʃka]
sigarettendoosje (het)	papierośnica (ż)	[paperɔɕ'nitsa]

sigarettenpijpje (het)	ustnik (m)	['ustnik]
filter (de/het)	filtr (m)	[fiʎtr]

roken (ww)	palić	['palitɕ]
een sigaret opsteken	zapalić	[za'palitɕ]
roken (het)	palenie (n)	[pa'lene]
roker (de)	palacz (m)	['paʎatʃ]

peuk (de)	niedopałek (m)	[nedɔ'pawɛk]
rook (de)	dym (m)	[dim]
as (de)	popiół (m)	['pɔpyw]

HET MENSELIJKE LEEFGEBIED

Stad

75. Stad. Het leven in de stad

stad (de)	miasto (n)	['m'asto]
hoofdstad (de)	stolica (ż)	[sto'litsa]
dorp (het)	wieś (ż)	[veɕ]
plattegrond (de)	plan (m) miasta	[pʎan 'm'asta]
centrum (ov. een stad)	centrum (n) miasta	['tsɛntrum 'm'asta]
voorstad (de)	dzielnica (ż) podmiejska	[dʒɛʎ'nitsa pɔd'mejska]
voorstads- (abn)	podmiejski	[pɔd'mejski]
randgemeente (de)	peryferie (l.mn.)	[pɛri'fɛrʰe]
omgeving (de)	okolice (l.mn.)	[ɔkɔ'litsɛ]
blok (huizenblok)	osiedle (n)	[ɔ'ɕedle]
woonwijk (de)	osiedle (n) mieszkaniowe	[ɔ'ɕedle meʃka'nɜvɛ]
verkeer (het)	ruch (m) uliczny	[ruh u'litʃɲi]
verkeerslicht (het)	światła (l.mn.)	['ɕfʲatwa]
openbaar vervoer (het)	komunikacja (ż) publiczna	[kɔmuni'katsʰja pub'litʃna]
kruispunt (het)	skrzyżowanie (n)	[skʃiʒɔ'vane]
zebrapad (oversteekplaats)	przejście (n)	['pʃɛjɕtʃe]
onderdoorgang (de)	przejście (n) podziemne	['pʃɛjɕtʃe pɔ'dʒemnɛ]
oversteken (de straat ~)	przechodzić	[pʃɛ'hɔdʒitʃ]
voetganger (de)	pieszy (m)	['peʃi]
trottoir (het)	chodnik (m)	['hɔdnik]
brug (de)	most (m)	[mɔst]
dijk (de)	nadbrzeże (n)	[nadb'ʒɛʒɛ]
fontein (de)	fontanna (ż)	[fɔn'taŋa]
allee (de)	aleja (ż)	[a'leja]
park (het)	park (m)	[park]
boulevard (de)	bulwar (m)	['buʎvar]
plein (het)	plac (m)	[pʎats]
laan (de)	aleja (ż)	[a'leja]
straat (de)	ulica (ż)	[u'litsa]
zijstraat (de)	zaułek (m)	[za'uwɛk]
doodlopende straat (de)	ślepa uliczka (ż)	['ɕlepa u'litʃka]
huis (het)	dom (m)	[dɔm]
gebouw (het)	budynek (m)	[bu'dinɛk]
wolkenkrabber (de)	wieżowiec (m)	[ve'ʒɔvets]
gevel (de)	fasada (ż)	[fa'sada]
dak (het)	dach (m)	[dah]

venster (het)	okno (n)	['ɔknɔ]
boog (de)	łuk (m)	[wuk]
pilaar (de)	kolumna (ż)	[kɔ'lymna]
hoek (ov. een gebouw)	róg (m)	[ruk]

vitrine (de)	witryna (ż)	[vit'rina]
gevelreclame (de)	szyld (m)	[ʃiʌt]
affiche (de/het)	afisz (m)	['afiʃ]
reclameposter (de)	plakat (m) reklamowy	['pʌakat rɛkʌa'mɔvɨ]
aanplakbord (het)	billboard (m)	['biʌbɔrt]

vuilnis (de/het)	śmiecie (l.mn.)	['ɕmetʃe]
vuilnisbak (de)	kosz (m) na śmieci	[kɔʃ na 'ɕmetʃi]
afval weggooien (ww)	śmiecić	['ɕmetʃitʃ]
stortplaats (de)	wysypisko (n) śmieci	[vɨsɨpiskɔ 'ɕmetʃi]

telefooncel (de)	budka (ż) telefoniczna	['butka tɛlefɔ'nitʃna]
straatlicht (het)	słup (m) oświetleniowy	[swup ɔɕvetle'nɔvɨ]
bank (de)	ławka (ż)	['wafka]

politieagent (de)	policjant (m)	[pɔ'litsʰjant]
politie (de)	policja (ż)	[pɔ'litsʰja]
zwerver (de)	żebrak (m)	['ʒɛbrak]
dakloze (de)	bezdomny (m)	[bɛz'dɔmnɨ]

76. Stedelijke instellingen

winkel (de)	sklep (m)	[sklep]
apotheek (de)	apteka (ż)	[ap'tɛka]
optiek (de)	optyk (m)	['ɔptɨk]
winkelcentrum (het)	centrum (n) handlowe	['tsɛntrum hand'lɔvɛ]
supermarkt (de)	supermarket (m)	[supɛr'markɛt]

bakkerij (de)	sklep (m) z pieczywem	[sklep s pet'ʃivɛm]
bakker (de)	piekarz (m)	['pekaʃ]
banketbakkerij (de)	cukiernia (ż)	[tsu'kerɲa]
kruidenier (de)	sklep (m) spożywczy	[sklep spɔ'ʒɨvtʃɨ]
slagerij (de)	sklep (m) mięsny	[sklep 'mensnɨ]

groentewinkel (de)	warzywniak (m)	[va'ʒɨvɲak]
markt (de)	targ (m)	[tark]

koffiehuis (het)	kawiarnia (ż)	[ka'vʲarɲa]
restaurant (het)	restauracja (ż)	[rɛstau'ratsʰja]
bar (de)	piwiarnia (ż)	[pi'vʲarɲa]
pizzeria (de)	pizzeria (ż)	[pi'tserʰja]

kapperssalon (de/het)	salon (m) fryzjerski	['salon friz'ʰʲerski]
postkantoor (het)	poczta (ż)	['pɔtʃta]
stomerij (de)	pralnia (ż) chemiczna	['praʌɲa hɛ'mitʃna]
fotostudio (de)	zakład (m) fotograficzny	['zakwat fɔtɔgra'fitʃnɨ]

schoenwinkel (de)	sklep (m) obuwniczy	[sklep ɔbuv'nitʃɨ]
boekhandel (de)	księgarnia (ż)	[kɕɛ̃'garɲa]

sportwinkel (de)	sklep (m) sportowy	[sklep spɔr'tɔvi]
kledingreparatie (de)	reperacja (z) odzieży	[rɛpɛ'ratsʰja ɔ'dʒeʒi]
kledingverhuur (de)	wypożyczanie (n) strojów okazjonalnych	[vipɔʒi'tʃane strɔ'juv ɔkazʲɔ'naʎnih]
videotheek (de)	wypożyczalnia (z) filmów	[vipɔʒit'ʃaʎɲa 'fiʎmuf]

circus (de/het)	cyrk (m)	[tsirk]
dierentuin (de)	zoo (n)	['zɔ:]
bioscoop (de)	kino (n)	['kinɔ]
museum (het)	muzeum (n)	[mu'zɛum]
bibliotheek (de)	biblioteka (z)	[biblʲɔ'tɛka]

theater (het)	teatr (m)	['tɛatr]
opera (de)	opera (z)	['ɔpɛra]
nachtclub (de)	klub nocny (m)	[klyp 'nɔtsni]
casino (het)	kasyno (n)	[ka'sinɔ]

moskee (de)	meczet (m)	['mɛtʃɛt]
synagoge (de)	synagoga (z)	[sina'gɔga]
kathedraal (de)	katedra (z)	[ka'tɛdra]
tempel (de)	świątynia (z)	[ɕfɔ̃'tiɲa]
kerk (de)	kościół (m)	['kɔɕtʃɔw]

instituut (het)	instytut (m)	[ins'titut]
universiteit (de)	uniwersytet (m)	[uni'vɛrsitɛt]
school (de)	szkoła (z)	['ʃkɔwa]

gemeentehuis (het)	urząd (m) dzielnicowy	['uʒɔ̃d dʒeʎnitsɔvi]
stadhuis (het)	urząd (m) miasta	['uʒɔ̃t 'mʲasta]
hotel (het)	hotel (m)	['hɔtɛʎ]
bank (de)	bank (m)	[baŋk]

ambassade (de)	ambasada (z)	[amba'sada]
reisbureau (het)	agencja (z) turystyczna	[a'gɛntsʰja turis'titʃna]
informatieloket (het)	informacja (z)	[infɔr'matsʰja]
wisselkantoor (het)	kantor (m)	['kantɔr]

metro (de)	metro (n)	['mɛtrɔ]
ziekenhuis (het)	szpital (m)	['ʃpitaʎ]

benzinestation (het)	stacja (z) benzynowa	['statsʰja bɛnzi'nɔva]
parking (de)	parking (m)	['parkiŋk]

77. Stedelijk vervoer

bus, autobus (de)	autobus (m)	[au'tɔbus]
tram (de)	tramwaj (m)	['tramvaj]
trolleybus (de)	trolejbus (m)	[trɔ'lejbus]
route (de)	trasa (z)	['trasa]
nummer (busnummer, enz.)	numer (m)	['numɛr]

rijden met ...	jechać w ...	['ehatʃ v]
stappen (in de bus ~)	wsiąść	[fɕɔ̃ɕtʃ]
afstappen (ww)	zsiąść z ...	[zɕɔ̃ɕtʃ z]

halte (de)	przystanek (m)	[pʃis'tanɛk]
volgende halte (de)	następny przystanek (m)	[nas'tɛpnɨ pʃis'tanɛk]
eindpunt (het)	stacja (z) końcowa	['statsʰja kɔɲ'tsɔva]
dienstregeling (de)	rozkład (m) jazdy	['rɔskwad 'jazdɨ]
wachten (ww)	czekać	['t͡ʃɛkat͡ʃ]

| kaartje (het) | bilet (m) | ['bilet] |
| reiskosten (de) | cena (ż) biletu | ['tsɛna bi'letu] |

kassier (de)	kasjer (m), kasjerka (z)	['kasʰer], [kasʰ'erka]
kaartcontrole (de)	kontrola (z) biletów	[kɔnt'rɔʎa bi'letɔf]
controleur (de)	kontroler (m) biletów	[kɔnt'rɔler bi'letɔf]

te laat zijn (ww)	spóźniać się	['spuʑɲat͡ʃ ɕɛ̃]
missen (de bus ~)	spóźnić się	['spuʑɲit͡ʃ ɕɛ̃]
zich haasten (ww)	śpieszyć się	['ɕpeʃit͡ʃ ɕɛ̃]

taxi (de)	taksówka (z)	[tak'sufka]
taxichauffeur (de)	taksówkarz (m)	[tak'sufkaʃ]
met de taxi (bw)	taksówką	[tak'sufkɔ̃]
taxistandplaats (de)	postój (m) taksówek	['pɔstuj tak'suvɛk]
een taxi bestellen	wezwać taksówkę	['vɛzvat͡ʃ tak'sufkɛ̃]
een taxi nemen	wziąć taksówkę	[vʑɔ̃ʲt͡ʃ tak'sufkɛ̃]

verkeer (het)	ruch (m) uliczny	[ruh u'lit͡ʃnɨ]
file (de)	korek (m)	['kɔrɛk]
spitsuur (het)	godziny (l.mn.) szczytu	[gɔ'dʑinɨ 'ʃt͡ʃɨtu]
parkeren (on.ww.)	parkować	[par'kɔvat͡ʃ]
parkeren (ov.ww.)	parkować	[par'kɔvat͡ʃ]
parking (de)	parking (m)	['parkiŋk]

metro (de)	metro (n)	['mɛtrɔ]
halte (bijv. kleine treinhalte)	stacja (z)	['statsʰja]
de metro nemen	jechać metrem	['ehat͡ʃ 'mɛtrɛm]
trein (de)	pociąg (m)	['pɔt͡ʃɔ̃k]
station (treinstation)	dworzec (m)	['dvɔʒɛts]

78. Bezienswaardigheden

monument (het)	pomnik (m)	['pɔmnik]
vesting (de)	twierdza (z)	['tfˈerdza]
paleis (het)	pałac (m)	['pawats]
kasteel (het)	zamek (m)	['zamɛk]
toren (de)	wieża (z)	['veʒa]
mausoleum (het)	mauzoleum (n)	[mauzɔ'leum]

architectuur (de)	architektura (z)	[arhitɛk'tura]
middeleeuws (bn)	średniowieczny	[ɕrɛdnɜ'vet͡ʃnɨ]
oud (bn)	zabytkowy	[zabɨt'kɔvɨ]
nationaal (bn)	narodowy	[narɔ'dɔvɨ]
bekend (bn)	znany	['znanɨ]

| toerist (de) | turysta (m) | [tu'rista] |
| gids (de) | przewodnik (m) | [pʃɛ'vɔdnik] |

77

rondleiding (de)	wycieczka (z)	[vi'tʃetʃka]
tonen (ww)	pokazywać	[pɔka'zivatʃ]
vertellen (ww)	opowiadać	[ɔpɔ'vʲadatʃ]

vinden (ww)	znaleźć	['znalectʃ]
verdwalen (de weg kwijt zijn)	zgubić się	['zgubitʃ ɕɛ̃]
plattegrond (~ van de metro)	plan (m)	[pʎan]
plattegrond (~ van de stad)	plan (m)	[pʎan]

souvenir (het)	pamiątka (z)	[pamɔ̃tka]
souvenirwinkel (de)	sklep (m) z upominkami	[sklep s upɔmi'ŋkami]
een foto maken (ww)	robić zdjęcia	['rɔbitʃ 'zdʰɛ̃tʃa]
zich laten fotograferen	fotografować się	[fɔtɔgra'fɔvatʃ ɕɛ̃]

79. Winkelen

kopen (ww)	kupować	[ku'pɔvatʃ]
aankoop (de)	zakup (m)	['zakup]
winkelen (ww)	robić zakupy	['rɔbitʃ za'kupi]
winkelen (het)	zakupy (l.mn.)	[za'kupi]

| open zijn (ov. een winkel, enz.) | być czynnym | [bitʃ 'tʃinim] |
| gesloten zijn (ww) | być nieczynnym | [bitʃ net'ʃinim] |

schoeisel (het)	obuwie (n)	[ɔ'buve]
kleren (mv.)	odzież (z)	['ɔdʒeʃ]
cosmetica (de)	kosmetyki (l.mn.)	[kɔs'mɛtiki]
voedingswaren (mv.)	artykuły (l.mn.) spożywcze	[arti'kuwi spɔ'ʒiftʃɛ]
geschenk (het)	prezent (m)	['prɛzɛnt]

| verkoper (de) | ekspedient (m) | [ɛks'pɛdʰent] |
| verkoopster (de) | ekspedientka (z) | [ɛkspedʰ'entka] |

kassa (de)	kasa (z)	['kasa]
spiegel (de)	lustro (n)	['lystrɔ]
toonbank (de)	lada (z)	['ʎada]
paskamer (de)	przymierzalnia (z)	[pʃime'ʒaʎna]

aanpassen (ww)	przymierzyć	[pʃi'meʒitʃ]
passen (ov. kleren)	pasować	[pa'sɔvatʃ]
bevallen (prettig vinden)	podobać się	[pɔ'dɔbatʃ ɕɛ̃]

prijs (de)	cena (z)	['tsɛna]
prijskaartje (het)	metka (z)	['mɛtka]
kosten (ww)	kosztować	[kɔʃ'tɔvatʃ]
Hoeveel?	Ile kosztuje?	['ile kɔʃ'tue]
korting (de)	zniżka (z)	['zniʃka]

niet duur (bn)	niedrogi	[ned'rɔgi]
goedkoop (bn)	tani	['tani]
duur (bn)	drogi	['drɔgi]
Dat is duur.	To dużo kosztuje	[tɔ 'duʒɔ kɔʃ'tue]
verhuur (de)	wypożyczalnia (z)	[vipɔʒit'ʃaʎna]

huren (smoking, enz.)	wypożyczyć	[vipɔ'ʒitʃitʃ]
krediet (het)	kredyt (m)	['krɛdit]
op krediet (bw)	na kredyt	[na 'krɛdit]

80. Geld

geld (het)	pieniądze (l.mn.)	[penɔ̃dzɛ]
ruil (de)	wymiana (ż)	[vi'mʲana]
koers (de)	kurs (m)	[kurs]
geldautomaat (de)	bankomat (m)	[ba'ŋkɔmat]
muntstuk (de)	moneta (ż)	[mɔ'nɛta]

| dollar (de) | dolar (m) | ['dɔʎar] |
| euro (de) | euro (m) | ['ɛurɔ] |

lire (de)	lir (m)	[lir]
Duitse mark (de)	marka (ż)	['marka]
frank (de)	frank (m)	[fraŋk]
pond sterling (het)	funt szterling (m)	[funt 'ʃtɛrliŋk]
yen (de)	jen (m)	[en]

schuld (geldbedrag)	dług (m)	[dwuk]
schuldenaar (de)	dłużnik (m)	['dwuʒnik]
uitlenen (ww)	pożyczyć	[pɔ'ʒitʃitʃ]
lenen (geld ~)	pożyczyć od ...	[pɔ'ʒitʃitʃ ɔt]

bank (de)	bank (m)	[baŋk]
bankrekening (de)	konto (n)	['kɔntɔ]
op rekening storten	wpłacić na konto	['vpwatʃitʃ na 'kɔntɔ]
opnemen (ww)	podjąć z konta	['pɔdʰɔ̃tʃ s 'kɔnta]

kredietkaart (de)	karta (ż) kredytowa	['karta krɛdi'tɔva]
baar geld (het)	gotówka (ż)	[gɔ'tufka]
cheque (de)	czek (m)	[tʃɛk]
een cheque uitschrijven	wystawić czek	[vis'tavitʃ tʃɛk]
chequeboekje (het)	książeczka (ż) czekowa	[kɕɔ̃'ʒɛtʃka tʃɛ'kɔva]

portefeuille (de)	portfel (m)	['pɔrtfɛʎ]
geldbeugel (de)	portmonetka (ż)	[pɔrtmɔ'nɛtka]
portemonnee (de)	portmonetka (ż)	[pɔrtmɔ'nɛtka]
safe (de)	sejf (m)	[sɛjf]

erfgenaam (de)	spadkobierca (m)	[spatkɔ'bertsa]
erfenis (de)	spadek (m)	['spadɛk]
fortuin (het)	majątek (m)	[maɔ̃tɛk]

huur (de)	dzierżawa (ż)	[dʒer'ʒava]
huurprijs (de)	czynsz (m)	[tʃinʃ]
huren (huis, kamer)	wynajmować	[vinaj'mɔvatʃ]

prijs (de)	cena (ż)	['tsɛna]
kostprijs (de)	wartość (ż)	['vartɔctʃ]
som (de)	suma (ż)	['suma]
uitgeven (geld besteden)	wydawać	[vi'davatʃ]

kosten (mv.)	wydatki (l.mn.)	[vi'datki]
bezuinigen (ww)	oszczędzać	[ɔʃt'ʃɛndzatʃ]
zuinig (bn)	ekonomiczny	[ɛkɔnɔ'mitʃnɨ]

betalen (ww)	płacić	['pwatʃitʃ]
betaling (de)	opłata (ż)	[ɔp'wata]
wisselgeld (het)	reszta (ż)	['rɛʃta]

belasting (de)	podatek (m)	[pɔ'datɛk]
boete (de)	kara (ż)	['kara]
beboeten (bekeuren)	karać grzywną	['karatʃ 'gʒivnɔ̃]

81. Post. Postkantoor

postkantoor (het)	poczta (ż)	['pɔtʃta]
post (de)	poczta (ż)	['pɔtʃta]
postbode (de)	listonosz (m)	[lis'tɔnɔʃ]
openingsuren (mv.)	godziny (l.mn.) pracy	[gɔ'dʑinɨ 'pratsɨ]

brief (de)	list (m)	[list]
aangetekende brief (de)	list (m) polecony	[list pɔle'tsɔnɨ]
briefkaart (de)	pocztówka (ż)	[pɔtʃ'tufka]
telegram (het)	telegram (m)	[tɛ'legram]
postpakket (het)	paczka (ż)	['patʃka]
overschrijving (de)	przekaz (m) pieniężny	['pʃɛkas pe'nenʒnɨ]

ontvangen (ww)	odebrać	[ɔ'dɛbratʃ]
sturen (zenden)	wysłać	['viswatʃ]
verzending (de)	wysłanie (n)	[vis'wane]

adres (het)	adres (m)	['adrɛs]
postcode (de)	kod (m) pocztowy	[kɔt pɔtʃ'tɔvi]
verzender (de)	nadawca (m)	[na'daftsa]
ontvanger (de)	odbiorca (m)	[ɔd'bɔrtsa]

| naam (de) | imię (n) | ['imɛ̃] |
| achternaam (de) | nazwisko (n) | [naz'viskɔ] |

tarief (het)	taryfa (ż)	[ta'rifa]
standaard (bn)	zwykła	['zvikwa]
zuinig (bn)	oszczędna	[ɔʃt'ʃɛndna]

gewicht (het)	ciężar (m)	['tʃenʒar]
afwegen (op de weegschaal)	ważyć	['vaʒitʃ]
envelop (de)	koperta (ż)	[kɔ'pɛrta]
postzegel (de)	znaczek (m)	['znatʃɛk]
een postzegel plakken op	naklejać znaczek	[nak'lejatʃ 'znatʃɛk]

Woning. Huis. Thuis

82. Huis. Woning

huis (het)	dom (m)	[dɔm]
thuis (bw)	w domu	[v 'dɔmu]
cour (de)	podwórko (n)	[pɔd'vurkɔ]
omheining (de)	ogrodzenie (n)	[ɔgrɔ'dzɛne]
baksteen (de)	cegła (ż)	['tsɛgwa]
van bakstenen	z cegły	[s 'tsegwi]
steen (de)	kamień (m)	['kameɲ]
stenen (bn)	kamienny	[ka'meɲi]
beton (het)	beton (m)	['bɛtɔn]
van beton	betonowy	[bɛtɔ'nɔvi]
nieuw (bn)	nowy	['nɔvi]
oud (bn)	stary	['stari]
vervallen (bn)	rozwalający się	[rɔzvala'jõtsi ɕɛ̃]
modern (bn)	nowoczesny	[nɔvɔt'ʃɛsni]
met veel verdiepingen	wielopiętrowy	[velɜpɛ̃t'rɔvi]
hoog (bn)	wysoki	[vi'sɔki]
verdieping (de)	piętro (n)	['pentrɔ]
met een verdieping	parterowy	[partɛ'rɔvi]
laagste verdieping (de)	dolne piętro (n)	['dɔʎnɛ 'pentrɔ]
bovenverdieping (de)	górne piętro (n)	['gurnɛ 'pentrɔ]
dak (het)	dach (m)	[dah]
schoorsteen (de)	komin (m)	['kɔmin]
dakpan (de)	dachówka (ż)	[da'hufka]
pannen- (abn)	z dachówki	[z da'hufki]
zolder (de)	strych (m)	[strih]
venster (het)	okno (n)	['ɔknɔ]
glas (het)	szkło (n)	[ʃkwɔ]
vensterbank (de)	parapet (m)	[pa'rapɛt]
luiken (mv.)	okiennice (l.mn.)	[ɔke'ɲitse]
muur (de)	ściana (ż)	['ɕtʃ'ana]
balkon (het)	balkon (m)	['baʎkɔn]
regenpijp (de)	rynna (ż)	['riɲa]
boven (bw)	na górze	[na 'guʒɛ]
naar boven gaan (ww)	wchodzić	['fhɔdʑitʃ]
afdalen (on.ww.)	schodzić	['shɔdʑitʃ]
verhuizen (ww)	przeprowadzać się	[pʃɛprɔ'vadzatʃ ɕɛ̃]

83. Huis. Ingang. Lift

ingang (de)	wejście (n)	[ˈvɛjɕʧe]
trap (de)	schody (l.mn.)	[ˈsxɔdi]
treden (mv.)	stopnie (l.mn.)	[ˈstɔpne]
trapleuning (de)	poręcz (ż)	[ˈpɔrɛ̃ʧ]
hal (de)	hol (m)	[hɔʌ]
postbus (de)	skrzynka (ż) pocztowa	[ˈskʃiŋka pɔʧˈtɔva]
vuilnisbak (de)	pojemnik (m) na śmieci	[pɔˈemnik na ˈɕmeʧi]
vuilniskoker (de)	zsyp (m) na śmieci	[ssip na ˈɕmeʧi]
lift (de)	winda (ż)	[ˈvinda]
goederenlift (de)	winda (ż) towarowa	[ˈvinda tɔvaˈrɔva]
liftcabine (de)	kabina (ż)	[kaˈbina]
de lift nemen	jechać windą	[ˈexaʧ ˈvindɔ̃]
appartement (het)	mieszkanie (n)	[meʃˈkane]
bewoners (mv.)	mieszkańcy (l.mn.)	[meʃˈkaɲtsi]
buurman (de)	sąsiad (m)	[ˈsɔ̃ɕat]
buurvrouw (de)	sąsiadka (ż)	[sɔ̃ˈɕatka]
buren (mv.)	sąsiedzi (l.mn.)	[sɔ̃ˈɕedʒi]

84. Huis. Deuren. Sloten

deur (de)	drzwi (ż)	[dʒvi]
toegangspoort (de)	brama (ż)	[ˈbrama]
deurkruk (de)	klamka (ż)	[ˈkʌamka]
ontsluiten (ontgrendelen)	otworzyć	[ɔtˈfɔʒiʧ]
openen (ww)	otwierać	[ɔtˈferaʧ]
sluiten (ww)	zamykać	[zaˈmikaʧ]
sleutel (de)	klucz (m)	[klyʧ]
sleutelbos (de)	pęk (m)	[pɛ̃k]
knarsen (bijv. scharnier)	skrzypieć	[ˈskʃipeʧ]
knarsgeluid (het)	skrzypnięcie (n)	[skʃipˈnɛ̃ʧe]
scharnier (het)	zawias (m)	[ˈzavias]
deurmat (de)	wycieraczka (ż)	[viʧeˈratʃka]
slot (het)	zamek (m)	[ˈzamɛk]
sleutelgat (het)	dziurka (ż) od klucza	[ˈdʒyrka ɔt ˈklytʃa]
grendel (de)	rygiel (m)	[ˈrigeʎ]
schuif (de)	zasuwka (ż)	[zaˈsufka]
hangslot (het)	kłódka (ż)	[ˈkwutka]
aanbellen (ww)	dzwonić	[ˈdzvɔniʧ]
bel (geluid)	dzwonek (m)	[ˈdzvɔnɛk]
deurbel (de)	dzwonek (m)	[ˈdzvɔnɛk]
belknop (de)	guzik (m)	[ˈguʒik]
geklop (het)	pukanie (n)	[puˈkane]
kloppen (ww)	pukać	[ˈpukaʧ]
code (de)	szyfr (m)	[ʃifr]
cijferslot (het)	zamek (m) szyfrowy	[ˈzamɛk ʃifˈrɔvi]

parlofoon (de)	domofon (m)	[dɔ'mɔfɔn]
nummer (het)	numer (m)	['numɛr]
naambordje (het)	tabliczka (z)	[tab'litʃka]
deurspion (de)	wizjer (m)	['vizʲer]

85. Huis op het platteland

| dorp (het) | wieś (z) | [veɕ] |
| moestuin (de) | ogród (m) | ['ɔgrut] |

hek (het)	płot (m)	[pwɔt]
houten hekwerk (het)	ogrodzenie (n)	[ɔgrɔ'dzɛne]
tuinpoortje (het)	furtka (z)	['furtka]

| graanschuur (de) | spichlerz (m) | ['spihleʃ] |
| wortelkelder (de) | piwnica (z) | [piv'nitsa] |

| schuur (de) | szopa (z) | ['ʃɔpa] |
| waterput (de) | studnia (z) | ['studɲa] |

kachel (de)	piec (z)	[pets]
de kachel stoken	palić w piecu	['palitʃ f 'petsu]
brandhout (het)	drewno (n)	['drɛvnɔ]
houtblok (het)	polano (n)	[pɔ'ʎanɔ]

veranda (de)	weranda (z)	[vɛ'randa]
terras (het)	taras (m)	['taras]
bordes (het)	ganek (m)	['ganɛk]
schommel (de)	huśtawka (z)	[huɕ'tafka]

86. Kasteel. Paleis

kasteel (het)	zamek (m)	['zamɛk]
paleis (het)	pałac (m)	['pawats]
vesting (de)	twierdza (z)	['tferdza]

ringmuur (de)	mur (m)	[mur]
toren (de)	wieża (z)	['veʒa]
donjon (de)	główna wieża (z)	['gwuvna 'veʒa]

valhek (het)	brona (z)	['brɔna]
onderaardse gang (de)	tunel (m) podziemny	['tunɛʎ pɔ'dʒemnɛ]
slotgracht (de)	fosa (z)	['fɔsa]

| ketting (de) | łańcuch (m) | ['waɲtsuh] |
| schietgat (het) | otwór (m) strzelniczy | ['ɔtfɔr stʃɛʎ'nitsɨ] |

| prachtig (bn) | wspaniały | [fspa'ɲawɨ] |
| majestueus (bn) | majestatyczny | [maesta'tɨtʃnɨ] |

| onneembaar (bn) | nie do zdobycia | [ne dɔ zdɔbɨtʃa] |
| middeleeuws (bn) | średniowieczny | [ɕrɛdnɔ'vetʃnɨ] |

87. Appartement

appartement (het)	mieszkanie (n)	[meʃ'kane]
kamer (de)	pokój (m)	['pɔkuj]
slaapkamer (de)	sypialnia (ż)	[si'pʲaʎɲa]
eetkamer (de)	jadalnia (ż)	[ja'daʎɲa]
salon (de)	salon (m)	['salɔn]
studeerkamer (de)	gabinet (m)	[ga'binɛt]
gang (de)	przedpokój (m)	[pʃɛt'pɔkuj]
badkamer (de)	łazienka (ż)	[wa'ʒeŋka]
toilet (het)	toaleta (ż)	[tɔa'leta]
plafond (het)	sufit (m)	['sufit]
vloer (de)	podłoga (ż)	[pɔd'wɔga]
hoek (de)	kąt (m)	[kɔ̃t]

88. Appartement. Schoonmaken

schoonmaken (ww)	sprzątać	['spʃɔ̃tatʃ]
opbergen (in de kast, enz.)	wynosić	[vi'nɔʃitʃ]
stof (het)	kurz (m)	[kuʃ]
stoffig (bn)	zakurzony	[zaku'ʒɔni]
stoffen (ww)	ścierać kurz	['ɕtʃeratʃ kuʃ]
stofzuiger (de)	odkurzacz (m)	[ɔt'kuʒatʃ]
stofzuigen (ww)	odkurzać	[ɔt'kuʒatʃ]
vegen (de vloer ~)	zamiatać	[za'mʲatatʃ]
veegsel (het)	śmiecie (l.mn.)	['ɕmetʃe]
orde (de)	porządek (m)	[pɔ'ʒɔ̃dɛk]
wanorde (de)	nieporządek (m)	[nepɔ'ʒɔ̃dɛk]
zwabber (de)	szczotka (ż) podłogowa	['ʃtʃɔtka pɔdwɔ'gɔva]
poetsdoek (de)	ścierka (ż)	['ɕtʃerka]
veger (de)	miotła (ż)	['mɔtwa]
stofblik (het)	szufelka (ż)	[ʃu'fɛʎka]

89. Meubels. Interieur

meubels (mv.)	meble (l.mn.)	['mɛble]
tafel (de)	stół (m)	[stɔw]
stoel (de)	krzesło (n)	['kʃeswɔ]
bed (het)	łóżko (n)	['wuʃkɔ]
bankstel (het)	kanapa (ż)	[ka'napa]
fauteuil (de)	fotel (m)	['fɔtɛʎ]
boekenkast (de)	biblioteczka (ż)	[bibʎjɔ'tɛtʃka]
boekenrek (het)	półka (ż)	['puwka]
stellingkast (de)	etażerka (ż)	[ɛta'ʒɛrka]
kledingkast (de)	szafa (ż) ubraniowa	['ʃafa ubra'nɔva]
kapstok (de)	wieszak (m)	['veʃak]

staande kapstok (de)	wieszak (m)	['veʃak]
commode (de)	komoda (ż)	[kɔ'mɔda]
salontafeltje (het)	stolik (m) kawowy	['stɔlik ka'vɔvi]

spiegel (de)	lustro (n)	['lystrɔ]
tapijt (het)	dywan (m)	['divan]
tapijtje (het)	dywanik (m)	[di'vanik]

haard (de)	kominek (m)	[kɔ'minɛk]
kaars (de)	świeca (ż)	['ɕfetsa]
kandelaar (de)	świecznik (m)	['ɕfetʃnik]

gordijnen (mv.)	zasłony (l.mn.)	[zas'wɔni]
behang (het)	tapety (l.mn.)	[ta'pɛti]
jaloezie (de)	żaluzje (l.mn.)	[ʒa'lyzʰe]

bureaulamp (de)	lampka (ż) na stół	['ʎampka na stɔw]
wandlamp (de)	lampka (ż)	['ʎampka]
staande lamp (de)	lampa (ż) stojąca	['ʎampa stɔ̈ːtsa]
luchter (de)	żyrandol (m)	[ʒi'randɔʎ]

poot (ov. een tafel, enz.)	noga (ż)	['nɔga]
armleuning (de)	poręcz (ż)	['pɔrɛ̈tʃ]
rugleuning (de)	oparcie (n)	[ɔ'partʃe]
la (de)	szuflada (ż)	[ʃuf'ʎada]

90. Beddengoed

beddengoed (het)	pościel (ż)	['pɔɕtʃeʎ]
kussen (het)	poduszka (ż)	[pɔ'duʃka]
kussenovertrek (de)	poszewka (ż)	[pɔ'ʃɛfka]
deken (de)	kołdra (ż)	['kɔwdra]
laken (het)	prześcieradło (n)	[pʃɛɕtʃe'radwɔ]
sprei (de)	narzuta (ż)	[na'ʒuta]

91. Keuken

keuken (de)	kuchnia (ż)	['kuhɲa]
gas (het)	gaz (m)	[gas]
gasfornuis (het)	kuchenka (ż) gazowa	[ku'hɛŋka ga'zɔva]
elektrisch fornuis (het)	kuchenka (ż) elektryczna	[ku'hɛŋka ɛlekt'ritʃna]
oven (de)	piekarnik (m)	[pe'karnik]
magnetronoven (de)	mikrofalówka (ż)	[mikrɔfa'lyfka]

koelkast (de)	lodówka (ż)	[lɔ'dufka]
diepvriezer (de)	zamrażarka (ż)	[zamra'ʒarka]
vaatwasmachine (de)	zmywarka (ż) do naczyń	[zmi'varka dɔ 'natʃiɲ]

vleesmolen (de)	maszynka (ż) do mięsa	[ma'ʃiŋka dɔ 'mensa]
vruchtenpers (de)	sokowirówka (ż)	[sɔkɔvi'rufka]
toaster (de)	toster (m)	['tɔstɛr]
mixer (de)	mikser (m)	['miksɛr]

85

koffiemachine (de)	ekspres (m) do kawy	['ɛksprɛs dɔ 'kavi]
koffiepot (de)	dzbanek (m) do kawy	['dzbanɛk dɔ 'kavi]
koffiemolen (de)	młynek (m) do kawy	['mwinɛk dɔ 'kavi]

fluitketel (de)	czajnik (m)	['tʃajnik]
theepot (de)	czajniczek (m)	[tʃaj'nitʃɛk]
deksel (de/het)	pokrywka (ż)	[pɔk'rifka]
theezeefje (het)	sitko (n)	['ɕitkɔ]

lepel (de)	łyżka (ż)	['wiʃka]
theelepeltje (het)	łyżeczka (ż)	[wi'ʒɛtʃka]
eetlepel (de)	łyżka (ż) stołowa	['wiʃka stɔ'wova]
vork (de)	widelec (m)	[vi'dɛlets]
mes (het)	nóż (m)	[nuʃ]

vaatwerk (het)	naczynia (l.mn.)	[nat'ʃiɲa]
bord (het)	talerz (m)	['taleʃ]
schoteltje (het)	spodek (m)	['spodɛk]

likeurglas (het)	kieliszek (m)	[ke'liʃɛk]
glas (het)	szklanka (ż)	['ʃkʎaŋka]
kopje (het)	filiżanka (ż)	[fili'ʒaŋka]

suikerpot (de)	cukiernica (ż)	[tsuker'nitsa]
zoutvat (het)	solniczka (ż)	[sɔʎ'nitʃka]
pepervat (het)	pieprzniczka (ż)	[pepʃ'nitʃka]
boterschaaltje (het)	maselniczka (ż)	[masɛʎ'nitʃka]

steelpan (de)	garnek (m)	['garnɛk]
bakpan (de)	patelnia (ż)	[pa'tɛʎɲa]
pollepel (de)	łyżka (ż) wazowa	['wiʃka va'zova]
vergiet (de/het)	durszlak (m)	['durʃʎak]
dienblad (het)	taca (ż)	['tatsa]

fles (de)	butelka (ż)	[bu'tɛʎka]
glazen pot (de)	słoik (m)	['swɔik]
blik (conserven~)	puszka (ż)	['puʃka]

flesopener (de)	otwieracz (m) do butelek	[ɔt'feratʃ dɛ bu'tɛlek]
blikopener (de)	otwieracz (m) do puszek	[ɔt'feratʃ dɛ 'puʃɛk]
kurkentrekker (de)	korkociąg (m)	[kɔr'kɔtʃɔ̃k]
filter (de/het)	filtr (m)	[fiʎtr]
filteren (ww)	filtrować	[fiʎt'rovatʃ]

| huisvuil (het) | odpadki (l.mn.) | [ɔt'patki] |
| vuilnisemmer (de) | kosz (m) na śmieci | [kɔʃ na 'ɕmetʃi] |

92. Badkamer

badkamer (de)	łazienka (ż)	[wa'ʒeŋka]
water (het)	woda (ż)	['voda]
kraan (de)	kran (m)	[kran]
warm water (het)	gorąca woda (ż)	[gɔ'rɔ̃tsa 'voda]
koud water (het)	zimna woda (ż)	['ʒimna 'voda]

| tandpasta (de) | pasta (z) do zębów | ['pasta dɔ 'zɛ̃buf] |
| tanden poetsen (ww) | myć zęby | [mɨtʃ 'zɛ̃bɨ] |

zich scheren (ww)	golić się	['gɔlitʃ ɕɛ̃]
scheercrème (de)	pianka (z) do golenia	['pʲaŋka dɔ gɔ'lɛɲa]
scheermes (het)	maszynka (z) do golenia	[ma'ʃɨŋka dɔ gɔ'lɛɲa]

wassen (ww)	myć	[mɨtʃ]
een bad nemen	myć się	['mɨtʃ ɕɛ̃]
douche (de)	prysznic (m)	['prɨʃnits]
een douche nemen	brać prysznic	[bratʃ 'prɨʃnits]

bad (het)	wanna (z)	['vaɲa]
toiletpot (de)	sedes (m)	['sɛdɛs]
wastafel (de)	zlew (m)	[zlef]

| zeep (de) | mydło (n) | ['mɨdwɔ] |
| zeepbakje (het) | mydelniczka (z) | [mɨdɛʎ'nitʃka] |

spons (de)	gąbka (z)	['gɔ̃pka]
shampoo (de)	szampon (m)	['ʃampɔn]
handdoek (de)	ręcznik (m)	['rɛntʃnik]
badjas (de)	szlafrok (m)	['ʃʎafrɔk]

was (bijv. handwas)	pranie (n)	['prane]
wasmachine (de)	pralka (z)	['praʎka]
de was doen	prać	[pratʃ]
waspoeder (de)	proszek (m) do prania	['prɔʃɛk dɔ 'praɲa]

93. Huishoudelijke apparaten

televisie (de)	telewizor (m)	[tɛle'vizɔr]
cassettespeler (de)	magnetofon (m)	[magnɛ'tɔfɔn]
videorecorder (de)	magnetowid (m)	[magnɛ'tɔvid]
radio (de)	odbiornik (m)	[ɔd'bɔrnik]
speler (de)	odtwarzacz (m)	[ɔtt'vaʒatʃ]

videoprojector (de)	projektor (m) wideo	[prɔ'ektɔr vi'dɛɔ]
home theater systeem (het)	kino (n) domowe	['kinɔ dɔ'mɔvɛ]
DVD-speler (de)	odtwarzacz DVD (m)	[ɔtt'vaʒatʃ di vi di]
versterker (de)	wzmacniacz (m)	['vzmatsɲatʃ]
spelconsole (de)	konsola (z) do gier	[kɔn'sɔʎa dɔ ger]

videocamera (de)	kamera (z) wideo	[ka'mɛra vi'dɛɔ]
fotocamera (de)	aparat (m) fotograficzny	[a'parat fɔtɔgra'fitʃnɨ]
digitale camera (de)	aparat (m) cyfrowy	[a'parat tsif'rɔvɨ]

stofzuiger (de)	odkurzacz (m)	[ɔt'kuʒatʃ]
strijkijzer (het)	żelazko (n)	[ʒɛ'ʎaskɔ]
strijkplank (de)	deska (z) do prasowania	['dɛska dɔ prasɔ'vaɲa]

telefoon (de)	telefon (m)	[tɛ'lefɔn]
mobieltje (het)	telefon (m) komórkowy	[tɛ'lefɔn kɔmur'kɔvɨ]
schrijfmachine (de)	maszyna (z) do pisania	[ma'ʃɨna dɔ pi'saɲa]

naaimachine (de)	maszyna (ż) do szycia	[ma'ʃina dɔ 'ʃitʃa]
microfoon (de)	mikrofon (m)	[mik'rɔfon]
koptelefoon (de)	słuchawki (l.mn.)	[swu'hafki]
afstandsbediening (de)	pilot (m)	['pilɜt]

CD (de)	płyta CD (ż)	['pwita si'di]
cassette (de)	kaseta (ż)	[ka'sɛta]
vinylplaat (de)	płyta (ż)	['pwita]

94. Reparaties. Renovatie

renovatie (de)	remont (m)	['rɛmɔnt]
renoveren (ww)	robić remont	['rɔbitʃ 'rɛmɔnt]
repareren (ww)	remontować	[rɛmɔn'tɔvatʃ]
op orde brengen	doprowadzać do porządku	[dɔprɔ'vadzatʃ dɔ pɔ'ʒɔ̃tku]
overdoen (ww)	przerabiać	[pʃɛ'rabʲatʃ]

verf (de)	farba (ż)	['farba]
verven (muur ~)	malować	[ma'lɜvatʃ]
schilder (de)	malarz (m)	['maʎaʃ]
kwast (de)	pędzel (m)	['pɛndzɛʎ]

| kalk (de) | wapno (n) | ['vapnɔ] |
| kalken (ww) | bielić | ['belitʃ] |

behang (het)	tapety (l.mn.)	[ta'pɛti]
behangen (ww)	wytapetować	[vitapɛ'tɔvatʃ]
lak (de/het)	lakier (m)	['ʎaker]
lakken (ww)	lakierować	[ʎake'rɔvatʃ]

95. Loodgieterswerk

water (het)	woda (ż)	['vɔda]
warm water (het)	gorąca woda (ż)	[gɔ'rɔ̃tsa 'vɔda]
koud water (het)	zimna woda (ż)	['ʒimna 'vɔda]
kraan (de)	kran (m)	[kran]

druppel (de)	kropla (ż)	['krɔpʎa]
druppelen (ww)	kapać	['kapatʃ]
lekken (een lek hebben)	cieknąć	['tʃeknɔ̃tʃ]
lekkage (de)	przeciek (m)	['pʃɛtʃek]
plasje (het)	kałuża (ż)	[ka'wuʒa]

buis, leiding (de)	rura (ż)	['rura]
stopkraan (de)	zawór (m)	['zavur]
verstopt raken (ww)	zapchać się	['zaphatʃ ɕɛ̃]

gereedschap (het)	narzędzia (l.mn.)	[na'ʒɛ̃dʑa]
Engelse sleutel (de)	klucz (m) nastawny	[klytʃ nas'tavni]
losschroeven (ww)	odkręcić	[ɔtk'rɛ̃tʃitʃ]
aanschroeven (ww)	zakręcić	[zak'rɛ̃tʃitʃ]
ontstoppen (riool, enz.)	przeczyszczać	[pʃɛt'ʃiʃtʃatʃ]

loodgieter (de)	hydraulik (m)	[hɨd'raulik]
kelder (de)	piwnica (ż)	[piv'nitsa]
riolering (de)	kanalizacja (ż)	[kanali'zatsʰja]

96. Brand. Vuurzee

vuur (het)	ogień (m)	['ɔgeɲ]
vlam (de)	płomień (m)	['pwɔmeɲ]
vonk (de)	iskra (ż)	['iskra]
rook (de)	dym (m)	[dɨm]
fakkel (de)	pochodnia (ż)	[pɔ'hɔdɲa]
kampvuur (het)	ognisko (n)	[ɔg'niskɔ]

benzine (de)	benzyna (ż)	[bɛn'zɨna]
kerosine (de)	nafta (ż)	['nafta]
brandbaar (bn)	łatwopalny	[watfɔ'paʎnɨ]
ontplofbaar (bn)	wybuchowy	[vɨbu'hɔvɨ]
VERBODEN TE ROKEN!	ZAKAZ PALENIA!	['zakas pa'leɲa]

veiligheid (de)	bezpieczeństwo (n)	[bɛspet'ʃɛɲstfɔ]
gevaar (het)	niebezpieczeństwo (n)	[nebɛspet'ʃɛɲstfɔ]
gevaarlijk (bn)	niebezpieczny	[nebɛs'petʃnɨ]

in brand vliegen (ww)	zapalić się	[za'palitʃ ɕɛ̃]
explosie (de)	wybuch (m)	['vɨbuh]
in brand steken (ww)	podpalić	[pɔt'palitʃ]
brandstichter (de)	podpalacza (m)	[pɔt'palatʃa]
brandstichting (de)	podpalenie (n)	[pɔtpa'lene]

vlammen (ww)	płonąć	['pwɔ̃ɔɲtʃ]
branden (ww)	palić się	['palitʃ ɕɛ̃]
afbranden (ww)	spłonąć	['spwɔ̃ɔɲtʃ]

brandweerman (de)	strażak (m)	['straʒak]
brandweerwagen (de)	wóz (m) strażacki	[vus stra'ʒatski]
brandweer (de)	jednostka (ż) straży pożarnej	[ed'nostka 'straʒɨ pɔ'ʒarnɛj]
uitschuifbare ladder (de)	drabina (ż) wozu strażackiego	[dra'bina 'vɔzu stra'ʒatskegɔ]

brandslang (de)	wąż (m)	[vɔ̃ʃ]
brandblusser (de)	gaśnica (ż)	[gaɕ'nitsa]
helm (de)	kask (m)	[kask]
sirene (de)	syrena (ż)	[sɨ'rɛna]

roepen (ww)	krzyczeć	['kʃitʃɛtʃ]
hulp roepen	wzywać pomocy	['vzɨvatʃ pɔ'mɔtsɨ]
redder (de)	ratownik (m)	[ra'tɔvnik]
redden (ww)	ratować	[ra'tɔvatʃ]

aankomen (per auto, enz.)	przyjechać	[pʃɨ'ehatʃ]
blussen (ww)	gasić	['gaɕitʃ]
water (het)	woda (ż)	['vɔda]
zand (het)	piasek (m)	['pʲasɛk]

ruïnes (mv.)	zgliszcza (l.mn.)	[ˈzgliʃtʃa]
instorten (gebouw, enz.)	runąć	[ˈrunɔ̃tʃ]
ineenstorten (ww)	zawalić się	[zaˈvalitʃ ɕɛ̃]
inzakken (ww)	runąć	[ˈrunɔ̃tʃ]

| brokstuk (het) | odłamek (m) | [ɔdˈwamɛk] |
| as (de) | popiół (m) | [ˈpɔpyw] |

| verstikken (ww) | udusić się | [uˈduɕitʃ ɕɛ̃] |
| omkomen (ww) | zginąć | [ˈzginɔ̃tʃ] |

MENSELIJKE ACTIVITEITEN

Baan. Business. Deel 1

97. Bankieren

bank (de)	bank (m)	[baŋk]
bankfiliaal (het)	filia (ż)	['fiʎja]
bankbediende (de)	konsultant (m)	[kɔn'suʌtant]
manager (de)	kierownik (m)	[ke'rɔvnik]
bankrekening (de)	konto (n)	['kɔntɔ]
rekeningnummer (het)	numer (m) konta	['numɛr 'kɔnta]
lopende rekening (de)	rachunek (m) bieżący	[ra'hunɛk be'ʒɔ̃tsi]
spaarrekening (de)	rachunek (m) oszczędnościowy	[ra'hunɛk ɔʃʧɛdnɔɕ'ʨovi]
een rekening openen	założyć konto	[za'wɔʒiʧ 'kɔntɔ]
de rekening sluiten	zamknąć konto	['zamknɔnʧ 'kɔ̃tɔ]
op rekening storten	wpłacić na konto	['vpwaʨiʧ na 'kɔntɔ]
opnemen (ww)	podjąć z konta	['pɔdʰɔ̃ʧ s 'kɔnta]
storting (de)	wkład (m)	[fkwat]
een storting maken	dokonać wpłaty	[dɔ'kɔnaʧ 'fpwati]
overschrijving (de)	przelew (m)	['pʃɛlev]
een overschrijving maken	dokonać przelewu	[dɔ'kɔnaʧ pʃɛ'levu]
som (de)	suma (ż)	['suma]
Hoeveel?	Ile?	['ile]
handtekening (de)	podpis (m)	['pɔdpis]
ondertekenen (ww)	podpisać	[pɔd'pisaʧ]
kredietkaart (de)	karta (ż) kredytowa	['karta krɛdi'tɔva]
code (de)	kod (m)	[kɔd]
kredietkaartnummer (het)	numer (m) karty kredytowej	['numɛr 'karti krɛdi'tɔvɛj]
geldautomaat (de)	bankomat (m)	[ba'ŋkɔmat]
cheque (de)	czek (m)	[ʧɛk]
een cheque uitschrijven	wystawić czek	[vis'taviʧ ʧɛk]
chequeboekje (het)	książeczka (ż) czekowa	[kɕɔ̃'ʒɛʧka ʧɛ'kɔva]
lening, krediet (de)	kredyt (m)	['krɛdit]
een lening aanvragen	wystąpić o kredyt	[vis'tɔ̃piʧ ɔ 'krɛdit]
een lening nemen	brać kredyt	[braʧ 'krɛdit]
een lening verlenen	udzielać kredytu	[u'ʤeʎaʧ krɛ'ditu]
garantie (de)	gwarancja (ż)	[gva'rantsʰja]

91

98. Telefoon. Telefoongesprek

telefoon (de)	telefon (m)	[tɛ'lefɔn]
mobieltje (het)	telefon (m) komórkowy	[tɛ'lefɔn kɔmur'kɔvɨ]
antwoordapparaat (het)	sekretarka (ż)	[sɛkrɛ'tarka]
bellen (ww)	dzwonić	['dzvɔnitʃ]
belletje (telefoontje)	telefon (m)	[tɛ'lefɔn]
een nummer draaien	wybrać numer	['vɨbratʃ 'numɛr]
Hallo!	Halo!	['halɜ]
vragen (ww)	zapytać	[za'pɨtatʃ]
antwoorden (ww)	odpowiedzieć	[ɔtpɔ'vedʑetʃ]
horen (ww)	słyszeć	['swɨʃɛtʃ]
goed (bw)	dobrze	['dɔbʒɛ]
slecht (bw)	źle	[ʑ'le]
storingen (mv.)	zakłócenia (l.mn.)	[zakwu'tsɛɲa]
hoorn (de)	słuchawka (ż)	[swu'hafka]
opnemen (ww)	podnieść słuchawkę	['pɔdneɕtʃ swu'hafkɛ̃]
ophangen (ww)	odłożyć słuchawkę	[ɔd'wɔʒitʃ swu'hafkɛ̃]
bezet (bn)	zajęty	[za'enti]
overgaan (ww)	dzwonić	['dzvɔnitʃ]
telefoonboek (het)	książka (ż) telefoniczna	[kɕɔ̃ʃka tɛlefɔ'nitʃna]
lokaal (bn)	miejscowy	[mejs'tsɔvɨ]
interlokaal (bn)	międzymiastowy	[mɛ̃dʑɨmʲas'tɔvɨ]
buitenlands (bn)	międzynarodowy	[mɛ̃dʑɨnarɔ'dɔvɨ]

99. Mobiele telefoon

mobieltje (het)	telefon (m) komórkowy	[tɛ'lefɔn kɔmur'kɔvɨ]
scherm (het)	wyświetlacz (m)	[vɨɕ'fetʎatʃ]
toets, knop (de)	klawisz (m)	['kʎaviʃ]
simkaart (de)	karta (ż) SIM	['karta sim]
batterij (de)	bateria (ż)	[ba'tɛrʲja]
leeg zijn (ww)	rozładować się	[rɔzwa'dɔvatʃ ɕɛ̃]
acculader (de)	ładowarka (ż)	[wadɔ'varka]
menu (het)	menu (n)	['menu]
instellingen (mv.)	ustawienia (l.mn.)	[usta'veɲa]
melodie (beltoon)	melodia (ż)	[mɛ'lɜdʰja]
selecteren (ww)	wybrać	['vɨbratʃ]
rekenmachine (de)	kalkulator (m)	[kaʎku'ʎatɔr]
voicemail (de)	sekretarka (ż)	[sɛkrɛ'tarka]
wekker (de)	budzik (m)	['budʑik]
contacten (mv.)	kontakty (l.mn.)	[kɔn'taktɨ]
SMS-bericht (het)	SMS (m)	[ɛs ɛm ɛs]
abonnee (de)	abonent (m)	[a'bɔnɛnt]

100. Schrijfbehoeften

balpen (de)	długopis (m)	[dwu'gɔpis]
vulpen (de)	pióro (n)	['pyrɔ]
potlood (het)	ołówek (m)	[ɔ'wuvɛk]
marker (de)	marker (m)	['markɛr]
viltstift (de)	flamaster (m)	[fʎa'mastɛr]
notitieboekje (het)	notes (m)	['nɔtɛs]
agenda (boekje)	kalendarz (m)	[ka'lendaʃ]
liniaal (de/het)	linijka (ż)	[li'nijka]
rekenmachine (de)	kalkulator (m)	[kaʎku'ʎatɔr]
gom (de)	gumka (ż)	['gumka]
punaise (de)	pinezka (ż)	[pi'nɛska]
paperclip (de)	spinacz (m)	['spinatʃ]
lijm (de)	klej (m)	[klej]
nietmachine (de)	zszywacz (m)	['sʃivatʃ]
perforator (de)	dziurkacz (m)	['dʑyrkatʃ]
potloodslijper (de)	temperówka (ż)	[tɛmpɛ'rufka]

Baan. Business. Deel 2

101. Massamedia

krant (de)	gazeta (z)	[ga'zɛta]
tijdschrift (het)	czasopismo (n)	[tʃasɔ'pismɔ]
pers (gedrukte media)	prasa (z)	['prasa]
radio (de)	radio (n)	['radʰɜ]
radiostation (het)	stacja (z) radiowa	['statsʰja radʰɜva]
televisie (de)	telewizja (z)	[tɛle'vizʰja]

presentator (de)	prezenter (m)	[prɛ'zɛntɛr]
nieuwslezer (de)	spiker (m)	['spikɛr]
commentator (de)	komentator (m)	[kɔmɛn'tatɔr]

journalist (de)	dziennikarz (m)	[dʒe'ɲikaʃ]
correspondent (de)	korespondent (m)	[kɔrɛs'pɔndɛnt]
fotocorrespondent (de)	fotoreporter (m)	[fɔtɔrɛ'pɔrtɛr]
reporter (de)	reporter (m)	[rɛ'pɔrtɛr]

redacteur (de)	redaktor (m)	[rɛ'daktɔr]
chef-redacteur (de)	redaktor (m) naczelny	[rɛ'daktɔr nat'ʃɛʎɲi]

zich abonneren op	zaprenumerować	[zaprɛnumɛ'rɔvatʃ]
abonnement (het)	prenumerata (z)	[prɛnumɛ'rata]
abonnee (de)	prenumerator (m)	[prɛnumɛ'ratɔr]
lezen (ww)	czytać	['tʃitatʃ]
lezer (de)	czytelnik (m)	[tʃi'tɛʎnik]

oplage (de)	nakład (m)	['nakwat]
maand-, maandelijks (bn)	comiesięczny	[tsɔme'çentʃɲi]
wekelijks (bn)	cotygodniowy	[tsɔtigɔd'nɜvi]
nummer (het)	numer (m)	['numɛr]
vers (~ van de pers)	najnowszy	[naj'nɔfʃi]

kop (de)	nagłówek (m)	[nag'wuvɛk]
korte artikel (het)	notatka (z) prasowa	[nɔ'tatka pra'sɔva]
rubriek (de)	rubryka (z)	['rubrika]
artikel (het)	artykuł (m)	[ar'tikuw]
pagina (de)	strona (z)	['strɔna]

reportage (de)	reportaż (m)	[rɛ'pɔrtaʃ]
gebeurtenis (de)	wydarzenie (n)	[vida'ʒɛne]
sensatie (de)	sensacja (z)	[sɛn'satsʰja]
schandaal (het)	skandal (m)	['skandaʎ]
schandalig (bn)	skandaliczny	[skanda'litʃɲi]
groot (~ schandaal, enz.)	głośny	['gwɔçɲi]

programma (het)	program (m) telewizyjny	['prɔgram tɛlevi'zijɲi]
interview (het)	wywiad (m)	['vivʲat]

| live uitzending (de) | bezpośrednia transmisja (ż) | [bɛspɔɕ'rɛdɲa trans'misja] |
| kanaal (het) | kanał (m) telewizyjny | ['kanaw tɛlevi'zijnɨ] |

102. Landbouw

landbouw (de)	rolnictwo (n)	[rɔʎ'niʦtfɔ]
boer (de)	rolnik (m)	['rɔʎnik]
boerin (de)	rolniczka (ż)	[rɔʎ'niʧka]
landbouwer (de)	farmer (m)	['farmɛr]

| tractor (de) | traktor (m) | ['traktɔr] |
| maaidorser (de) | kombajn (m) | ['kɔmbajn] |

ploeg (de)	pług (m)	[pwuk]
ploegen (ww)	orać	['ɔraʧ]
akkerland (het)	rola (ż)	['rɔʎa]
voor (de)	bruzda (ż)	['bruzda]

zaaien (ww)	siać	[ɕaʧ]
zaaimachine (de)	siewnik (m)	['ɕevnik]
zaaien (het)	zasiew (m)	['zaɕef]

| zeis (de) | kosa (ż) | ['kɔsa] |
| maaien (ww) | kosić | ['kɔɕiʧ] |

| schop (de) | łopata (ż) | [wɔ'pata] |
| spitten (ww) | kopać | ['kɔpaʧ] |

schoffel (de)	motyka (ż)	[mɔ'tɨka]
wieden (ww)	plewić	['pleviʧ]
onkruid (het)	chwast (m)	[hfast]

gieter (de)	konewka (ż)	[kɔ'nɛfka]
begieten (water geven)	podlewać	[pɔd'levaʧ]
bewatering (de)	podlewanie (n)	[pɔdle'vane]

| riek, hooivork (de) | widły (l.mn.) | ['vidwɨ] |
| hark (de) | grabie (l.mn.) | ['grabe] |

meststof (de)	nawóz (m)	['navus]
bemesten (ww)	nawozić	[na'vɔʑiʧ]
mest (de)	obornik (m)	[ɔ'bɔrnik]

veld (het)	pole (n)	['pɔle]
wei (de)	łąka (ż)	['wɔ̃ka]
moestuin (de)	ogród (m)	['ɔgrut]
boomgaard (de)	sad (m)	[sat]

weiden (ww)	paść	[paɕʧ]
herder (de)	pastuch (m)	['pastuh]
weiland (de)	pastwisko (n)	[past'fiskɔ]

| veehouderij (de) | hodowla (ż) zwierząt | [hɔ'dɔvʎa 'zveʒɔ̃t] |
| schapenteelt (de) | hodowla (ż) owiec | [hɔ'dɔvʎa 'ɔveʦ] |

plantage (de)	plantacja (ż)	[pʌanˈtatsʰja]
rijtje (het)	grządka (ż)	[ˈgʒɔ̃tka]
broeikas (de)	inspekt (m)	[ˈinspɛkt]

droogte (de)	susza (ż)	[ˈsuʃa]
droog (bn)	suchy	[ˈsuhi]

graangewassen (mv.)	rośliny (l.mn.) zbożowe	[rɔɕˈlini zbɔˈʒɔvɛ]
oogsten (ww)	zbierać plony	[ˈzberaʨ ˈplɔni]

molenaar (de)	młynarz (m)	[ˈmwinaʃ]
molen (de)	młyn (m)	[mwin]
malen (graan ~)	mleć zboże	[mlɛʨ ˈzbɔʒɛ]
bloem (bijv. tarwebloem)	mąka (ż)	[ˈmɔ̃ka]
stro (het)	słoma (ż)	[ˈswɔma]

103. Gebouw. Bouwproces

bouwplaats (de)	budowa (ż)	[buˈdɔva]
bouwen (ww)	budować	[buˈdɔvaʨ]
bouwvakker (de)	budowniczy (m)	[budɔvˈniʨi]

project (het)	projekt (m)	[ˈprɔekt]
architect (de)	architekt (m)	[arˈhitɛkt]
arbeider (de)	robotnik (m)	[rɔˈbotnik]

fundering (de)	fundament (m)	[funˈdamɛnt]
dak (het)	dach (m)	[dah]
heipaal (de)	pal (m)	[paʌ]
muur (de)	ściana (ż)	[ˈɕʨana]

betonstaal (het)	zbrojenie (n)	[zbrɔˈene]
steigers (mv.)	rusztowanie (n)	[ruʃtɔˈvane]

beton (het)	beton (m)	[ˈbɛtɔn]
graniet (het)	granit (m)	[ˈgranit]
steen (de)	kamień (m)	[ˈkameɲ]
baksteen (de)	cegła (ż)	[ˈʦɛgwa]

zand (het)	piasek (m)	[ˈpʲasɛk]
cement (de/het)	cement (m)	[ˈʦɛmɛnt]
pleister (het)	tynk (m)	[tiŋk]
pleisteren (ww)	tynkować	[tiˈŋkɔvaʨ]
verf (de)	farba (ż)	[ˈfarba]
verven (muur ~)	malować	[maˈlɔvaʨ]
ton (de)	beczka (ż)	[ˈbɛʧka]

kraan (de)	dźwig (m)	[dʑʲvik]
heffen, hijsen (ww)	podnosić	[pɔdˈnɔɕiʨ]
neerlaten (ww)	opuszczać	[ɔˈpuʃʧaʨ]

bulldozer (de)	spychacz (m)	[ˈspihaʃ]
graafmachine (de)	koparka (ż)	[kɔˈparka]
graafbak (de)	łyżka (ż)	[ˈwiʃka]

| graven (tunnel, enz.) | **kopać** | [ˈkɔpatʃ] |
| helm (de) | **kask** (m) | [kask] |

Beroepen en ambachten

104. Zoeken naar werk. Ontslag

| baan (de) | praca (z) | ['praʦa] |
| personeel (het) | etat (m) | ['ɛtat] |

carrière (de)	kariera (z)	[karʰ'era]
vooruitzichten (mv.)	perspektywa (z)	[pɛrspɛk'tiva]
meesterschap (het)	profesjonalizm (m)	[prɔfɛsʰɜ'nalizm]

keuze (de)	wybór (m)	['vibur]
uitzendbureau (het)	agencja (z) rekrutacyjna	[a'gɛntsʰja rɛkruta'ʦijna]
CV, curriculum vitae (het)	CV (n), życiorys (m)	[ʦɛ 'fau], [ʒi'ʧɔris]
sollicitatiegesprek (het)	rozmowa (z) kwalifikacyjna	[rɔz'mɔva kfalifika'ʦijna]
vacature (de)	wakat (m)	['vakat]

salaris (het)	pensja (z)	['pɛnsʰja]
vaste salaris (het)	stałe wynagrodzenie (n)	['stawɛ vinagrɔ'dzɛne]
loon (het)	opłata (z)	[ɔp'wata]

betrekking (de)	stanowisko (n)	[stanɔ'viskɔ]
taak, plicht (de)	obowiązek (m)	[ɔbɔvɔ̃zɛk]
takenpakket (het)	zakres (m) obowiazkow	['zakrɛs ɔbɔ'vʲazkɔf]
bezig (~ zijn)	zajęty	[za'entɨ]

| ontslagen (ww) | zwolnić | ['zvɔʎniʧ] |
| ontslag (het) | zwolnienie (n) | [zvɔʎ'nene] |

werkloosheid (de)	bezrobocie (n)	[bɛzrɔ'bɔʧe]
werkloze (de)	bezrobotny (m)	[bɛzrɔ'bɔtnɨ]
pensioen (het)	emerytura (z)	[ɛmɛri'tura]
met pensioen gaan	przejść na emeryturę	['pʃɛjʨ na ɛmɛri'turɛ̃]

105. Zakenmensen

directeur (de)	dyrektor (m)	[di'rɛktɔr]
beheerder (de)	kierownik (m)	[ke'rɔvnik]
hoofd (het)	szef (m)	[ʃɛf]

baas (de)	kierownik (m)	[ke'rɔvnik]
superieuren (mv.)	kierownictwo (n)	[kerɔv'nitstfɔ]
president (de)	prezes (m)	['prɛzɛs]
voorzitter (de)	przewodniczący (m)	[pʃɛvɔdnit'ʃɔ̃tsɨ]

adjunct (de)	zastępca (m)	[zas'tɛ̃pʦa]
assistent (de)	pomocnik (m)	[pɔ'mɔtsnik]
secretaris (de)	sekretarka (z)	[sɛkrɛ'tarka]

persoonlijke assistent (de)	sekretarz (m) osobisty	[sɛk'rɛtaʃ ɔsɔ'bistɨ]
zakenman (de)	biznesmen (m)	['biznɛsmɛn]
ondernemer (de)	przedsiębiorca (m)	[pʃɛdɕɛ̃'bɜrtsa]
oprichter (de)	założyciel (m)	[zawɔ'ʒitʃɛʎ]
oprichten	założyć	[za'wɔʒitʃ]
(een nieuw bedrijf ~)		

stichter (de)	wspólnik (m)	['fspɔʎnik]
partner (de)	partner (m)	['partnɛr]
aandeelhouder (de)	akcjonariusz (m)	[aktsʰɜ'narʰjuʃ]

miljonair (de)	milioner (m)	[mi'ʎjɔnɛr]
miljardair (de)	miliarder (m)	[mi'ʎjardɛr]
eigenaar (de)	właściciel (m)	[vwaɕ'tʃitʃɛʎ]
landeigenaar (de)	właściciel (m) ziemski	[vwaɕ'tʃitʃɛʎ 'ʒemski]

klant (de)	klient (m)	['klient]
vaste klant (de)	stały klient (m)	['stawɨ 'klient]
koper (de)	kupujący (m)	[kupuɔ̃tsɨ]
bezoeker (de)	zwiedzający (m)	[zvedzaɔ̃tsɨ]

professioneel (de)	profesjonalista (m)	[prɔfɛsʰɜna'lista]
expert (de)	ekspert (m)	['ɛkspɛrt]
specialist (de)	specjalista (m)	[spɛtsʰja'lista]

| bankier (de) | bankier (m) | ['baŋkɛr] |
| makelaar (de) | broker (m) | ['brɔkɛr] |

kassier (de)	kasjer (m), kasjerka (ż)	['kasʰer], [kasʰ'erka]
boekhouder (de)	księgowy (m)	[kɕɛ̃'gɔvɨ]
bewaker (de)	ochroniarz (m)	[ɔh'rɔnaʃ]

investeerder (de)	inwestor (m)	[in'vɛstɔr]
schuldenaar (de)	dłużnik (m)	['dwuʒnik]
crediteur (de)	kredytodawca (m)	[krɛditɔ'daftsa]
lener (de)	pożyczkobiorca (m)	[pɔʒitʃkɔ'bɜrtsa]

| importeur (de) | importer (m) | [im'pɔrtɛr] |
| exporteur (de) | eksporter (m) | [ɛks'pɔrtɛr] |

producent (de)	producent (m)	[prɔ'dutsɛnt]
distributeur (de)	dystrybutor (m)	[dɨstrɨ'butɔr]
bemiddelaar (de)	pośrednik (m)	[pɔɕ'rɛdnik]

adviseur, consulent (de)	konsultant (m)	[kɔn'suʎtant]
vertegenwoordiger (de)	przedstawiciel (m)	[pʃɛtsta'vitʃɛʎ]
agent (de)	agent (m)	['agɛnt]
verzekeringsagent (de)	agent (m) ubezpieczeniowy	['agɛnt ubɛspetʃɛ'nɜvɨ]

106. Dienstverlenende beroepen

kok (de)	kucharz (m)	['kuhaʃ]
chef-kok (de)	szef (m) kuchni	[ʃɛf 'kuhni]
bakker (de)	piekarz (m)	['pekaʃ]

barman (de)	barman (m)	['barman]
kelner, ober (de)	kelner (m)	['kɛʌnɛr]
serveerster (de)	kelnerka (ż)	[kɛʌ'nɛrka]

advocaat (de)	adwokat (m)	[ad'vɔkat]
jurist (de)	prawnik (m)	['pravnik]
notaris (de)	notariusz (m)	[nɔ'tarʰjuʃ]

elektricien (de)	elektryk (m)	[ɛ'lektrik]
loodgieter (de)	hydraulik (m)	[hid'raulik]
timmerman (de)	cieśla (m)	['ʧeɕʌa]

masseur (de)	masażysta (m)	[masa'ʒista]
masseuse (de)	masażystka (ż)	[masa'ʒistka]
dokter, arts (de)	lekarz (m)	['lekaʃ]

taxichauffeur (de)	taksówkarz (m)	[tak'sufkaʃ]
chauffeur (de)	kierowca (m)	[ke'rɔftsa]
koerier (de)	kurier (m)	['kurʰer]

kamermeisje (het)	pokojówka (ż)	[pɔkɔ'jufka]
bewaker (de)	ochroniarz (m)	[ɔh'rɔɲaʃ]
stewardess (de)	stewardessa (ż)	[stʰjuar'dɛsa]

meester (de)	nauczyciel (m)	[nauʧ'ʃiʧeʌ]
bibliothecaris (de)	bibliotekarz (m)	[bibʌ'ɔ'tɛkaʃ]
vertaler (de)	tłumacz (m)	['twumaʧ]
tolk (de)	tłumacz (m)	['twumaʧ]
gids (de)	przewodnik (m)	[pʃɛ'vɔdnik]

kapper (de)	fryzjer (m)	['frizʰer]
postbode (de)	listonosz (m)	[lis'tɔnɔʃ]
verkoper (de)	sprzedawca (m)	[spʃɛ'daftsa]

tuinman (de)	ogrodnik (m)	[ɔg'rɔdnik]
huisbediende (de)	służący (m)	[swu'ʒɔ̃ʦi]
dienstmeisje (het)	służąca (ż)	[swu'ʒɔ̃ʦa]
schoonmaakster (de)	sprzątaczka (ż)	[spʃɔ̃'tatʃka]

107. Militaire beroepen en rangen

soldaat (rang)	szeregowy (m)	[ʃɛrɛ'gɔvi]
sergeant (de)	sierżant (m)	['ɕerʒant]
luitenant (de)	podporucznik (m)	[pɔtpɔ'rutʃnik]
kapitein (de)	kapitan (m)	[ka'pitan]

majoor (de)	major (m)	['majɔr]
kolonel (de)	pułkownik (m)	[puw'kɔvnik]
generaal (de)	generał (m)	[gɛ'nɛraw]
maarschalk (de)	marszałek (m)	[mar'ʃawɛk]
admiraal (de)	admirał (m)	[ad'miraw]

militair (de)	wojskowy (m)	[vɔjs'kɔvi]
soldaat (de)	żołnierz (m)	['ʒɔwneʃ]

| officier (de) | oficer (m) | [ɔ'fitsɛr] |
| commandant (de) | dowódca (m) | [dɔ'vuttsa] |

grenswachter (de)	pogranicznik (m)	[pɔgra'nitʃnik]
marconist (de)	radiooperator (m)	[radʰɜ:pɛ'ratɔr]
verkenner (de)	zwiadowca (m)	[zvʲa'doftsa]
sappeur (de)	saper (m)	['sapɛr]
schutter (de)	strzelec (m)	['stʃɛlets]
stuurman (de)	nawigator (m)	[navi'gatɔr]

108. Ambtenaren. Priesters

| koning (de) | król (m) | [kruʎ] |
| koningin (de) | królowa (ż) | [kru'lɜva] |

| prins (de) | książę (m) | [kɕɔ̃ʒɛ̃] |
| prinses (de) | księżniczka (ż) | [kɕɛ̃ʒ'nitʃka] |

| tsaar (de) | car (m) | [tsar] |
| tsarina (de) | caryca (ż) | [tsa'ritsa] |

president (de)	prezydent (m)	[prɛ'zidɛnt]
minister (de)	minister (m)	[mi'nistɛr]
eerste minister (de)	premier (m)	['prɛmʰer]
senator (de)	senator (m)	[sɛ'natɔr]

diplomaat (de)	dyplomata (m)	[diplɜ'mata]
consul (de)	konsul (m)	['kɔnsuʎ]
ambassadeur (de)	ambasador (m)	[amba'sadɔr]
adviseur (de)	doradca (m)	[dɔ'rattsa]

ambtenaar (de)	pracownik (m)	[pra'tsɔvnik]
prefect (de)	burmistrz (m) dzielnicy	['burmistʃ dʑeʎ'nitsɨ]
burgemeester (de)	mer (m)	[mɛr]

| rechter (de) | sędzia (m) | ['sɛ̃dʑʲa] |
| aanklager (de) | prokurator (m) | [prɔku'ratɔr] |

missionaris (de)	misjonarz (m)	[misʰɜnaʃ]
monnik (de)	zakonnik (m)	[za'kɔɲik]
abt (de)	opat (m)	['ɔpat]
rabbi, rabbijn (de)	rabin (m)	['rabin]

vizier (de)	wezyr (m)	['vɛzɨr]
sjah (de)	szach (m)	[ʃah]
sjeik (de)	szejk (m)	[ʃɛjk]

109. Agrarische beroepen

imker (de)	pszczelarz (m)	['pʃtʃɛʎaʃ]
herder (de)	pastuch (m)	['pastuh]
landbouwkundige (de)	agronom (m)	[ag'rɔnɔm]

| veehouder (de) | hodowca (m) zwierząt | [hɔ'dɔfsa 'zveʒɔ̃t] |
| dierenarts (de) | weterynarz (m) | [vɛtɛ'rinaʃ] |

landbouwer (de)	farmer (m)	['farmɛr]
wijnmaker (de)	winiarz (m)	['viɲaʃ]
zoöloog (de)	zoolog (m)	[zɔ'ɔlɔk]
cowboy (de)	kowboj (m)	['kɔvbɔj]

110. Kunst beroepen

| acteur (de) | aktor (m) | ['aktɔr] |
| actrice (de) | aktorka (ż) | [ak'tɔrka] |

| zanger (de) | śpiewak (m) | ['ɕpevak] |
| zangeres (de) | śpiewaczka (ż) | [ɕpe'vatʃka] |

| danser (de) | tancerz (m) | ['tantsɛʃ] |
| danseres (de) | tancerka (ż) | [tan'tsɛrka] |

| artiest (mann.) | artysta (m) | [ar'tista] |
| artiest (vrouw.) | artystka (ż) | [ar'tistka] |

muzikant (de)	muzyk (m)	['muzik]
pianist (de)	pianista (m)	[pʰja'nista]
gitarist (de)	gitarzysta (m)	[gita'ʒista]

orkestdirigent (de)	dyrygent (m)	[di'rigɛnt]
componist (de)	kompozytor (m)	[kɔmpɔ'zitɔr]
impresario (de)	impresario (m)	[imprɛ'sarʰɔ]

filmregisseur (de)	reżyser (m)	[rɛ'ʒisɛr]
filmproducent (de)	producent (m)	[prɔ'dutsɛnt]
scenarioschrijver (de)	scenarzysta (m)	[stsɛna'ʒista]
criticus (de)	krytyk (m)	['kritik]

schrijver (de)	pisarz (m)	['pisaʃ]
dichter (de)	poeta (m)	[pɔ'ɛta]
beeldhouwer (de)	rzeźbiarz (m)	['ʒɛʑbʲaʃ]
kunstenaar (de)	malarz (m)	['maʎaʃ]

jongleur (de)	żongler (m)	['ʒɔŋler]
clown (de)	klown (m)	['kʎaun]
acrobaat (de)	akrobata (m)	[akrɔ'bata]
goochelaar (de)	sztukmistrz (m)	['ʃtukmistʃ]

111. Verschillende beroepen

dokter, arts (de)	lekarz (m)	['lekaʃ]
ziekenzuster (de)	pielęgniarka (ż)	[pelɛ̃g'ɲarka]
psychiater (de)	psychiatra (m)	[psihʲ'atra]
tandarts (de)	dentysta (m)	[dɛn'tista]
chirurg (de)	chirurg (m)	['hirurk]

astronaut (de)	astronauta (m)	[astrɔ'nauta]
astronoom (de)	astronom (m)	[ast'rɔnɔm]
chauffeur (de)	kierowca (m)	[ke'rɔftsa]
machinist (de)	maszynista (m)	[maʃi'nista]
mecanicien (de)	mechanik (m)	[mɛ'hanik]
mijnwerker (de)	górnik (m)	['gurnik]
arbeider (de)	robotnik (m)	[rɔ'bɔtnik]
bankwerker (de)	ślusarz (m)	['ɕlysaʃ]
houtbewerker (de)	stolarz (m)	['stɔʎaʃ]
draaier (de)	tokarz (m)	['tɔkaʃ]
bouwvakker (de)	budowniczy (m)	[budɔv'nitʃi]
lasser (de)	spawacz (m)	['spavatʃ]
professor (de)	profesor (m)	[prɔ'fɛsɔr]
architect (de)	architekt (m)	[ar'hitɛkt]
historicus (de)	historyk (m)	[his'tɔrik]
wetenschapper (de)	naukowiec (m)	[nau'kɔvets]
fysicus (de)	fizyk (m)	['fizik]
scheikundige (de)	chemik (m)	['hɛmik]
archeoloog (de)	archeolog (m)	[arhɛ'ɔlɔk]
geoloog (de)	geolog (m)	[gɛ'ɔlɔk]
onderzoeker (de)	badacz (m)	['badatʃ]
babysitter (de)	opiekunka (ż) do dziecka	[ɔpe'kuŋka dɔ 'dʒetska]
leraar, pedagoog (de)	pedagog (m)	[pɛ'dagɔk]
redacteur (de)	redaktor (m)	[rɛ'daktɔr]
chef-redacteur (de)	redaktor (m) naczelny	[rɛ'daktɔr nat'ʃɛʎni]
correspondent (de)	korespondent (m)	[kɔrɛs'pɔndɛnt]
typiste (de)	maszynistka (ż)	[maʃi'nistka]
designer (de)	projektant (m)	[prɔ'ektant]
computerexpert (de)	komputerowiec (m)	[kɔmputɛ'rɔvets]
programmeur (de)	programista (m)	[prɔgra'mista]
ingenieur (de)	inżynier (m)	[in'ʒiner]
matroos (de)	marynarz (m)	[ma'rinaʃ]
zeeman (de)	marynarz (m)	[ma'rinaʃ]
redder (de)	ratownik (m)	[ra'tɔvnik]
brandweerman (de)	strażak (m)	['straʒak]
politieagent (de)	policjant (m)	[pɔ'litsʰjant]
nachtwaker (de)	stróż (m)	[struʃ]
detective (de)	detektyw (m)	[dɛ'tɛktiv]
douanier (de)	celnik (m)	['tsɛʎnik]
lijfwacht (de)	ochroniarz (m)	[ɔh'rɔɲaʃ]
gevangenisbewaker (de)	nadzorca (m)	[na'dzɔrtsa]
inspecteur (de)	inspektor (m)	[ins'pɛktɔr]
sportman (de)	sportowiec (m)	[spɔr'tɔvets]
trainer (de)	trener (m)	['trɛnɛr]
slager, beenhouwer (de)	rzeźnik (m)	['ʒɛʑnik]

103

schoenlapper (de)	szewc (m)	[ʃɛfts]
handelaar (de)	handlowiec (m)	[hand'lɜvets]
lader (de)	ładowacz (m)	[wa'dɔvatʃ]

kledingstilist (de)	projektant (m) mody	[prɔ'ektant 'mɔdɨ]
model (het)	modelka (ż)	[mɔ'dɛʎka]

112. Beroepen. Sociale status

scholier (de)	uczeń (m)	['utʃɛɲ]
student (de)	student (m)	['studɛnt]

filosoof (de)	filozof (m)	[fi'lɜzɔf]
econoom (de)	ekonomista (m)	[ɛkɔnɔ'mista]
uitvinder (de)	wynalazca (m)	[vɨna'ʎastsa]

werkloze (de)	bezrobotny (m)	[bɛzrɔ'bɔtnɨ]
gepensioneerde (de)	emeryt (m)	[ɛ'mɛrɨt]
spion (de)	szpieg (m)	[ʃpek]

gedetineerde (de)	więzień (m)	['veɲʒɛ̃]
staker (de)	strajkujący (m)	[strajkuɔ̃tsɨ]
bureaucraat (de)	biurokrata (m)	[byrɔk'rata]
reiziger (de)	podróżnik (m)	[pɔd'ruʒnik]

homoseksueel (de)	homoseksualista (m)	[homɔsɛksua'lista]
hacker (computerkraker)	haker (m)	['hakɛr]

bandiet (de)	bandyta (m)	[ban'dɨta]
huurmoordenaar (de)	płatny zabójca (m)	['pwatnɨ za'bɔjtsa]
drugsverslaafde (de)	narkoman (m)	[nar'kɔman]
drugshandelaar (de)	handlarz (m) narkotyków	['handʎaʒ narkɔ'tikuf]
prostituee (de)	prostytutka (ż)	[prɔstɨ'tutka]
pooier (de)	sutener (m)	[su'tɛnɛr]

tovenaar (de)	czarodziej (m)	[tʃa'rɔdʒej]
tovenares (de)	czarodziejka (ż)	[tʃarɔ'dʒejka]
piraat (de)	pirat (m)	['pirat]
slaaf (de)	niewolnik (m)	[ne'vɔʎnik]
samoerai (de)	samuraj (m)	[sa'muraj]
wilde (de)	dzikus (m)	['dʒikus]

Sport

113. Soorten sporten. Sporters

sportman (de)	sportowiec (m)	[spɔr'tɔvɛts]
soort sport (de/het)	rodzaj (m) sportu	['rɔdzaj 'spɔrtu]
basketbal (het)	koszykówka (ż)	[kɔʃɨ'kufka]
basketbalspeler (de)	koszykarz (m)	[kɔ'ʃɨkaʃ]
baseball (het)	baseball (m)	['bɛjzbɔʎ]
baseballspeler (de)	bejsbolista (m)	[bɛjzbɔ'lista]
voetbal (het)	piłka (ż) nożna	['piwka 'nɔʒna]
voetballer (de)	piłkarz (m)	['piwkaʃ]
doelman (de)	bramkarz (m)	['bramkaʃ]
hockey (het)	hokej (m)	['hɔkɛj]
hockeyspeler (de)	hokeista (m)	[hɔkɛ'ista]
volleybal (het)	siatkówka (ż)	[ɕat'kufka]
volleybalspeler (de)	siatkarz (m)	['ɕatkaʃ]
boksen (het)	boks (m)	[bɔks]
bokser (de)	bokser (m)	['bɔksɛr]
worstelen (het)	zapasy (l.mn.)	[za'pasɨ]
worstelaar (de)	zapaśnik (m)	[za'paɕnik]
karate (de)	karate (n)	[ka'ratɛ]
karateka (de)	karateka (m)	[kara'tɛka]
judo (de)	judo (n)	['dʒudɔ]
judoka (de)	judoka (m)	[dʒu'dɔka]
tennis (het)	tenis (m)	['tɛnis]
tennisspeler (de)	tenisista (m)	[tɛni'ɕista]
zwemmen (het)	pływanie (n)	[pwɨ'vane]
zwemmer (de)	pływak (m)	['pwɨvak]
schermen (het)	szermierka (ż)	[ʃɛr'merka]
schermer (de)	szermierz (m)	['ʃɛrmeʃ]
schaak (het)	szachy (l.mn.)	['ʃahɨ]
schaker (de)	szachista (m)	[ʃa'hista]
alpinisme (het)	alpinizm (m)	[aʎpi'nism]
alpinist (de)	alpinista (m)	[aʎpi'nista]
hardlopen (het)	bieganie (m)	['begane]

105

renner (de)	biegacz (m)	['begatʃ]
atletiek (de)	lekkoatletyka (ż)	[lekkɔat'letika]
atleet (de)	lekkoatleta (m)	[lekkɔat'leta]
paardensport (de)	jeździectwo (n)	[eʑi'dʒetsstfɔ]
ruiter (de)	jeździec (m)	['eʑdʒets]
kunstschaatsen (het)	łyżwiarstwo (n) figurowe	[wiʒ'vʲarstfɔ figu'rɔvɛ]
kunstschaatser (de)	łyżwiarz (m) figurowy	['wiʒvʲaʃ figu'rɔvi]
kunstschaatsster (de)	łyżwiarka (ż) figurowa	[wiʒ'vʲarka figu'rɔva]
gewichtheffen (het)	podnoszenie (n) ciężarów	[pɔdnɔ'ʃɛne tʃɛ̃'ʒaruv]
autoraces (mv.)	wyścigi (l.mn.) samochodowe	[viɕ'tʃigi samɔhɔ'dɔvɛ]
coureur (de)	kierowca (m) wyścigowy	[ke'rɔftsa viɕtʃi'gɔvi]
wielersport (de)	kolarstwo (n)	[kɔ'ʎarstfɔ]
wielrenner (de)	kolarz (m)	['kɔʎaʃ]
verspringen (het)	skoki (l.mn.) w dal	['skɔki v daʎ]
polsstokspringen (het)	skoki (l.mn.) o tyczce	['skɔki ɔ 'titʃtsɛ]
verspringer (de)	skoczek (m)	['skɔtʃɛk]

114. Soorten sporten. Diversen

Amerikaans voetbal (het)	futbol (m) amerykański	['futbɔʎ amɛri'kaɲski]
badminton (het)	badminton (m)	[bad'mintɔn]
biatlon (de)	biathlon (m)	['bʰatlɔn]
biljart (het)	bilard (m)	['biʎart]
bobsleeën (het)	bobsleje (l.mn.)	[bɔps'lɛe]
bodybuilding (de)	kulturystyka (ż)	[kuʎtu'ristika]
waterpolo (het)	piłka (ż) wodna	['piwka 'vɔdna]
handbal (de)	piłka (ż) ręczna	['piwka 'rɛntʃna]
golf (het)	golf (m)	[gɔʎf]
roeisport (de)	wioślarstwo (n)	[vʑɕ'ʎarstfɔ]
duiken (het)	nurkowanie (n)	[nurkɔ'vane]
langlaufen (het)	biegi (l.mn.) narciarskie	['begi nar'tʃarske]
tafeltennis (het)	tenis (m) stołowy	['tɛnis stɔ'wɔvi]
zeilen (het)	żeglarstwo (n)	[ʒɛg'ʎarstfɔ]
rally (de)	rajd (m)	[rajt]
rugby (het)	rugby (n)	['ragbi]
snowboarden (het)	snowboard (m)	['snɔubɔrd]
boogschieten (het)	łucznictwo (n)	[wutʃ'nitstfɔ]

115. Fitnessruimte

lange halter (de)	sztanga (ż)	['ʃtaŋa]
halters (mv.)	hantle (l.mn.)	['hantle]
training machine (de)	trenażer (m)	[trɛ'naʒɛr]
hometrainer (de)	trenażer (m) rowerowy	[trɛ'naʒɛr rɔvɛ'rɔvi]

loopband (de)	bieżnia (z)	['beʒna]
rekstok (de)	drążek (m)	['drɔʒɛk]
brug (de) gelijke leggers	poręcze (l.mn.)	[pɔ'rɛntʃɛ]
paardsprong (de)	koń (m) gimnastyczny	[kɔɲ gimnas'titʃni]
mat (de)	mata (z)	['mata]

aerobics (de)	aerobik (m)	[aɛ'rɔbik]
yoga (de)	joga (z)	['jɔga]

116. Sporten. Diversen

Olympische Spelen (mv.)	Igrzyska (l.mn.) Olimpijskie	[ig'ʒiska ɔlim'pijske]
winnaar (de)	zwycięzca (m)	[zvi'tʃenstsa]
overwinnen (ww)	zwyciężać	[zvi'tʃenʒatʃ]
winnen (ww)	wygrać	['vigratʃ]

leider (de)	lider (m)	['lidɛr]
leiden (ww)	prowadzić	[prɔ'vadʒitʃ]

eerste plaats (de)	pierwsze miejsce (n)	['perfʃɛ 'mejstsɛ]
tweede plaats (de)	drugie miejsce (n)	['druge 'mejstsɛ]
derde plaats (de)	trzecie miejsce (n)	['tʃɛtʃe 'mejstsɛ]

medaille (de)	medal (m)	['mɛdaʎ]
trofee (de)	trofeum (m)	[trɔ'fɛum]
beker (de)	puchar (m)	['puhar]
prijs (de)	nagroda (z)	[nag'rɔda]
hoofdprijs (de)	główna nagroda (z)	['gwuvna nag'rɔda]

record (het)	rekord (m)	['rɛkɔrt]
een record breken	ustanawiać rekord	[usta'naviatʃ 'rɛkɔrt]

finale (de)	finał (m)	['finaw]
finale (bn)	finałowy	[fina'wɔvi]

kampioen (de)	mistrz (m)	[mistʃ]
kampioenschap (het)	mistrzostwa (l.mn.)	[mist'ʃɔstva]

stadion (het)	stadion (m)	['stadʰɔn]
tribune (de)	trybuna (z)	[tri'buna]
fan, supporter (de)	kibic (m)	['kibits]
tegenstander (de)	przeciwnik (m)	[pʃɛ'tʃivnik]

start (de)	start (m)	[start]
finish (de)	meta (z)	['mɛta]

nederlaag (de)	przegrana (z)	[pʃɛg'rana]
verliezen (ww)	przegrać	['pʃɛgratʃ]

rechter (de)	sędzia (m)	['sɛdʒia]
jury (de)	jury (n)	[ʒi'ri]
stand (~ is 3-1)	wynik (m)	['vinik]
gelijkspel (het)	remis (m)	['rɛmis]
in gelijk spel eindigen	zremisować	[zrɛmi'sɔvatʃ]

| punt (het) | punkt (m) | [puŋkt] |
| uitslag (de) | wynik (m) | ['vinik] |

pauze (de)	przerwa (z)	['pʃɛrva]
doping (de)	doping (m)	['dɔpiŋk]
straffen (ww)	karać	['karatɕ]
diskwalificeren (ww)	dyskwalifikować	[diskfalifi'kɔvatɕ]

toestel (het)	przyrząd (m)	['pʃiʐɔ̃t]
speer (de)	oszczep (m)	['ɔʃtʃɛp]
kogel (de)	kula (z)	['kuʎa]
bal (de)	kula (z)	['kuʎa]

doel (het)	cel (m)	[tsɛʎ]
schietkaart (de)	tarcza (z)	['tartʃa]
schieten (ww)	strzelać	['stʃɛʎatɕ]
precies (bijv. precieze schot)	dokładny	[dɔk'wadni]

trainer, coach (de)	trener (m)	['trɛnɛr]
trainen (ww)	trenować	[trɛ'nɔvatɕ]
zich trainen (ww)	ćwiczyć	['tɕfitʃitɕ]
training (de)	trening (m)	['trɛniŋk]

gymnastiekzaal (de)	sala (z) gimnastyczna	['saʎa gimnas'titʃna]
oefening (de)	ćwiczenie (n)	[tɕfit'ʃɛne]
opwarming (de)	rozgrzewka (z)	[rɔzg'ʒɛfka]

Onderwijs

117. School

| school (de) | szkoła (ż) | ['ʃkɔwa] |
| schooldirecteur (de) | dyrektor (m) szkoły | [di'rɛktɔr 'ʃkɔwi] |

leerling (de)	uczeń (m)	['utʃɛɲ]
leerlinge (de)	uczennica (ż)	[utʃɛ'ɲitsa]
scholier (de)	uczeń (m)	['utʃɛɲ]
scholiere (de)	uczennica (ż)	[utʃɛ'ɲitsa]

leren (lesgeven)	uczyć	['utʃitʃ]
studeren (bijv. een taal ~)	uczyć się	['utʃitʃ ɕɛ̃]
van buiten leren	uczyć się na pamięć	['utʃitʃ ɕɛ̃ na 'pamɛ̃tʃ]

leren (bijv. ~ tellen)	uczyć się	['utʃitʃ ɕɛ̃]
in school zijn	uczyć się	['utʃitʃ ɕɛ̃]
(schooljongen zijn)		
naar school gaan	iść do szkoły	[iɕtʃ dɔ 'ʃkɔwi]

| alfabet (het) | alfabet (m) | [aʎ'fabɛt] |
| vak (schoolvak) | przedmiot (m) | ['pʃɛdmɔt] |

klaslokaal (het)	klasa (ż)	['kʎasa]
les (de)	lekcja (ż)	['lɛktsʲja]
pauze (de)	przerwa (ż)	['pʃɛrva]
bel (de)	dzwonek (m)	['dzvɔnɛk]
schooltafel (de)	ławka (ż)	['wafka]
schoolbord (het)	tablica (ż)	[tab'litsa]

cijfer (het)	ocena (ż)	[ɔ'tsɛna]
goed cijfer (het)	dobra ocena (ż)	['dɔbra ɔ'tsɛna]
slecht cijfer (het)	zła ocena (ż)	[zwa ɔ'tsɛna]
een cijfer geven	wystawiać oceny	[vis'tavʲatʃ ɔ'tsɛnɨ]

fout (de)	błąd (m)	[bwɔ̃t]
fouten maken	robić błędy	['rɔbitʃ 'bwɛndi]
corrigeren (fouten ~)	poprawiać	[pɔp'ravʲatʃ]
spiekbriefje (het)	ściągawka (ż)	[ɕtʃɔ̃'gafka]

| huiswerk (het) | praca (ż) domowa | ['pratsa dɔ'mɔva] |
| oefening (de) | ćwiczenie (n) | [tʃfit'ʃɛne] |

| aanwezig zijn (ww) | być obecnym | [bitʃ ɔ'bɛtsnim] |
| absent zijn (ww) | być nieobecnym | [bitʃ nɛɔ'bɛtsnim] |

bestraffen (een stout kind ~)	karać	['karatʃ]
bestraffing (de)	kara (ż)	['kara]
gedrag (het)	zachowanie (ż)	[zahɔ'vane]

cijferlijst (de)	dziennik (m) szkolny	['dʒɛɲik 'ʃkɔʎni]
potlood (het)	ołówek (m)	[ɔ'wuvɛk]
gom (de)	gumka (ż)	['gumka]
krijt (het)	kreda (ż)	['krɛda]
pennendoos (de)	piórnik (m)	['pyrnik]

boekentas (de)	teczka (ż)	['tɛtʃka]
pen (de)	długopis (m)	[dwu'gɔpis]
schrift (de)	zeszyt (m)	['zɛʃit]
leerboek (het)	podręcznik (m)	[pɔd'rɛntʃnik]
passer (de)	cyrkiel (m)	['tsirkeʎ]

| technisch tekenen (ww) | szkicować | [ʃki'tsɔvatʃ] |
| technische tekening (de) | rysunek (m) techniczny | [ri'sunɛk tɛh'nitʃnɛ] |

gedicht (het)	wiersz (m)	[verʃ]
van buiten (bw)	na pamięć	[na 'pamɛ̃tʃ]
van buiten leren	uczyć się na pamięć	['utʃitʃ ɕɛ na 'pamɛ̃tʃ]

| vakantie (de) | ferie (l.mn.) | ['ferʰe] |
| met vakantie zijn | być na feriach | [bitʃ na 'fɛrʰjah] |

toets (schriftelijke ~)	sprawdzian (m)	['spravdʒʲan]
opstel (het)	wypracowanie (n)	[vipratsɔ'vane]
dictee (het)	dyktando (n)	[dik'tandɔ]

examen (het)	egzamin (m)	[ɛg'zamin]
examen afleggen	zdawać egzaminy	['zdavatʃ ɛgza'mini]
experiment (het)	eksperyment (m)	[ɛkspɛ'rimɛnt]

118. Hogeschool. Universiteit

academie (de)	akademia (ż)	[aka'dɛmʰja]
universiteit (de)	uniwersytet (m)	[uni'vɛrsitɛt]
faculteit (de)	wydział (m)	['vidʒʲaw]

student (de)	student (m)	['studɛnt]
studente (de)	studentka (ż)	[stu'dɛntka]
leraar (de)	wykładowca (m)	[vikwa'dɔftsa]

| collegezaal (de) | sala (ż) | ['saʎa] |
| afgestudeerde (de) | absolwent (m) | [ab'sɔʎvɛnt] |

| diploma (het) | dyplom (ż) | ['diplɔm] |
| dissertatie (de) | rozprawa (ż) | [rɔsp'rava] |

| onderzoek (het) | studium (n) | ['studʰjum] |
| laboratorium (het) | laboratorium (n) | [ʎabɔra'tɔrʰjum] |

| college (het) | wykład (m) | ['vikwat] |
| medestudent (de) | kolega (m) z roku | [kɔ'lega z 'rɔku] |

| studiebeurs (de) | stypendium (n) | [sti'pɛndʰjum] |
| academische graad (de) | stopień (m) naukowy | ['stɔpeɲ nau'kɔvi] |

119. Wetenschappen. Disciplines

wiskunde (de)	matematyka (z)	[matɛ'matɨka]
algebra (de)	algebra (z)	[aʎ'gɛbra]
meetkunde (de)	geometria (z)	[gɛɔ'mɛtrʰja]
astronomie (de)	astronomia (z)	[astrɔ'nɔmʰja]
biologie (de)	biologia (z)	[bʰɔ'lɜgʰja]
geografie (de)	geografia (z)	[gɛɔg'rafʰja]
geologie (de)	geologia (z)	[gɛɔ'lɜgʰja]
geschiedenis (de)	historia (z)	[his'tɔrʰja]
geneeskunde (de)	medycyna (z)	[mɛdɨ'tsɨna]
pedagogiek (de)	pedagogika (z)	[pɛda'gɔgika]
rechten (mv.)	prawo (n)	['pravɔ]
fysica, natuurkunde (de)	fizyka (z)	['fizɨka]
scheikunde (de)	chemia (z)	['hɛmʰja]
filosofie (de)	filozofia (z)	[filɜ'zɔfʰja]
psychologie (de)	psychologia (z)	[psɨhɔ'lɜgʰja]

120. Schrift. Spelling

grammatica (de)	gramatyka (z)	[gra'matɨka]
vocabulaire (het)	słownictwo (n)	[swɔv'nitstfɔ]
fonetiek (de)	fonetyka (z)	[fɔ'nɛtɨka]
zelfstandig naamwoord (het)	rzeczownik (m)	[ʒɛt'ʃɔvnik]
bijvoeglijk naamwoord (het)	przymiotnik (m)	[pʃɨ'mɜtnik]
werkwoord (het)	czasownik (m)	[tʃa'sɔvnik]
bijwoord (het)	przysłówek (m)	[pʃɨs'wuvɛk]
voornaamwoord (het)	zaimek (m)	[za'imɛk]
tussenwerpsel (het)	wykrzyknik (m)	[vɨk'ʃiknik]
voorzetsel (het)	przyimek (m)	[pʃɨ'imɛk]
stam (de)	rdzeń (m) słowa	[rdzɛɲ 'swɔva]
achtervoegsel (het)	końcówka (z)	[kɔɲ'tsufka]
voorvoegsel (het)	prefiks (m)	['prɛfiks]
lettergreep (de)	sylaba (z)	[sɨ'ʎaba]
achtervoegsel (het)	sufiks (m)	['sufiks]
nadruk (de)	akcent (m)	['aktsɛnt]
afkappingsteken (het)	apostrof (m)	[a'pɔstrɔf]
punt (de)	kropka (z)	['krɔpka]
komma (de/het)	przecinek (m)	[pʃɛ'tʃinɛk]
puntkomma (de)	średnik (m)	['ɕrɛdnik]
dubbelpunt (de)	dwukropek (m)	[dvuk'rɔpɛk]
beletselteken (het)	wielokropek (m)	[vɛlɜk'rɔpɛk]
vraagteken (het)	znak (m) zapytania	[znak zapɨ'taɲa]
uitroepteken (het)	wykrzyknik (m)	[vɨk'ʃiknik]

111

aanhalingstekens (mv.)	cudzysłów (m)	[tsu'dziswuf]
tussen aanhalingstekens (bw)	w cudzysłowie	[f tsudzis'wɔve]
haakjes (mv.)	nawias (m)	['navʲas]
tussen haakjes (bw)	w nawiasie	[v na'vʲaɕe]

streepje (het)	łącznik (m)	['wɔ̃tʃnik]
gedachtestreepje (het)	myślnik (m)	['miɕʎnik]
spatie	odstęp (m)	['ɔtstɛ̃p]
(~ tussen twee woorden)		

| letter (de) | litera (ż) | [li'tɛra] |
| hoofdletter (de) | wielka litera (ż) | ['veʎka li'tɛra] |

| klinker (de) | samogłoska (ż) | [samɔg'wɔska] |
| medeklinker (de) | spółgłoska (ż) | [spuwg'wɔska] |

zin (de)	zdanie (n)	['zdane]
onderwerp (het)	podmiot (m)	['pɔdmɜt]
gezegde (het)	orzeczenie (n)	[ɔʒɛt'ʃɛne]

regel (in een tekst)	linijka (n)	[li'nijka]
op een nieuwe regel (bw)	od nowej linii	[ɔd 'nɔvɛj 'lini:]
alinea (de)	akapit (m)	[a'kapit]

woord (het)	słowo (n)	['swɔvɔ]
woordgroep (de)	połączenie (n) wyrazowe	[pɔwɔ̃t'ʃɛne vira'zɔvɛ]
uitdrukking (de)	wyrażenie (n)	[vira'ʒɛne]
synoniem (het)	synonim (m)	[si'nɔnim]
antoniem (het)	antonim (m)	[an'tɔnim]

regel (de)	reguła (ż)	[rɛ'guwa]
uitzondering (de)	wyjątek (m)	[viɔ̃tɛk]
correct (bijv. ~e spelling)	poprawny	[pɔp'ravni]

vervoeging, conjugatie (de)	koniugacja (ż)	[kɔnʲju'gatsʰja]
verbuiging, declinatie (de)	deklinacja (ż)	[dɛkli'natsʰja]
naamval (de)	przypadek (m)	[pʃi'padɛk]
vraag (de)	pytanie (n)	[pi'tane]
onderstrepen (ww)	podkreślić	[pɔtk'rɛɕlitʃ]
stippellijn (de)	linia (ż) przerywana	['liɲja pʃɛri'vana]

121. Vreemde talen

taal (de)	język (m)	['enzik]
vreemde taal (de)	obcy język (m)	['ɔbtsi 'enzik]
leren (bijv. van buiten ~)	studiować	[studʰɜvatʃ]
studeren (Nederlands ~)	uczyć się	['utʃitʃ ɕɛ̃]

lezen (ww)	czytać	['tʃitatʃ]
spreken (ww)	mówić	['muvitʃ]
begrijpen (ww)	rozumieć	[rɔ'zumetʃ]
schrijven (ww)	pisać	['pisatʃ]
snel (bw)	szybko	['ʃipkɔ]
langzaam (bw)	wolno	['vɔʎnɔ]

vloeiend (bw)	swobodnie	[sfɔ'bɔdne]
regels (mv.)	reguły (l.mn.)	[rɛ'guwɨ]
grammatica (de)	gramatyka (ż)	[gra'matɨka]
vocabulaire (het)	słownictwo (n)	[swɔv'nitstfɔ]
fonetiek (de)	fonetyka (ż)	[fɔ'nɛtɨka]

leerboek (het)	podręcznik (m)	[pɔd'rɛntʃnik]
woordenboek (het)	słownik (m)	['swɔvnik]
leerboek (het) voor zelfstudie	samouczek (m)	[samɔ'utʃɛk]
taalgids (de)	rozmówki (l.mn.)	[rɔz'mufki]

cassette (de)	kaseta (ż)	[ka'sɛta]
videocassette (de)	kaseta (ż) wideo	[ka'sɛta vi'dɛɔ]
CD (de)	płyta CD (ż)	['pwɨta si'di]
DVD (de)	płyta DVD (ż)	['pwɨta divi'di]

alfabet (het)	alfabet (m)	[aʎ'fabɛt]
spellen (ww)	przeliterować	[pʃɛlite'rɔvatʃ]
uitspraak (de)	wymowa (ż)	[vɨ'mɔva]

accent (het)	akcent (m)	['aktsɛnt]
met een accent (bw)	z akcentem	[z ak'tsɛntɛm]
zonder accent (bw)	bez akcentu	[bɛz ak'tsɛntu]

woord (het)	wyraz (m), słowo (n)	['vɨras], ['svɔvɔ]
betekenis (de)	znaczenie (n)	[zna'tʃɛnie]

cursus (de)	kurs (m)	[kurs]
zich inschrijven (ww)	zapisać się	[za'pisatʃ ɕɛ̃]
leraar (de)	wykładowca (m)	[vɨkwa'dɔftsa]

vertaling (een ~ maken)	tłumaczenie (n)	[twumat'ʃɛne]
vertaling (tekst)	przekład (m)	['pʃɛkwat]
vertaler (de)	tłumacz (m)	['twumatʃ]
tolk (de)	tłumacz (m)	['twumatʃ]

polyglot (de)	poliglota (m)	[pɔlig'lɔta]
geheugen (het)	pamięć (ż)	['pamɛ̃tʃ]

122. Sprookjesfiguren

Sinterklaas (de)	Święty Mikołaj (m)	['ɕfenti mi'kɔwaj]
zeemeermin (de)	rusałka (ż)	[ru'sawka]

magiër, tovenaar (de)	czarodziej (m)	[tʃa'rɔdʒej]
goede heks (de)	czarodziejka (ż)	[tʃarɔ'dʒejka]
magisch (bn)	czarodziejski	[tʃarɔ'dʒejski]
toverstokje (het)	różdżka (ż) czarodziejska	['ruʃtʃka tʃarɔ'dʒejska]

sprookje (het)	bajka (ż)	['bajka]
wonder (het)	cud (m)	[tsut]
dwerg (de)	krasnoludek (m)	[krasnɔ'lydɛk]
veranderen in ...	zamienić się	[za'menitʃ ɕɛ̃]
(anders worden)		

geest (de)	zjawa (ż)	['zʰjava]
spook (het)	duch (m)	[duh]
monster (het)	potwór (m)	['pɔtfur]
draak (de)	smok (m)	[smɔk]
reus (de)	wielkolud (m)	[veʎ'kɔlyt]

123. Dierenriem

Ram (de)	Baran (m)	['baran]
Stier (de)	Byk (m)	[bik]
Tweelingen (mv.)	Bliźnięta (l.mn.)	[bliz'ʲ'nenta]
Kreeft (de)	Rak (m)	[rak]
Leeuw (de)	Lew (m)	[lef]
Maagd (de)	Panna (ż)	['paŋa]

Weegschaal (de)	Waga (ż)	['vaga]
Schorpioen (de)	Skorpion (m)	['skɔrpʰ3n]
Boogschutter (de)	Strzelec (m)	['stʃɛleʦ]
Steenbok (de)	Koziorożec (m)	[kɔʒ3'rɔʒɛʦ]
Waterman (de)	Wodnik (m)	['vɔdnik]
Vissen (mv.)	Ryby (l.mn.)	['ribi]

karakter (het)	charakter (m)	[ha'raktɛr]
karaktertrekken (mv.)	cechy (l.mn.) charakteru	['ʦɛɕi harak'tɛru]
gedrag (het)	zachowanie (n)	[zahɔ'vane]
waarzeggen (ww)	wróżyć	['vruʒiʧ]
waarzegster (de)	wróżka (ż)	['vruʃka]
horoscoop (de)	horoskop (m)	[hɔ'rɔskɔp]

Kunst

124. Theater

theater (het)	teatr (m)	['tɛatr]
opera (de)	opera (ż)	['ɔpɛra]
operette (de)	operetka (ż)	[ɔpɛ'rɛtka]
ballet (het)	balet (m)	['balet]
affiche (de/het)	afisz (m)	['afiʃ]
theatergezelschap (het)	zespół (m)	['zɛspuw]
tournee (de)	tournée (n)	[tur'nɛ]
op tournee zijn	być na tournée	[bitʃ na tur'nɛ]
repeteren (ww)	robić próbę	['rɔbitʃ 'prubɛ̃]
repetitie (de)	próba (ż)	['pruba]
repertoire (het)	repertuar (m)	[rɛ'pɛrtuar]
voorstelling (de)	przedstawienie (n)	[pʃɛtsta'vene]
spektakel (het)	spektakl (m)	['spɛktakʎ]
toneelstuk (het)	sztuka (ż)	['ʃtuka]
biljet (het)	bilet (m)	['bilet]
kassa (de)	kasa (ż) biletowa	['kasa bile'tɔva]
foyer (de)	hol (m)	[hɔʎ]
garderobe (de)	szatnia (ż)	['ʃatɲa]
garderobe nummer (het)	numerek (m)	[nu'mɛrɛk]
verrekijker (de)	lornetka (ż)	[lɔr'nɛtka]
plaatsaanwijzer (de)	kontroler (m)	[kɔnt'rɔler]
parterre (de)	parter (m)	['partɛr]
balkon (het)	balkon (m)	['baʎkɔn]
gouden rang (de)	pierwszy balkon (m)	['perfʃi 'baʎkɔn]
loge (de)	loża (ż)	['lɔʒa]
rij (de)	rząd (m)	[ʒɔ̃t]
plaats (de)	miejsce (n)	['mejstsɛ]
publiek (het)	publiczność (ż)	[pub'litʃnɔɕtʃ]
kijker (de)	widz (m)	[vidz]
klappen (ww)	klaskać	['klaskatʃ]
applaus (het)	oklaski (l.mn.)	[ɔk'ʎaski]
ovatie (de)	owacje (l.mn.)	[ɔ'vatsʰe]
toneel (op het ~ staan)	scena (ż)	['stsɛna]
gordijn, doek (het)	kurtyna (ż)	[kur'tina]
toneeldecor (het)	dekoracje (l.mn.)	[dɛkɔ'ratsʰe]
backstage (de)	kulisy (l.mn.)	[ku'lisi]
scène (de)	scena (ż)	['stsɛna]
bedrijf (het)	akt (m)	[akt]
pauze (de)	przerwa (ż)	['pʃɛrva]

125. Bioscoop

acteur (de)	aktor (m)	['aktɔr]
actrice (de)	aktorka (ż)	[ak'tɔrka]

bioscoop (de)	kino (n)	['kinɔ]
speelfilm (de)	kino (n), film (m)	['kinɔ], [fiʎm]
aflevering (de)	odcinek (m)	[ɔ'tʃinɛk]

detectivefilm (de)	film (m) kryminalny	[fiʎm krimi'naʎnɨ]
actiefilm (de)	film (m) akcji	[fiʎm 'aktsʰi]
avonturenfilm (de)	film (m) przygodowy	[fiʎm pʃigɔ'dɔvɨ]
sciencefictionfilm (de)	film (m) science-fiction	[fiʎm sajns fikʃn]
griezelfilm (de)	horror (m)	['hɔrɔr]

komedie (de)	komedia (ż) filmowa	[kɔ'mɛdʰja fiʎ'mɔva]
melodrama (het)	melodramat (m)	[mɛlɔd'ramat]
drama (het)	dramat (m)	['dramat]

speelfilm (de)	film (m) fabularny	[fiʎm fabu'ʎarnɨ]
documentaire (de)	film (m) dokumentalny	[fiʎm dɔkumɛn'taʎnɨ]
tekenfilm (de)	film (m) animowany	[fiʎm animɔ'vanɨ]
stomme film (de)	nieme kino (n)	['nemɛ 'kinɔ]

rol (de)	rola (ż)	['rɔʎa]
hoofdrol (de)	główna rola (ż)	['gwuvna 'rɔʎa]
spelen (ww)	grać	[gratʃ]

filmster (de)	gwiazda (ż) filmowa	['gviazda fiʎ'mɔva]
bekend (bn)	sławny	['swavnɨ]
beroemd (bn)	znany	['znanɨ]
populair (bn)	popularny	[pɔpu'ʎarnɨ]

scenario (het)	scenariusz (m)	[stsɛ'narʰjuʃ]
scenarioschrijver (de)	scenarzysta (m)	[stsɛna'ʒɨsta]
regisseur (de)	reżyser (m)	[rɛ'ʒisɛr]
filmproducent (de)	producent (m)	[prɔ'dutsɛnt]
assistent (de)	asystent (m)	[a'sistɛnt]
cameraman (de)	operator (m)	[ɔpɛ'ratɔr]
stuntman (de)	kaskader (m)	[kas'kadɛr]

een film maken	kręcić film	['krɛ̃tʃitʃ fiʎm]
auditie (de)	próby (l.mn.)	['prubɨ]
opnamen (mv.)	zdjęcia (l.mn.)	['zdʰɛ̃tʃa]
filmploeg (de)	ekipa (ż) filmowa	[ɛ'kipa fiʎ'mɔva]
filmset (de)	plan (m) filmowy	[pʎan fiʎ'mɔvɨ]
filmcamera (de)	kamera (ż) filmowa	[ka'mɛra fiʎ'mɔva]

bioscoop (de)	kino (n)	['kinɔ]
scherm (het)	ekran (m)	['ɛkran]
een film vertonen	wyświetlać film	[viɕ'fetʎatʃ fiʎm]

geluidsspoor (de)	ścieżka (ż) dźwiękowa	['ɕtʃeʃka dʑvɛ̃'kɔva]
speciale effecten (mv.)	efekty (l.mn.) specjalne	[ɛ'fɛktɨ spɛtsʰ'jaʎnɛ]
ondertiteling (de)	napisy (l.mn.)	[na'pisɨ]

| voortiteling, aftiteling (de) | czołówka (ż) | [tʃɔ'wufka] |
| vertaling (de) | tłumaczenie (n) | [twumat'ʃɛne] |

126. Schilderij

kunst (de)	sztuka (ż)	['ʃtuka]
schone kunsten (mv.)	sztuki (l.mn.) piękne	['ʃtuki 'peŋknɛ]
kunstgalerie (de)	galeria (ż)	[galerʰja]
kunsttentoonstelling (de)	wystawa (ż) sztuki	[vis'tava 'ʃtuki]

schilderkunst (de)	malarstwo (n)	[ma'ʎarstfɔ]
grafiek (de)	grafika (ż)	['grafika]
abstracte kunst (de)	abstrakcjonizm (m)	[abstrakʦʰɜnizm]
impressionisme (het)	impresjonizm (m)	[imprɛsʰɜnizm]

schilderij (het)	obraz (m)	['ɔbras]
tekening (de)	rysunek (m)	[ri'sunɛk]
poster (de)	plakat (m)	['pʎakat]

illustratie (de)	ilustracja (ż)	[ilyst'raʦʰja]
miniatuur (de)	miniatura (ż)	[miɲja'tura]
kopie (de)	kopia (ż)	['kɔpʰja]
reproductie (de)	reprodukcja (ż)	[rɛprɔ'dukʦʰja]

mozaïek (het)	mozaika (ż)	[mɔ'zaika]
gebrandschilderd glas (het)	witraż (m)	['vitraʃ]
fresco (het)	fresk (m)	[frɛsk]
gravure (de)	sztych (m)	[ʃtɨh]

buste (de)	popiersie (n)	[pɔ'perɕe]
beeldhouwwerk (het)	rzeźba (ż)	['ʒɛʑba]
beeld (bronzen ~)	posąg (m)	['pɔsɔ̃k]
gips (het)	gips (m)	[gips]
gipsen (bn)	gipsowy	[gip'sɔvɨ]

portret (het)	portret (m)	['pɔrtrɛt]
zelfportret (het)	autoportret (m)	[autɔ'portrɛt]
landschap (het)	pejzaż (m)	['pɛjzaʃ]
stilleven (het)	martwa natura (ż)	['martfa na'tura]
karikatuur (de)	karykatura (ż)	[karika'tura]

verf (de)	farba (ż)	['farba]
aquarel (de)	akwarela (ż)	[akfa'rɛʎa]
olieverf (de)	farba (ż) olejna	['farba ɔlejna]
potlood (het)	ołówek (m)	[ɔ'wuvɛk]
Oostindische inkt (de)	tusz (m)	[tuʃ]
houtskool (de)	węgiel (m)	['vɛŋeʎ]

| tekenen (met krijt) | rysować | [ri'sɔvaʧ] |
| schilderen (ww) | malować | [ma'lɔvaʧ] |

poseren (ww)	pozować	[pɔ'zɔvaʧ]
naaktmodel (man)	model (m)	['mɔdeʎ]
naaktmodel (vrouw)	modelka (ż)	[mɔ'dɛʎka]

kunstenaar (de)	malarz (m)	['maʎaʃ]
kunstwerk (het)	dzieło (n)	['dʒewɔ]
meesterwerk (het)	arcydzieło (n)	[artsi'dʒewɔ]
studio, werkruimte (de)	pracownia (ż)	[pra'tsɔvɲa]

schildersdoek (het)	płótno (n)	['pwutnɔ]
schildersezel (de)	sztalugi (l.mn.)	[ʃta'lygi]
palet (het)	paleta (ż)	[pa'leta]

lijst (een vergulde ~)	rama (ż)	['rama]
restauratie (de)	restauracja (ż)	[rɛstau'ratsʰja]
restaureren (ww)	restaurować	[rɛstau'rɔvatʃ]

127. Literatuur & Poëzie

literatuur (de)	literatura (ż)	[litɛra'tura]
auteur (de)	autor (m)	['autɔr]
pseudoniem (het)	pseudonim (m)	[psɛu'dɔnim]

boek (het)	książka (ż)	[kɕɔ̃ʃka]
boekdeel (het)	tom (m)	[tɔm]
inhoudsopgave (de)	spis (m) treści	[spis 'trɛɕtʃi]
pagina (de)	strona (ż)	['strɔna]
hoofdpersoon (de)	główny bohater (m)	['gwuvni bɔ'hatɛr]
handtekening (de)	autograf (m)	[au'tɔgraf]

verhaal (het)	opowiadanie (n)	[ɔpovʲa'dane]
novelle (de)	opowieść (ż)	[ɔ'povɛɕtʃ]
roman (de)	powieść (ż)	['povɛɕtʃ]
werk (literatuur)	wypracowanie (n)	[vipratsɔ'vane]
fabel (de)	baśń (ż)	[baɕɲ]
detectiveroman (de)	kryminał (m)	[kri'minaw]

gedicht (het)	wiersz (m)	[verʃ]
poëzie (de)	poezja (ż)	[pɔ'ɛzʰja]
epos (het)	poemat (m)	[pɔ'ɛmat]
dichter (de)	poeta (m)	[pɔ'ɛta]

fictie (de)	beletrystyka (ż)	[bɛlet'ristika]
sciencefiction (de)	fantastyka (ż) naukowa	[fan'tastika nau'kɔva]
avonturenroman (de)	przygody (l.mn.)	[pʃi'gɔdi]
opvoedkundige literatuur (de)	podręczniki (l.mn.)	[pɔdrɛ̃tʃ'niki]
kinderliteratuur (de)	literatura (ż) dla dzieci	[litɛra'tura dʎa 'dʑetʃi]

128. Circus

circus (de/het)	cyrk (m)	[tsirk]
chapiteau circus (de/het)	cyrk (m) wędrowny	[tsirk vɛ̃d'rɔvni]
programma (het)	program (m)	['prɔgram]
voorstelling (de)	przedstawienie (n)	[pʃɛtsta'vene]
nummer (circus ~)	numer (m)	['numɛr]
arena (de)	arena (ż)	[a'rɛna]

| pantomime (de) | pantomima (ż) | [pantɔ'mima] |
| clown (de) | klown (m) | ['kʎaun] |

acrobaat (de)	akrobata (m)	[akrɔ'bata]
acrobatiek (de)	akrobatyka (ż)	[akrɔ'batɨka]
gymnast (de)	gimnastyk (m)	[gim'nastɨk]
gymnastiek (de)	gimnastyka (ż)	[gim'nastɨka]
salto (de)	salto (n)	['saʎtɔ]

sterke man (de)	atleta (m)	[at'leta]
temmer (de)	poskramiacz (m)	[pɔsk'ramʲatʃ]
ruiter (de)	jeździec (m)	['eʑdʑeʦ]
assistent (de)	asystent (m)	[a'sɨstɛnt]

stunt (de)	trik (m)	[trik]
goocheltruc (de)	sztuczka (ż)	['ʃtutʃka]
goochelaar (de)	sztukmistrz (m)	['ʃtukmistʃ]

jongleur (de)	żongler (m)	['ʒɔŋler]
jongleren (ww)	żonglować	[ʒɔŋ'lɔvatʃ]
dierentrainer (de)	treser (m)	['trɛsɛr]
dressuur (de)	tresura (ż)	[trɛ'sura]
dresseren (ww)	tresować	[trɛ'sɔvatʃ]

129. Muziek. Popmuziek

muziek (de)	muzyka (ż)	['muzɨka]
muzikant (de)	muzyk (m)	['muzɨk]
muziekinstrument (het)	instrument (m) muzyczny	[inst'rumɛnt mu'zɨtʃnɨ]
spelen (bijv. gitaar ~)	grać na ...	[gratʃ na]

gitaar (de)	gitara (ż)	[gi'tara]
viool (de)	skrzypce (l.mn.)	['skʃiptsɛ]
cello (de)	wiolonczela (ż)	[vʲɔlɔnt'ʃɛʎa]
contrabas (de)	kontrabas (m)	[kɔnt'rabas]
harp (de)	harfa (ż)	['harfa]

piano (de)	pianino (n)	[pʰja'ninɔ]
vleugel (de)	fortepian (m)	[fɔr'tɛpʰjan]
orgel (het)	organy (l.mn.)	[ɔr'ganɨ]

blaasinstrumenten (mv.)	instrumenty (l.mn.) dęte	[instru'mɛntɨ 'dɛntɛ]
hobo (de)	obój (m)	['ɔbuj]
saxofoon (de)	saksofon (m)	[sak'sɔfɔn]
klarinet (de)	klarnet (m)	['kʎarnɛt]
fluit (de)	flet (m)	[flɛt]
trompet (de)	trąba (ż), trąbka (ż)	['trɔ̃ba], ['trɔ̃bka]

| accordeon (de/het) | akordeon (m) | [akɔr'dɛɔn] |
| trommel (de) | bęben (m) | ['bɛmbɛn] |

duet (het)	duet (m)	['duɛt]
trio (het)	trio (ż)	['triɔ]
kwartet (het)	kwartet (m)	['kfartɛt]

koor (het)	chór (m)	[hur]
orkest (het)	orkiestra (ż)	[ɔr'kestra]

popmuziek (de)	muzyka (ż) pop	['muzika pɔp]
rockmuziek (de)	muzyka (ż) rockowa	['muzika rɔ'kɔva]
rockgroep (de)	zespół (m) rockowy	['zɛspuw rɔ'kɔvi]
jazz (de)	jazz (m)	[dʒɛs]

idool (het)	idol (m)	['idɔʎ]
bewonderaar (de)	wielbiciel (m)	[veʎ'bitʃeʎ]

concert (het)	koncert (m)	['kɔntsɛrt]
symfonie (de)	symfonia (ż)	[sim'fɔɲja]
compositie (de)	utwór (m)	['utfur]
componeren (muziek ~)	skomponować	[skɔmpɔ'nɔvatʃ]

zang (de)	śpiew (m)	[ɕpev]
lied (het)	piosenka (ż)	[pɔ'sɛŋka]
melodie (de)	melodia (ż)	[mɛ'lɔdʰja]
ritme (het)	rytm (m)	[ritm]
blues (de)	blues (m)	[blys]

bladmuziek (de)	nuty (l.mn.)	['nuti]
dirigeerstok (baton)	batuta (ż)	[ba'tuta]
strijkstok (de)	smyczek (m)	['smitʃɛk]
snaar (de)	struna (ż)	['struna]
koffer (de)	futerał (m)	[fu'tɛraw]

Rusten. Entertainment. Reizen

130. Trip. Reizen

toerisme (het)	turystyka (ż)	[tu'ristika]
toerist (de)	turysta (m)	[tu'rista]
reis (de)	podróż (ż)	['pɔdruʃ]
avontuur (het)	przygoda (ż)	[pʃi'gɔda]
tocht (de)	podróż (ż)	['pɔdruʃ]
vakantie (de)	urlop (m)	['urlɔp]
met vakantie zijn	być na urlopie	[bitʃ na ur'lɔpe]
rust (de)	wypoczynek (m)	[vipɔt'ʃinɛk]
trein (de)	pociąg (m)	['pɔtʃɔk]
met de trein	pociągiem	[pɔtʃɔgem]
vliegtuig (het)	samolot (m)	[sa'mɔlɔt]
met het vliegtuig	samolotem	[samɔ'lɔtɛm]
met de auto	samochodem	[samɔ'hɔdɛm]
per schip (bw)	statkiem	['statkem]
bagage (de)	bagaż (m)	['bagaʃ]
valies (de)	walizka (ż)	[va'liska]
bagagekarretje (het)	wózek (m) bagażowy	['vuzɛk baga'ʒɔvi]
paspoort (het)	paszport (m)	['paʃpɔrt]
visum (het)	wiza (ż)	['viza]
kaartje (het)	bilet (m)	['bilet]
vliegticket (het)	bilet (m) lotniczy	['bilet lɔt'nitʃi]
reisgids (de)	przewodnik (m)	[pʃɛ'vɔdnik]
kaart (de)	mapa (ż)	['mapa]
gebied (landelijk ~)	miejscowość (ż)	[mejs'tsɔvɔɕtʃ]
plaats (de)	miejsce (n)	['mejstsɛ]
exotische bestemming (de)	egzotyka (ż)	[ɛg'zɔtika]
exotisch (bn)	egzotyczny	[ɛgzɔ'titʃni]
verwonderlijk (bn)	zadziwiający	[zadʒivjaɔtsi]
groep (de)	grupa (ż)	['grupa]
rondleiding (de)	wycieczka (ż)	[vi'tʃetʃka]
gids (de)	przewodnik (ż)	[pʃɛ'vɔdnik]

131. Hotel

hotel (het)	hotel (m)	['hɔtɛʎ]
motel (het)	motel (m)	['mɔtɛʎ]
3-sterren	trzy gwiazdki	[tʃi 'gvʲaztki]

| 5-sterren | pięć gwiazdek | [pɛ̃tʃ 'gviazdɛk] |
| overnachten (ww) | zatrzymać się | [zat'ʃimatʃ ɕɛ̃] |

kamer (de)	pokój (m)	['pɔkuj]
eenpersoonskamer (de)	pokój (m) jednoosobowy	['pɔkuj ɛdnɔːsɔ'bovi]
tweepersoonskamer (de)	pokój (m) dwuosobowy	['pɔkuj dvuɔsɔ'bovi]
een kamer reserveren	rezerwować pokój	[rɛzɛr'vɔvatʃ 'pɔkuj]

| halfpension (het) | wyżywienie (n) Half Board | [viʒi'vene haf bɔrd] |
| volpension (het) | pełne (n) wyżywienie | ['pɛwnɛ viʒivi'ene] |

met badkamer	z łazienką	[z wa'ʒenkɔ̃]
met douche	z prysznicem	[z priʃ'nitsɛm]
satelliet-tv (de)	telewizja (z) satelitarna	[tɛle'vizʰja satɛli'tarna]
airconditioner (de)	klimatyzator (m)	[klimati'zatɔr]
handdoek (de)	ręcznik (m)	['rɛntʃnik]
sleutel (de)	klucz (m)	[klytʃ]

administrateur (de)	administrator (m)	[administ'ratɔr]
kamermeisje (het)	pokojówka (z)	[pɔkɔ'jufka]
piccolo (de)	tragarz (m)	['tragaʃ]
portier (de)	odźwierny (m)	[ɔd'vjerni]

restaurant (het)	restauracja (z)	[rɛstau'ratsʰja]
bar (de)	bar (m)	[bar]
ontbijt (het)	śniadanie (n)	[ɕɲa'dane]
avondeten (het)	kolacja (z)	[kɔ'ʎatsʰja]
buffet (het)	szwedzki stół (m)	['ʃfɛtski stuw]

lift (de)	winda (z)	['vinda]
NIET STOREN	NIE PRZESZKADZAĆ	[ne pʃɛʃ'kadzatʃ]
VERBODEN TE ROKEN!	ZAKAZ PALENIA!	['zakas pa'leɲa]

132. Boeken. Lezen

boek (het)	książka (z)	[kɕɔ̃ʃka]
auteur (de)	autor (m)	['autɔr]
schrijver (de)	pisarz (m)	['pisaʃ]
schrijven (een boek)	napisać	[na'pisatʃ]

lezer (de)	czytelnik (m)	[tʃɨ'tɛʎnik]
lezen (ww)	czytać	['tʃɨtatʃ]
lezen (het)	lektura (z)	[lek'tura]

| stil (~ lezen) | po cichu | [pɔ 'tʃihu] |
| hardop (~ lezen) | na głos | ['na gwɔs] |

uitgeven (boek ~)	wydawać	[vɨ'davatʃ]
uitgeven (het)	wydanie (n)	[vɨ'dane]
uitgever (de)	wydawca (m)	[vɨ'daftsa]
uitgeverij (de)	wydawnictwo (n)	[vɨdav'nitstfɔ]

| verschijnen (bijv. boek) | ukazać się | [u'kazatʃ ɕɛ̃] |
| verschijnen (het) | publikacja (z) | [publi'katsija] |

oplage (de)	nakład (m)	['nakwat]
boekhandel (de)	księgarnia (ż)	[kɕɛ̃'garɲa]
bibliotheek (de)	biblioteka (ż)	[bibljɔ'tɛka]
novelle (de)	opowieść (ż)	[ɔ'pɔveɕʨ]
verhaal (het)	opowiadanie (n)	[ɔpɔvʲa'dane]
roman (de)	powieść (ż)	['pɔveɕʨ]
detectiveroman (de)	kryminał (m)	[krɨ'minaw]
memoires (mv.)	wspomnienia (l.mn.)	[fspɔm'neɲa]
legende (de)	legenda (ż)	[le'gɛnda]
mythe (de)	mit (m)	[mit]
gedichten (mv.)	wiersze (l.mn.)	['verʃɛ]
autobiografie (de)	autobiografia (ż)	[autɔbʰɔg'rafʲja]
bloemlezing (de)	wybrane prace (l.mn.)	[vɨb'ranɛ 'pratsɛ]
sciencefiction (de)	fantastyka (ż)	[fan'tastɨka]
naam (de)	tytuł (m)	['tɨtuw]
inleiding (de)	wstęp (m)	[fstɛ̃p]
voorblad (het)	strona (ż) tytułowa	['strɔna titu'wɔva]
hoofdstuk (het)	rozdział (m)	['rɔzʥaw]
fragment (het)	fragment (m)	['fragmɛnt]
episode (de)	epizod (m)	[ɛ'pizɔt]
intrige (de)	wątek (m)	['võtɛk]
inhoud (de)	spis (m) treści	[spis 'trɛɕʨi]
inhoudsopgave (de)	spis (m) treści	[spis 'trɛɕʨi]
hoofdpersonage (het)	główny bohater (m)	['gwuvnɨ bɔ'hatɛr]
boekdeel (het)	tom (m)	[tɔm]
omslag (de/het)	okładka (ż)	[ɔk'watka]
boekband (de)	oprawa (ż)	[ɔp'rava]
bladwijzer (de)	zakładka (ż)	[zak'watka]
pagina (de)	strona (ż)	['strɔna]
bladeren (ww)	kartkować	[kart'kɔvaʨ]
marges (mv.)	margines (m)	[mar'ginɛs]
annotatie (de)	notatki (l.mn.)	[nɔ'tatki]
opmerking (de)	przypis (m)	['pʃɨpis]
tekst (de)	tekst (m)	[tɛkst]
lettertype (het)	czcionka (ż)	['ʧʧɔŋka]
drukfout (de)	literówka (ż)	[litɛ'rufka]
vertaling (de)	przekład (m)	['pʃɛkwat]
vertalen (ww)	tłumaczyć	[twu'maʧɨʧ]
origineel (het)	oryginał (m)	[ɔrɨ'ginaw]
beroemd (bn)	znany	['znanɨ]
onbekend (bn)	nieznany	[nez'nanɨ]
interessant (bn)	ciekawy	[ʨe'kavɨ]
bestseller (de)	bestseller (m)	[bɛs'tsɛler]
woordenboek (het)	słownik (m)	['swɔvnik]
leerboek (het)	podręcznik (m)	[pɔd'rɛnʧnik]
encyclopedie (de)	encyklopedia (ż)	[ɛntsɨklɔ'pɛdʰja]

133. Jacht. Vissen.

jacht (de)	polowanie (n)	[pɔlɜ'vane]
jagen (ww)	polować	[pɔ'lɜvatʃ]
jager (de)	myśliwy (m)	[miɕ'livi]
schieten (ww)	strzelać	['stʃɛʎatʃ]
geweer (het)	strzelba (ż)	['stʃɛʎba]
patroon (de)	nabój (m)	['nabuj]
hagel (de)	śrut (m)	[ɕryt]

val (de)	potrzask (m)	['pɔtʃask]
valstrik (de)	sidła (l.mn.)	['ɕidwa]
een val zetten	zastawiać sidła	[zas'tavjatʃ 'ɕidwa]

stroper (de)	kłusownik (m)	[kwu'sɔvnik]
wild (het)	zwierzyna łowna (ż)	[zve'ʒina 'wɔvna]
jachthond (de)	pies (m) myśliwski	[pes miɕ'lifski]
safari (de)	safari (n)	[sa'fari]
opgezet dier (het)	wypchane zwierzę (n)	[vip'hanɛ 'zveʒɛ̃]

visser (de)	rybak (m)	['ribak]
visvangst (de)	wędkowanie (n)	[vɛ̃tkɔ'vane]
vissen (ww)	wędkować	[vɛ̃t'kɔvatʃ]

hengel (de)	wędka (ż)	['vɛntka]
vislijn (de)	żyłka (ż)	['ʒiwka]
haak (de)	haczyk (m)	['hatʃik]
dobber (de)	spławik (m)	['spwavik]
aas (het)	przynęta (ż)	[pʃi'nɛnta]

de hengel uitwerpen	zarzucić wędkę	[za'ʒutʃitʃ 'vɛtkɛ̃]
bijten (ov. de vissen)	brać	[bratʃ]
vangst (de)	połów (m)	['pɔwuf]
wak (het)	przerębel (m)	[pʃɛ'rɛ̃bɛʎ]

net (het)	sieć (ż)	[ɕetʃ]
boot (de)	łódź (ż)	[wutʃ]
vissen met netten	łowić siecią	['wɔvitʃ 'ɕetʃɔ̃]
het net uitwerpen	zarzucać sieć	[za'ʒuɬsatʃ ɕetʃ]
het net binnenhalen	wyciągać sieć	[vitʃɔ̃gatʃ ɕetʃ]

walvisvangst (de)	wielorybnik (m)	[velɜ'ribnik]
walvisvaarder (de)	statek (m) wielorybniczy	['statɛk velɜrib'nitʃi]
harpoen (de)	harpun (m)	['harpun]

134. Spellen. Biljart

biljart (het)	bilard (m)	['biʎart]
biljartzaal (de)	sala (ż) bilardowa	['saʎa biʎar'dɔva]
biljartbal (de)	bila (ż)	['biʎa]
een bal in het gat jagen	wbić bilę	[vbitʃ 'bilɛ̃]
keu (de)	kij (m)	[kij]
gat (het)	łuza (ż)	['wuza]

135. Spellen. Speelkaarten

ruiten (mv.)	karo (n)	['karɔ]
schoppen (mv.)	pik (m)	[pik]
klaveren (mv.)	kier (m)	[ker]
harten (mv.)	trefl (m)	['trɛfʎ]
aas (de)	as (m)	[as]
koning (de)	król (m)	[kruʎ]
dame (de)	dama (ż)	['dama]
boer (de)	walet (m)	['valɛt]
speelkaart (de)	karta (ż)	['karta]
kaarten (mv.)	karty (l.mn.)	['kartɨ]
troef (de)	atut (m)	['atut]
pak (het) kaarten	talia (ż)	['taʎja]
uitdelen (kaarten ~)	rozdawać karty	[rɔz'davatʃ 'kartɨ]
schudden (de kaarten ~)	tasować	[ta'sɔvatʃ]
beurt (de)	ruch (m)	[ruh]
valsspeler (de)	szuler (m)	['ʃuler]

136. Rusten. Spellen. Diversen

wandelen (on.ww.)	spacerować	[spatsɛ'rɔvatʃ]
wandeling (de)	spacer (m)	['spatsɛr]
trip (per auto)	przejażdżka (ż)	[pʃɛ'jaʃtʃka]
avontuur (het)	przygoda (ż)	[pʃɨ'gɔda]
picknick (de)	piknik (m)	['piknik]
spel (het)	gra (ż)	[gra]
speler (de)	gracz (m)	[gratʃ]
partij (de)	partia (ż)	['partʰja]
collectioneur (de)	kolekcjoner (m)	[kɔlektsʰ'ɜnɛr]
collectioneren (ww)	kolekcjonować	[kɔlektsʰɜ'nɔvatʃ]
collectie (de)	kolekcja (ż)	[kɔ'lektsʰja]
kruiswoordraadsel (het)	krzyżówka (ż)	[kʃɨ'ʒufka]
hippodroom (de)	hipodrom (m)	[hi'pɔdrɔm]
discotheek (de)	dyskoteka (ż)	[dɨskɔ'tɛka]
sauna (de)	sauna (ż)	['sauna]
loterij (de)	loteria (ż)	[lɔ'tɛrʰja]
trektocht (kampeertocht)	wyprawa (ż)	[vɨp'rava]
kamp (het)	obóz (m)	['ɔbus]
tent (het)	namiot (m)	['namɜt]
kompas (het)	kompas (m)	['kɔmpas]
rugzaktoerist (de)	turysta (m)	[tu'rista]
bekijken (een film ~)	oglądać	[ɔglõdatʃ]
kijker (televisie~)	telewidz (m)	[tɛ'levitts]
televisie-uitzending (de)	program (m) telewyzyjny	['prɔgram tɛlevi'zijnɨ]

137. Fotografie

fotocamera (de)	aparat (m) fotograficzny	[a'parat fɔtɔgra'fitʃni]
foto (de)	fotografia (ż)	[fɔtɔg'rafʲja]

fotograaf (de)	fotograf (m)	[fɔ'tɔgraf]
fotostudio (de)	studio (n) fotograficzne	['studʰɔ fɔtɔgra'fitʃnɛ]
fotoalbum (het)	album (m) fotograficzny	['aʎbum fɔtɔgra'fitʃni]

lens (de), objectief (het)	obiektyw (m)	[ɔbʰ'ektif]
telelens (de)	teleobiektyw (m)	[tɛleɔbʰ'ektif]
filter (de/het)	filtr (m)	[fiʎtr]
lens (de)	soczewka (ż)	[sɔt'ʃɛfka]

optiek (de)	optyka (ż)	['ɔptika]
diafragma (het)	przysłona (ż)	[pʃis'wɔna]
belichtingstijd (de)	czas (m) naświetlania	[tʃas naɕfet'ʎaɲa]
zoeker (de)	celownik (m)	[tsɛ'lɔvnik]

digitale camera (de)	aparat (m) cyfrowy	[a'parat tsif'rɔvi]
statief (het)	statyw (m)	['statif]
flits (de)	flesz (m)	[fleʃ]

fotograferen (ww)	fotografować	[fɔtɔgra'fɔvatʃ]
kieken (foto's maken)	robić zdjęcia	['rɔbitʃ 'zdʰɛtʃa]
zich laten fotograferen	fotografować się	[fɔtɔgra'fɔvatʃ ɕɛ̃]

focus (de)	ostrość (ż)	['ɔstrɔɕtʃ]
scherpstellen (ww)	ustawiać ostrość	[us'tavʲatʃ 'ɔstrɔɕtʃ]
scherp (bn)	wyraźny	[vi'razʲni]
scherpte (de)	ostrość (ż)	['ɔstrɔɕtʃ]

contrast (het)	kontrast (m)	['kɔntrast]
contrastrijk (bn)	kontrastowy	[kɔntras'tɔvi]

kiekje (het)	zdjęcie (n)	['zdʰɛ̃tʃe]
negatief (het)	negatyw (m)	[nɛ'gatif]
filmpje (het)	film (m)	[fiʎm]
beeld (frame)	kadr (m)	[kadr]
afdrukken (foto's ~)	robić odbitki	['rɔbitʃ ɔd'bitki]

138. Strand. Zwemmen

strand (het)	plaża (ż)	['pʎaʒa]
zand (het)	piasek (m)	['pʲasɛk]
leeg (~ strand)	pustynny	[pus'tiɲi]

bruine kleur (de)	opalenizna (ż)	[ɔpale'nizna]
zonnebaden (ww)	opalać się	[ɔ'paʎatʃ ɕɛ̃]
gebruind (bn)	opalony	[ɔpa'lɔni]
zonnecrème (de)	krem (m) do opalania	[krɛm dɔ ɔpa'ʎaɲa]
bikini (de)	bikini (n)	[bi'kini]
badpak (het)	kostium (m) kąpielowy	['kɔstʰjum kɔ̃pelɔvi]

zwembroek (de)	kąpielówki (l.mn.)	[kɔ̃pe'lyfki]
zwembad (het)	basen (m)	['basɛn]
zwemmen (ww)	pływać	['pwivatʃ]
douche (de)	prysznic (m)	['priʃnits]
zich omkleden (ww)	przebierać się	[pʃɛ'beratʃ ɕɛ̃]
handdoek (de)	ręcznik (m)	['rɛntʃnik]
boot (de)	łódź (ż)	[wutʃ]
motorboot (de)	motorówka (ż)	[mɔtɔ'rufka]
waterski's (mv.)	narty (l.mn.) wodne	['narti 'vɔdnɛ]
waterfiets (de)	rower (m) wodny	['rɔvɛr 'vɔdni]
surfen (het)	surfing (m)	['sɛrfiŋk]
surfer (de)	surfer (m)	['surfɛr]
scuba, aqualong (de)	akwalung (m)	[ak'faʎaŋk]
zwemvliezen (mv.)	płetwy (l.mn.)	['pwɛtfi]
duikmasker (het)	maska (ż)	['maska]
duiker (de)	nurek (m)	['nurɛk]
duiken (ww)	nurkować	[nur'kɔvatʃ]
onder water (bw)	pod wodą	[pɔd 'vɔdɔ̃]
parasol (de)	parasol (m)	[pa'rasɔʎ]
ligstoel (de)	leżak (m)	['leʒak]
zonnebril (de)	okulary (l.mn.)	[ɔku'ʎari]
luchtmatras (de/het)	materac (m) dmuchany	[ma'tɛrats dmu'hani]
spelen (ww)	grać	[gratʃ]
gaan zwemmen (ww)	kąpać się	['kɔ̃patʃ ɕɛ̃]
bal (de)	piłka (ż) plażowa	['piwka pʎa'ʒɔva]
opblazen (oppompen)	nadmuchiwać	[nadmu'hivatʃ]
lucht-, opblaasbare (bn)	nadmuchiwany	[nadmuhi'vani]
golf (hoge ~)	fala (ż)	['faʎa]
boei (de)	boja (ż)	['bɔja]
verdrinken (ww)	tonąć	['tɔ̃ɔntʃ]
redden (ww)	ratować	[ra'tɔvatʃ]
reddingsvest (de)	kamizelka (ż) ratunkowa	[kami'zɛʎka ratu'ŋkɔva]
waarnemen (ww)	obserwować	[ɔbsɛr'vɔvatʃ]
redder (de)	ratownik (m)	[ra'tɔvnik]

TECHNISCHE APPARATUUR. VERVOER

Technische apparatuur

139. Computer

computer (de)	komputer (m)	[kɔm'putɛr]
laptop (de)	laptop (m)	['ʎaptɔp]
aanzetten (ww)	włączyć	['vwɔ̃tʃitʃ]
uitzetten (ww)	wyłączyć	[vɨ'wɔ̃tʃitʃ]
toetsenbord (het)	klawiatura (ż)	[kʎav^ja'tura]
toets (enter~)	klawisz (m)	['kʎaviʃ]
muis (de)	myszka (ż)	['miʃka]
muismat (de)	podkładka (ż) pod myszkę	[pɔtk'watka pɔd 'miʃkɛ]
knopje (het)	przycisk (m)	['pʃitʃisk]
cursor (de)	kursor (m)	['kursɔr]
monitor (de)	monitor (m)	[mɔ'nitɔr]
scherm (het)	ekran (m)	['ɛkran]
harde schijf (de)	dysk (m) twardy	[dɨsk 'tfardɨ]
volume (het)	pojemność (ż)	[pɔ'emnɔɕtʃ
van de harde schijf	dysku twardego	'dɨsku tfar'dɛgɔ]
geheugen (het)	pamięć (ż)	['pamɛ̃tʃ]
RAM-geheugen (het)	pamięć (ż) operacyjna	['pamɛ̃tʃ ɔpɛra'tsɨjna]
bestand (het)	plik (m)	[plik]
folder (de)	folder (m)	['fɔʎdɛr]
openen (ww)	otworzyć	[ɔt'fɔʑitʃ]
sluiten (ww)	zamknąć	['zamknɔ̃tʃ]
opslaan (ww)	zapisać	[za'pisatʃ]
verwijderen (wissen)	usunąć	[u'sunɔ̃tʃ]
kopiëren (ww)	skopiować	[skɔ'pʲɔvatʃ]
sorteren (ww)	segregować	[sɛgrɛ'gɔvatʃ]
overplaatsen (ww)	przepisać	[pʃɛ'pisatʃ]
programma (het)	program (m)	['prɔgram]
software (de)	oprogramowanie (n)	[ɔprɔgramɔ'vane]
programmeur (de)	programista (m)	[prɔgra'mista]
programmeren (ww)	zaprogramować	[zaprɔgra'mɔvatʃ]
hacker (computerkraker)	haker (m)	['hakɛr]
wachtwoord (het)	hasło (n)	['haswɔ]
virus (het)	wirus (m)	['virus]
ontdekken (virus ~)	wykryć	['vɨkritʃ]

| byte (de) | bajt (m) | [bajt] |
| megabyte (de) | megabajt (m) | [mɛga'bajt] |

| data (de) | dane (l.mn.) | ['danɛ] |
| databank (de) | baza (z) danych | ['baza 'danɨh] |

kabel (USB-~, enz.)	kabel (m)	['kabɛʎ]
afsluiten (ww)	odłączyć	[ɔd'wɔ̃tʃitʃ]
aansluiten op (ww)	podłączyć	[pɔd'wɔ̃tʃitʃ]

140. Internet. E-mail

internet (het)	Internet (m)	[in'tɛrnɛt]
browser (de)	przeglądarka (z)	[pʃɛglɔ̃'darka]
zoekmachine (de)	wyszukiwarka (z)	[vɨʃuki'varka]
internetprovider (de)	dostawca (m) internetu	[dɔs'taftsa intɛr'nɛtu]

webmaster (de)	webmaster (m)	[vɛb'mastɛr]
website (de)	witryna (z) internetowa	[vit'rɨna intɛrnɛ'tɔva]
webpagina (de)	strona (z) internetowa	['strɔna intɛrnɛ'tɔva]

| adres (het) | adres (m) | ['adrɛs] |
| adresboek (het) | książka (z) adresowa | [kɕɔ̃ʃka adrɛ'sɔva] |

| postvak (het) | skrzynka (z) pocztowa | ['skʃiŋka pɔtʃ'tɔva] |
| post (de) | poczta (z) | ['pɔtʃta] |

bericht (het)	wiadomość (z)	[vʲa'dɔmɔɕtʃ]
verzender (de)	nadawca (m)	[na'daftsa]
verzenden (ww)	wysłać	['vɨswatʃ]
verzending (de)	wysłanie (n)	[vɨs'wane]

| ontvanger (de) | odbiorca (m) | [ɔd'bɔrtsa] |
| ontvangen (ww) | dostać | ['dɔstatʃ] |

| correspondentie (de) | korespondencja (z) | [kɔrɛspɔn'dɛntsʰja] |
| corresponderen (met ...) | korespondować | [kɔrɛspɔn'dɔvatʃ] |

bestand (het)	plik (m)	[plik]
downloaden (ww)	ściągnąć	[ɕtʃɔ̃gnɔ̃tʃ]
creëren (ww)	utworzyć	[ut'fɔʒitʃ]
verwijderen (een bestand ~)	usunąć	[u'sunɔ̃tʃ]
verwijderd (bn)	usunięty	[usu'nentɨ]

verbinding (de)	połączenie (n)	[pɔwɔ̃t'ʃɛne]
snelheid (de)	szybkość (z)	['ʃipkɔɕtʃ]
modem (de)	modem (m)	['mɔdɛm]
toegang (de)	dostęp (m)	['dɔstɛ̃p]
poort (de)	port (m)	[pɔrt]

aansluiting (de)	połączenie (n)	[pɔwɔ̃t'ʃɛne]
zich aansluiten (ww)	podłączyć się	[pɔd'wɔ̃tʃitʃ ɕɛ̃]
selecteren (ww)	wybrać	['vɨbratʃ]
zoeken (ww)	szukać	['ʃukatʃ]

129

Vervoer

141. Vliegtuig

vliegtuig (het)	samolot (m)	[sa'mɔlɜt]
vliegticket (het)	bilet (m) lotniczy	['bilet lɜt'nitʃi]
luchtvaartmaatschappij (de)	linie (l.mn.) lotnicze	['liɲje lɜt'nitʃɛ]
luchthaven (de)	port (m) lotniczy	[pɔrt lɜt'nitʃi]
supersonisch (bn)	ponaddźwiękowy	[pɔnaddʒi'vɛ̃'kɔvi]
gezagvoerder (de)	kapitan (m) statku	[ka'pitan 'statku]
bemanning (de)	załoga (ż)	[za'wɔga]
piloot (de)	pilot (m)	['pilɜt]
stewardess (de)	stewardessa (ż)	[stɛva'rdɛssa]
stuurman (de)	nawigator (m)	[navi'gatɔr]
vleugels (mv.)	skrzydła (l.mn.)	['skʃidwa]
staart (de)	ogon (m)	['ɔgɔn]
cabine (de)	kabina (ż)	[ka'bina]
motor (de)	silnik (m)	['ɕiʎnik]
landingsgestel (het)	podwozie (n)	[pɔd'vɔʒe]
turbine (de)	turbina (ż)	[tur'bina]
propeller (de)	śmigło (n)	['ɕmigwɔ]
zwarte doos (de)	czarna skrzynka (ż)	['tʃarna 'skʃiŋka]
stuur (het)	wolant (m)	['vɔʎant]
brandstof (de)	paliwo (n)	[pa'livɔ]
veiligheidskaart (de)	instrukcja (ż)	[inst'rukts'ja]
zuurstofmasker (het)	maska (ż) tlenowa	['maska tle'nɔva]
uniform (het)	uniform (m)	[u'nifɔrm]
reddingsvest (de)	kamizelka (ż) ratunkowa	[kami'zɛʎka ratu'ŋkɔva]
parachute (de)	spadochron (m)	[spa'dɔhrɔn]
opstijgen (het)	start (m)	[start]
opstijgen (ww)	startować	[star'tɔvatʃ]
startbaan (de)	pas (m) startowy	[pas star'tɔvi]
zicht (het)	widoczność (ż)	[vi'dɔtʃnɔctʃ]
vlucht (de)	lot (m)	['lɜt]
hoogte (de)	wysokość (ż)	[vi'sɔkɔctʃ]
luchtzak (de)	dziura (ż) powietrzna	['dʒyra pɔ'vetʃna]
plaats (de)	miejsce (n)	['mejstsɛ]
koptelefoon (de)	słuchawki (l.mn.)	[swu'hafki]
tafeltje (het)	stolik (m) rozkładany	['stɔlik rɔskwa'dani]
venster (het)	iluminator (m)	[ilymi'natɔr]
gangpad (het)	przejście (n)	['pʃɛjctʃe]

142. Trein

trein (de)	pociąg (m)	['pɔtʃɔ̃k]
elektrische trein (de)	pociąg (m) podmiejski	['pɔtʃɔ̃k pɔd'mejski]
sneltrein (de)	pociąg (m) pośpieszny	['pɔtʃɔ̃k pɔɕ'pɛʃnɨ]
diesellocomotief (de)	lokomotywa (ż)	[lɔkɔmɔ'tɨva]
locomotief (de)	parowóz (m)	[pa'rɔvus]

rijtuig (het)	wagon (m)	['vagɔn]
restauratierijtuig (het)	wagon (m) restauracyjny	['vagɔn rɛstaura'tsɨjnɨ]

rails (mv.)	szyny (l.mn.)	['ʃɨnɨ]
spoorweg (de)	kolej (ż)	['kɔlej]
dwarsligger (de)	podkład (m)	['pɔtkwat]

perron (het)	peron (m)	['pɛrɔn]
spoor (het)	tor (m)	[tɔr]
semafoor (de)	semafor (m)	[sɛ'mafɔr]
halte (bijv. kleine treinhalte)	stacja (ż)	['statsʰja]

machinist (de)	maszynista (m)	[maʃɨ'nista]
kruier (de)	tragarz (m)	['tragaʃ]
conducteur (de)	konduktor (m)	[kɔn'duktɔr]
passagier (de)	pasażer (m)	[pa'saʒɛr]
controleur (de)	kontroler (m)	[kɔnt'rɔler]

gang (in een trein)	korytarz (m)	[kɔ'ritaʃ]
noodrem (de)	hamulec (m) bezpieczeństwa	[ha'mulɛts bɛzpet'ʃɛɲstfa]

coupé (de)	przedział (m)	['pʃɛdʑ'aw]
bed (slaapplaats)	łóżko (n)	['wuʃkɔ]
bovenste bed (het)	łóżko (n) górne	['wuʃkɔ 'gurnɛ]
onderste bed (het)	łóżko (n) dolne	['wuʃkɔ 'dɔʌnɛ]
beddengoed (het)	pościel (ż)	['pɔɕtʃeʌ]

kaartje (het)	bilet (m)	['bilet]
dienstregeling (de)	rozkład (m) jazdy	['rɔskwad 'jazdɨ]
informatiebord (het)	tablica (ż) informacyjna	[tab'litsa infɔrma'tsɨjna]

vertrekken (De trein vertrekt ...)	odjeżdżać	[ɔdʰ'eʒdʑatʃ]
vertrek (ov. een trein)	odjazd (m)	['ɔdʰjast]
aankomen (ov. de treinen)	wjeżdżać	['vʰeʒdʑatʃ]
aankomst (de)	przybycie (n)	[pʃɨ'bɨtʃe]

aankomen per trein	przyjechać pociągiem	[pʃɨ'ehatʃ pɔtʃɔ̃gem]
in de trein stappen	wsiąść do pociągu	[fɕɔ̃ɕtʃ dɔ pɔtʃɔ̃gu]
uit de trein stappen	wysiąść z pociągu	['vɨɕɔ̃ɕtʃ s pɔtʃɔ̃gu]

treinwrak (het)	katastrofa (ż)	[katast'rɔfa]
locomotief (de)	parowóz (m)	[pa'rɔvus]
stoker (de)	palacz (m)	['paʌatʃ]
stookplaats (de)	palenisko (n)	[pale'niskɔ]
steenkool (de)	węgiel (m)	['vɛŋeʌ]

143. Schip

schip (het)	statek (m)	['statɛk]
vaartuig (het)	okręt (m)	['ɔkrɛ̃t]
stoomboot (de)	parowiec (m)	[pa'rɔvɛts]
motorschip (het)	motorowiec (m)	[mɔtɔ'rɔvɛts]
lijnschip (het)	liniowiec (m)	[li'ɲjɔvɛts]
kruiser (de)	krążownik (m)	[krɔ̃'ʒɔvnik]
jacht (het)	jacht (m)	[jaht]
sleepboot (de)	holownik (m)	[hɔ'lɔvnik]
duwbak (de)	barka (ż)	['barka]
ferryboot (de)	prom (m)	[prɔm]
zeilboot (de)	żaglowiec (m)	[ʒag'lɔvɛts]
brigantijn (de)	brygantyna (ż)	[brigan'tina]
IJsbreker (de)	lodołamacz (m)	[lɔdɔ'wamatʃ]
duikboot (de)	łódź (ż) podwodna	[wutʃ pɔd'vɔdna]
boot (de)	łódź (ż)	[wutʃ]
sloep (de)	szalupa (ż)	[ʃa'lypa]
reddingssloep (de)	szalupa (ż)	[ʃa'lypa]
motorboot (de)	motorówka (ż)	[mɔtɔ'rufka]
kapitein (de)	kapitan (m)	[ka'pitan]
zeeman (de)	marynarz (m)	[ma'rinaʃ]
matroos (de)	marynarz (m)	[ma'rinaʃ]
bemanning (de)	załoga (ż)	[za'wɔga]
bootsman (de)	bosman (m)	['bɔsman]
scheepsjongen (de)	chłopiec (m) okrętowy	['hwɔpɛts ɔkrɛ̃'tɔvi]
kok (de)	kucharz (m) okrętowy	['kuhaʃ ɔkrɛ̃'tɔvi]
scheepsarts (de)	lekarz (m) okrętowy	['lekaʃ ɔkrɛ̃'tɔvi]
dek (het)	pokład (m)	['pɔkwat]
mast (de)	maszt (m)	[maʃt]
zeil (het)	żagiel (m)	['ʒageʎ]
ruim (het)	ładownia (ż)	[wa'dɔvɲa]
voorsteven (de)	dziób (m)	[dʒyp]
achtersteven (de)	rufa (ż)	['rufa]
roeispaan (de)	wiosło (n)	['vɔswɔ]
schroef (de)	śruba (ż) napędowa	['ɕruba napɛ̃'dɔva]
kajuit (de)	kajuta (ż)	[ka'juta]
officierskamer (de)	mesa (ż)	['mɛsa]
machinekamer (de)	maszynownia (ż)	[maʃi'nɔvɲa]
brug (de)	mostek (m) kapitański	['mɔstɛk kapi'taɲski]
radiokamer (de)	radiokabina (ż)	[radʰɔka'bina]
radiogolf (de)	fala (ż)	['faʎa]
logboek (het)	dziennik (m) pokładowy	['dʒeɲik pɔkwa'dɔvi]
verrekijker (de)	luneta (ż)	[ly'nɛta]
klok (de)	dzwon (m)	[dzvɔn]

vlag (de)	bandera (z)	[ban'dɛra]
kabel (de)	lina (z)	['lina]
knoop (de)	węzeł (m)	['vɛnzɛw]

| trapleuning (de) | poręcz (z) | ['porɛ̃tʃ] |
| trap (de) | trap (m) | [trap] |

anker (het)	kotwica (z)	[kɔt'fitsa]
het anker lichten	podnieść kotwicę	['pɔdnɛɕtʃ kɔt'fitsɛ̃]
het anker neerlaten	zarzucić kotwicę	[za'ʒutʃitʃ kɔt'fitsɛ̃]
ankerketting (de)	łańcuch (m) kotwicy	['waɲtsuh kɔt'fitsi]

haven (bijv. containerhaven)	port (m)	[pɔrt]
kaai (de)	nabrzeże (n)	[nab'ʒɛʒɛ]
aanleggen (ww)	cumować	[tsu'mɔvatʃ]
wegvaren (ww)	odbijać	[ɔd'bijatʃ]

reis (de)	podróż (z)	['pɔdruʃ]
cruise (de)	podróż (z) morska	['pɔdruʃ 'mɔrska]
koers (de)	kurs (m)	[kurs]
route (de)	trasa (z)	['trasa]

vaarwater (het)	tor (m) wodny	[tɔr 'vɔdni]
zandbank (de)	mielizna (z)	[me'lizna]
stranden (ww)	osiąść na mieliźnie	['ɔɕɔ̃ɕtʃ na me'liziɲe]

storm (de)	sztorm (m)	[ʃtɔrm]
signaal (het)	sygnał (m)	['signaw]
zinken (ov. een boot)	tonąć	['tɔɔɲtʃ]
SOS (noodsignaal)	SOS	[ɛs ɔ ɛs]
reddingsboei (de)	koło (n) ratunkowe	['kɔwɔ ratu'ŋkɔvɛ]

144. Vliegveld

luchthaven (de)	port (m) lotniczy	[pɔrt lɔt'nitʃi]
vliegtuig (het)	samolot (m)	[sa'mɔlɔt]
luchtvaartmaatschappij (de)	linie (l.mn.) lotnicze	['liɲje lɔt'nitʃɛ]
luchtverkeersleider (de)	kontroler (m) lotów	[kɔnt'rɔler 'lɔtuf]

vertrek (het)	odlot (m)	['ɔdlɔt]
aankomst (de)	przylot (m)	['pʃilɔt]
aankomen (per vliegtuig)	przylecieć	[pʃi'letʃetʃ]

| vertrektijd (de) | godzina (z) odlotu | [gɔ'dʒina ɔd'lɔtu] |
| aankomstuur (het) | godzina (z) przylotu | [gɔ'dʒina pʃi'lɔtu] |

| vertraagd zijn (ww) | opóźniać się | [ɔ'puʑɲatʃ ɕɛ̃] |
| vluchtvertraging (de) | opóźnienie (n) odlotu | [ɔpuʑ'ɲene ɔd'lɔtu] |

informatiebord (het)	tablica (z) informacyjna	[tab'litsa infɔrma'tsijna]
informatie (de)	informacja (z)	[infɔr'matshja]
aankondigen (ww)	ogłaszać	[ɔg'waʃatʃ]
vlucht (bijv. KLM ~)	lot (m)	['lɔt]
douane (de)	urząd (m) celny	['uʒɔt 'tsɛlɲi]

douanier (de)	celnik (m)	['tsɛʎnik]
douaneaangifte (de)	deklaracja (ż)	[dɛkʎa'ratsʰja]
een douaneaangifte invullen	wypełnić deklarację	[vɨ'pɛwniʧ dɛkʎa'ratsʰɛ̃]
paspoortcontrole (de)	odprawa (ż) paszportowa	[ɔtp'rava paʃpɔr'tɔva]

bagage (de)	bagaż (m)	['bagaʃ]
handbagage (de)	bagaż (m) podręczny	['bagaʃ pɔd'rɛntʃnɨ]
Gevonden voorwerpen	poszukiwanie (n) bagażu	[pɔʃuki'vane ba'gaʒu]
bagagekarretje (het)	wózek (m) bagażowy	['vuzɛk baga'ʒɔvɨ]

landing (de)	lądowanie (n)	[lɔ̃dɔ'vane]
landingsbaan (de)	pas (m) startowy	[pas star'tɔvɨ]
landen (ww)	lądować	[lɔ̃'dɔvaʧ]
vliegtuigtrap (de)	schody (l.mn.) do samolotu	['shɔdɨ dɔ samɔ'lɔtu]

inchecken (het)	odprawa (ż) biletowa	[ɔtp'rava bile'tɔva]
incheckbalie (de)	stanowisko (n) odprawy	[stanɔ'viskɔ ɔtp'ravɨ]
inchecken (ww)	zgłosić się do odprawy	['zgwɔɕiʧ ɕɛ̃ dɔ ɔtp'ravɨ]
instapkaart (de)	karta (ż) pokładowa	['karta pɔkwa'dɔva]
gate (de)	wyjście (n) do odprawy	['vɨjɕʧe dɔ ɔtp'ravɨ]

transit (de)	tranzyt (m)	['tranzɨt]
wachten (ww)	czekać	['ʧɛkaʧ]
wachtzaal (de)	poczekalnia (ż)	[pɔʧɛ'kaʎna]
begeleiden (uitwuiven)	odprowadzać	[ɔtprɔ'vadzaʧ]
afscheid nemen (ww)	żegnać się	['ʒɛgnaʧ ɕɛ̃]

145. Fiets. Motorfiets

fiets (de)	rower (m)	['rɔvɛr]
bromfiets (de)	skuter (m)	['skutɛr]
motorfiets (de)	motocykl (m)	[mɔ'tɔtsikʎ]

met de fiets rijden	jechać na rowerze	['ehaʧ na rɔ'vɛʒɛ]
stuur (het)	kierownica (ż)	[kerɔv'nitsa]
pedaal (de/het)	pedał (m)	['pɛdaw]
remmen (mv.)	hamulce (l.mn.)	[ha'muʎtsɛ]
fietszadel (de/het)	siodełko (n)	[ɕɔ'dɛwkɔ]

pomp (de)	pompka (ż)	['pɔmpka]
bagagedrager (de)	bagażnik (m)	[ba'gaʒnik]
fietslicht (het)	lampa (ż)	['ʎampa]
helm (de)	kask (m)	[kask]

wiel (het)	koło (n)	['kɔwɔ]
spatbord (het)	błotnik (m)	['bwɔtnik]
velg (de)	obręcz (ż)	['ɔbrɛ̃tʃ]
spaak (de)	szprycha (ż)	['ʃprɨha]

Auto's

146. Soorten auto's

auto (de)	samochód (m)	[sa'mɔhut]
sportauto (de)	samochód (m) sportowy	[sa'mɔhut spɔr'tɔvɨ]
limousine (de)	limuzyna (ż)	[limu'zɨna]
terreinwagen (de)	samochód (m) terenowy	[sa'mɔhut tɛrɛ'nɔvɨ]
cabriolet (de)	kabriolet (m)	[kabrʰɔlet]
minibus (de)	mikrobus (m)	[mik'rɔbus]
ambulance (de)	karetka (ż) pogotowia	[ka'rɛtka pɔgɔ'tɔvʲa]
sneeuwruimer (de)	odśnieżarka (ż)	[ɔtɕɲe'ʒarka]
vrachtwagen (de)	ciężarówka (ż)	[tɕɛ̃ʒa'rufka]
tankwagen (de)	samochód-cysterna (ż)	[sa'mɔhut tsɨs'tɛrna]
bestelwagen (de)	furgon (m)	['furgɔn]
trekker (de)	ciągnik (m) siodłowy	['tɕɔ̃gnik ɕʲɔd'wɔvɨ]
aanhangwagen (de)	przyczepa (ż)	[pʃɨt'ʃɛpa]
comfortabel (bn)	komfortowy	[kɔmfɔr'tɔvɨ]
tweedehands (bn)	używany	[uʒɨ'vanɨ]

147. Auto's. Carrosserie

motorkap (de)	maska (ż)	['maska]
spatbord (het)	błotnik (m)	['bwɔtnik]
dak (het)	dach (m)	[dah]
voorruit (de)	szyba (ż) przednia	['ʃɨba 'pʃɛdɲa]
achterruit (de)	lusterko (n) wsteczne	[lys'tɛrkɔ 'fstɛtʃnɛ]
ruitensproeier (de)	spryskiwacz (m)	[sprɨs'kivatʃ]
wisserbladen (mv.)	wycieraczki (l.mn.)	[vɨtʃe'ratʃki]
zijruit (de)	szyba (ż) boczna	['ʃɨba 'bɔtʃna]
raamlift (de)	podnośnik (m) szyby	[pɔd'nɔɕnik 'ʃɨbɨ]
antenne (de)	antena (ż)	[an'tɛna]
zonnedak (het)	szyberdach (m)	[ʃɨberdah]
bumper (de)	zderzak (m)	['zdɛʒak]
koffer (de)	bagażnik (m)	[ba'gaʒnik]
portier (het)	drzwi (ż)	[dʒvi]
handvat (het)	klamka (ż)	['kʎamka]
slot (het)	zamek (m)	['zamɛk]
nummerplaat (de)	tablica (ż) rejestracyjna	[tab'litsa rejestra'tsɨjna]
knalpot (de)	tłumik (m)	['twumik]

| benzinetank (de) | zbiornik (m) paliwa | ['zbɔrnik pa'liva] |
| uitlaatpijp (de) | rura (z) wydechowa | ['rura vidɛ'hɔva] |

gas (het)	gaz (m)	[gas]
pedaal (de/het)	pedał (m)	['pɛdaw]
gaspedaal (de/het)	pedał (m) gazu	['pɛdaw 'gazu]

rem (de)	hamulec (m)	[ha'mulɛts]
rempedaal (de/het)	pedał (m) hamulca	['pɛdaw ha'mulʲtsa]
remmen (ww)	hamować	[ha'mɔvatʲ]
handrem (de)	hamulec (m) postojowy	[ha'mulɛts pɔstɔɔvi]

koppeling (de)	sprzęgło (n)	['spʃɛŋwɔ]
koppelingspedaal (de/het)	pedał (m) sprzęgła	['pɛdaw 'spʃɛŋwa]
koppelingsschijf (de)	tarcza (z) sprzęgła	['tartʃa 'spʃɛŋwa]
schokdemper (de)	amortyzator (m)	[amɔrti'zatɔr]

wiel (het)	koło (n)	['kɔwɔ]
reservewiel (het)	koło (n) zapasowe	['kɔwɔ zapa'sɔvɛ]
band (de)	opona (z)	[ɔ'pɔna]
wieldop (de)	kołpak (m)	['kɔwpak]

aandrijfwielen (mv.)	koła (l.mn.) napędowe	['kɔwa napɛ̃'dɔvɛ]
met voorwielaandrijving	z napędem	[z na'pɛndɛm
	na przednie koła	na 'pʃɛdne 'kɔwa]
met achterwielaandrijving	z napędem na tylne koła	[z na'pɛndɛm na 'tilʲnɛ 'kɔwa]
met vierwielaandrijving	z napędem na cztery koła	[z na'pɛndɛm na 'tʃtɛri 'kɔwa]

versnellingsbak (de)	skrzynia (z) biegów	['skʃiɲa 'begufʲ]
automatisch (bn)	automatyczny	[autɔma'titʃni]
mechanisch (bn)	mechaniczny	[mɛha'nitʃni]
versnellingspook (de)	dźwignia (z) skrzyni biegów	['dʒʲvigɲa 'skʃini 'begufʲ]

voorlicht (het)	reflektor (m)	[rɛfʲ'lektɔr]
voorlichten (mv.)	światła (l.mn.)	['ɕfʲatwa]
dimlicht (het)	światła (l.mn.) mijania	['ɕfʲatwa mi'jaɲa]
grootlicht (het)	światła (l.mn.) drogowe	['ɕfʲatwa drɔ'gɔvɛ]
stoplicht (het)	światła (l.mn.) hamowania	['ɕfʲatwa hamɔ'vaɲa]

standlichten (mv.)	światła (l.mn.) obrysowe	['ɕfʲatwa ɔbri'sɔvɛ]
noodverlichting (de)	światła (l.mn.) awaryjne	['ʃfʲatwa ava'rijnɛ]
mistlichten (mv.)	światła (l.mn.) przeciwmgielne	['ʃfʲatwa pʃɛtʃivmʲgelʲnɛ]
pinker (de)	migacz (m)	['migatʃ]
achteruitrijdlicht (het)	światła (l.mn.) cofania	['ɕfʲatwa tsɔ'faɲa]

148. Auto's. Passagiersruimte

interieur (het)	wewnątrz (m) samochodu	['vevnɔ̃tʃ samɔ'hɔdu]
leren (van leer gemaak)	skórzany	[sku'ʒani]
fluwelen (abn)	welurowy	[vɛly'rɔvi]
bekleding (de)	obicie (n)	[ɔ'bitʃe]
toestel (het)	przyrząd (m)	['pʃiʒɔ̃t]
instrumentenbord (het)	deska (z) rozdzielcza	['dɛska rɔz'dʒelʲtʃa]

| snelheidsmeter (de) | prędkościomierz (m) | [prɛ̃tkɔɕ'tʃɔmeʃ] |
| pijltje (het) | strzałka (ż) | ['stʃawka] |

kilometerteller (de)	licznik (m)	['litʃnik]
sensor (de)	czujnik (m)	['tʃujnik]
niveau (het)	poziom (m)	['pɔʒɜm]
controlelampje (het)	lampka (ż)	['ʎampka]

stuur (het)	kierownica (ż)	[kerɔv'nitsa]
toeter (de)	klakson (m)	['kʎaksɔn]
knopje (het)	przycisk (m)	['pʃitʃisk]
schakelaar (de)	przełącznik (m)	[pʃɛ'wɔ̃tʃnik]

stoel (bestuurders~)	siedzenie (n)	[ɕe'dzɛne]
rugleuning (de)	oparcie (n)	[ɔ'partʃe]
hoofdsteun (de)	zagłówek (m)	[zag'wuvɛk]
veiligheidsgordel (de)	pas (m) bezpieczeństwa	[pas bɛspet'ʃɛɲstfa]
de gordel aandoen	zapiąć pasy	['zapɔ̃tʃ 'pasɨ]
regeling (de)	regulacja (ż)	[rɛgu'ʎatsʰja]

| airbag (de) | poduszka (ż) powietrzna | [pɔ'duʃka pɔ'vetʃna] |
| airconditioner (de) | klimatyzator (m) | [klimatɨ'zatɔr] |

radio (de)	radio (n)	['radʰɜ]
CD-speler (de)	odtwarzacz CD (m)	[ɔtt'vaʒatʃ si di]
aanzetten (bijv. radio ~)	włączyć	['vwɔ̃tʃitʃ]
antenne (de)	antena (ż)	[an'tɛna]
handschoenenkastje (het)	schowek (m)	['shɔvɛk]
asbak (de)	popielniczka (ż)	[pɔpeʎ'nitʃka]

149. Auto's. Motor

| diesel- (abn) | dieslowy | [diz'lɜvɨ] |
| benzine- (~motor) | benzynowy | [bɛnzɨ'nɔvɨ] |

motorinhoud (de)	pojemność (ż) silnika	[pɔ'emnɔɕtʃ ɕiʎ'nika]
vermogen (het)	moc (ż)	[mɔts]
paardenkracht (de)	koń (m) mechaniczny	[kɔɲ mɛha'nitʃnɨ]
zuiger (de)	tłok (m)	[twɔk]
cilinder (de)	cylinder (m)	[tsɨ'lindɛr]
klep (de)	zastawka (ż)	[zas'tafka]

injectie (de)	wtryskiwacz (m)	[ftrɨs'kivatʃ]
generator (de)	generator (m)	[gɛnɛ'ratɔr]
carburator (de)	gaźnik (m)	['gaʑnik]
motorolie (de)	olej (m) silnikowy	['ɔlej ɕiʎni'kɔvɨ]

radiator (de)	chłodnica (ż)	[hwɔd'nitsa]
koelvloeistof (de)	płyn (m) chłodniczy	[pwɨn hwɔ'dzɔntsɨ]
ventilator (de)	wentylator (m)	[vɛntɨ'ʎatɔr]

accu (de)	akumulator (m)	[akumu'ʎatɔr]
starter (de)	rozrusznik (m)	[rɔz'ruʃnik]
contact (ontsteking)	zapłon (m)	['zapwɔn]

bougie (de)	świeca (z) zapłonowa	['ɕfetsa zapwɔ'nɔva]
pool (de)	zacisk (m)	['zatʃisk]
positieve pool (de)	plus (m)	[plys]
negatieve pool (de)	minus (m)	['minus]
zekering (de)	bezpiecznik (m)	[bɛs'petʃnik]

luchtfilter (de)	filtr (m) powietrza	[fiʌtr pɔ'vetʃa]
oliefilter (de)	filtr (m) oleju	[fiʌtr ɔ'leju]
benzinefilter (de)	filtr (m) paliwa	[fiʌtr pa'liva]

150. Auto's. Botsing. Reparatie

auto-ongeval (het)	wypadek (m)	[vi'padɛk]
verkeersongeluk (het)	wypadek (m) drogowy	[vi'padɛk drɔ'gɔvi]
aanrijden	wjechać w ...	['vʰehatʃ v]
(tegen een boom, enz.)		

verongelukken (ww)	stłuc się	[stwuts ɕɛ̃]
beschadiging (de)	uszkodzenie (n)	[uʃkɔ'dzɛne]
heelhuids (bn)	nietknięty	[nietkni'ɛ̃ti]

| kapot gaan (zijn gebroken) | zepsuć się | ['zɛpsutʃ ɕɛ̃] |
| sleeptouw (het) | hol (m) | [hɔʌ] |

lek (het)	przebita opona (z)	[pʃɛ'bita ɔ'pɔna]
lekke krijgen (band)	spuścić	['spuɕtʃitʃ]
oppompen (ww)	napompowywać	[napɔmpɔ'vivatʃ]
druk (de)	ciśnienie (n)	[tʃiɕ'nene]
checken (controleren)	skontrolować	[skɔntrɔ'lɔvatʃ]

reparatie (de)	naprawa (z)	[nap'rava]
garage (de)	warsztat (m) samochodowy	['varʃtat samɔhɔ'dɔvi]
wisselstuk (het)	część (z) zamienna	[tʃɛ̃ɕtʃ za'meŋa]
onderdeel (het)	część (z)	[tʃɛ̃ɕtʃ]

bout (de)	śruba (z)	['ɕruba]
schroef (de)	wkręt (m)	[fkrɛ̃t]
moer (de)	nakrętka (z)	[nak'rɛntka]
sluitring (de)	podkładka (z)	[pɔtk'watka]
kogellager (de/het)	łożysko (n)	[wɔ'ʒiskɔ]

pijp (de)	rura (z)	['rura]
pakking (de)	uszczelka (z)	[uʃt'ʃɛʌka]
kabel (de)	przewód (m)	['pʃɛvut]

dommekracht (de)	podnośnik (m)	[pɔd'nɔɕnik]
moersleutel (de)	klucz (m) francuski	[klytʃ fran'tsuski]
hamer (de)	młotek (m)	['mwɔtɛk]
pomp (de)	pompka (z)	['pɔmpka]
schroevendraaier (de)	śrubokręt (m)	[ɕru'bɔkrɛ̃t]

brandblusser (de)	gaśnica (z)	[gaɕ'nitsa]
gevarendriehoek (de)	trójkąt (m) odblaskowy	['trujkɔ̃t ɔdbʌas'kɔvi]
afslaan	gasnąć	['gasnɔ̃tʃ]
(ophouden te werken)		

| uitvallen (het) | wyłączenie (n) | [viwɔt'ʃɛne] |
| zijn gebroken | być złamanym | [bitʃ zwa'manim] |

oververhitten (ww)	przegrzać się	['pʃɛgʒatʃ ɕɛ̃]
verstopt raken (ww)	zapchać się	['zaphatʃ ɕɛ̃]
bevriezen (autodeur, enz.)	zamarznąć	[za'marznɔ̃tʃ]
barsten (leidingen, enz.)	pęknąć	['pɛŋknɔ̃tʃ]

druk (de)	ciśnienie (n)	[tʃiɕ'nene]
niveau (bijv. olieniveau)	poziom (m)	['pɔʒɜm]
slap (de drijfriem is ~)	słaby	['swabi]

deuk (de)	wgniecenie (n)	[vgne'tʃene]
geklop (vreemde geluiden)	pukanie (n)	[pu'kane]
barst (de)	rysa (ż)	['risa]
kras (de)	zadrapanie (n)	[zadra'pane]

151. Auto's. Weg

weg (de)	droga (ż)	['drɔga]
snelweg (de)	autostrada (ż)	[autɔst'rada]
autoweg (de)	szosa (ż)	['ʃɔsa]
richting (de)	kierunek (m)	[ke'runɛk]
afstand (de)	odległość (ż)	[ɔd'legwɔɕtʃ]

brug (de)	most (m)	[mɔst]
parking (de)	parking (m)	['parkiŋk]
plein (het)	plac (m)	[pʎats]
verkeersknooppunt (het)	skrzyżowanie (n)	[skʃiʒɔ'vane]
tunnel (de)	tunel (m)	['tunɛʎ]

benzinestation (het)	stacja (ż) benzynowa	['statsʰja bɛnzi'nɔva]
parking (de)	parking (m)	['parkiŋk]
benzinepomp (de)	pompa (ż) benzynowa	['pɔmpa bɛnzi'nɔva]
garage (de)	warsztat (m) samochodowy	['varʃtat samɔhɔ'dɔvi]
tanken (ww)	zatankować	[zata'ŋkɔvatʃ]
brandstof (de)	paliwo (n)	[pa'livɔ]
jerrycan (de)	kanister (m)	[ka'nistɛr]

asfalt (het)	asfalt (m)	['asfaʎt]
markering (de)	oznakowanie (n)	[ɔznakɔ'vane]
trottoirband (de)	krawężnik (m)	[kra'vɛnʒnik]
geleiderail (de)	ogrodzenie (n)	[ɔgrɔ'dzɛne]
greppel (de)	rów (m) boczny	[ruf 'bɔtʃni]
vluchtstrook (de)	pobocze (n)	[pɔ'bɔtʃɛ]
lichtmast (de)	słup (m)	[swup]

besturen (een auto ~)	prowadzić	[prɔ'vadʑitʃ]
afslaan (naar rechts ~)	skręcać	['skrɛntsatʃ]
U-bocht maken (ww)	zawracać	[zav'ratsatʃ]
achteruit (de)	bieg (m) wsteczny	[bek 'fstɛtʃni]

| toeteren (ww) | trąbić | ['trɔ̃bitʃ] |
| toeter (de) | sygnał (m) | ['signaw] |

vastzitten (in modder)	utknąć	['utknɔ̃tʃ]
spinnen (wielen gaan ~)	buksować	[buk'sɔvatʃ]
uitzetten (ww)	gasić	['gaɕitʃ]
snelheid (de)	szybkość (ż)	['ʃɨpkɔɕtʃ]
een snelheidsovertreding maken	przekroczyć prędkość	[pʃɛk'rɔtʃɨtʃ 'prɛntkɔɕtʃ]
bekeuren (ww)	karać grzywną	['karatʃ 'gʒɨvnɔ̃]
verkeerslicht (het)	światła (l.mn.)	['ɕfʲatwa]
rijbewijs (het)	prawo (n) jazdy	['pravɔ 'jazdɨ]
overgang (de)	przejazd (m) kolejowy	['pʃɛjast kɔle'jɔvɨ]
kruispunt (het)	skrzyżowanie (n)	[skʃɨʒɔ'vane]
zebrapad (oversteekplaats)	przejście (n) dla pieszych	['pʃɛjɕtʃe dʎa 'peʃɨh]
bocht (de)	zakręt (m)	['zakrɛ̃t]
voetgangerszone (de)	strefa (ż) dla pieszych	['strɛfa dʎa 'peʃɨh]

MENSEN. GEBEURTENISSEN IN HET LEVEN

Gebeurtenissen in het leven

152. Vakanties. Evenement

feest (het)	święto (n)	['ɕfɛntɔ]
nationale feestdag (de)	święto (n) państwowe	['ɕfɛntɔ paɲst'fɔvɛ]
feestdag (de)	dzień (m) świąteczny	[dʒɛɲ ɕfɔ̃'tɛtʃɲi]
herdenken (ww)	świętować	[ɕfɛ̃'tɔvatʃ]
gebeurtenis (de)	wydarzenie (n)	[vida'ʒɛne]
evenement (het)	impreza (ż)	[imp'rɛza]
banket (het)	bankiet (m)	['baŋket]
receptie (de)	przyjęcie (n)	[pʃi'ɛ̃tʃe]
feestmaal (het)	uczta (ż)	['utʃta]
verjaardag (de)	rocznica (ż)	[rɔtʃ'nitsa]
jubileum (het)	jubileusz (m)	[jubi'leuʃ]
vieren (ww)	obchodzić	[ɔp'hɔdʒitʃ]
Nieuwjaar (het)	Nowy Rok (m)	['nɔvi rɔk]
Gelukkig Nieuwjaar!	Szczęśliwego Nowego Roku!	[ʃtʃɛɲɕli'vɛgɔ nɔ'vɛgɔ 'rɔku]
Kerstfeest (het)	Boże Narodzenie (n)	['bɔʒɛ narɔ'dzɛne]
Vrolijk kerstfeest!	Wesołych Świąt !	[vɛ'sɔwih ɕfɔ̃t]
kerstboom (de)	choinka (ż)	[hɔ'iŋka]
vuurwerk (het)	sztuczne ognie (l.mn.)	['ʃtutʃnɛ 'ɔgne]
bruiloft (de)	wesele (n)	[vɛ'sɛle]
bruidegom (de)	narzeczony (m)	[naʒɛt'ʃɔni]
bruid (de)	narzeczona (ż)	[naʒɛt'ʃɔna]
uitnodigen (ww)	zapraszać	[zap'raʃatʃ]
uitnodiging (de)	zaproszenie (n)	[zaprɔ'ʃɛne]
gast (de)	gość (m)	[gɔɕtʃ]
op bezoek gaan	iść w gości	[iɕtʃ v 'gɔɕtʃi]
gasten verwelkomen	witać gości	['vitatʃ 'gɔɕtʃi]
geschenk, cadeau (het)	prezent (m)	['prɛzɛnt]
geven (iets cadeau ~)	dawać w prezencie	['davatʃ f prɛ'zɛntʃe]
geschenken ontvangen	dostawać prezenty	[dɔs'tavatʃ prɛ'zɛnti]
boeket (het)	bukiet (m)	['buket]
felicitaties (mv.)	gratulacje (l.mn.)	[gratu'ʎatsʰe]
feliciteren (ww)	gratulować	[gratu'lɔvatʃ]
wenskaart (de)	kartka (ż) z życzeniami	['kartka z ʒitʃɛ'ɲami]

141

| een kaartje versturen | wysłać kartkę | ['viswatʃ 'kartkɛ̃] |
| een kaartje ontvangen | dostać kartkę | ['dɔstatʃ kartkɛ̃] |

toast (de)	toast (m)	['tɔast]
aanbieden (een drankje ~)	częstować	[tʃɛ̃s'tɔvatʃ]
champagne (de)	szampan (m)	['ʃampan]

plezier hebben (ww)	bawić się	['bavitʃ ɕɛ̃]
plezier (het)	zabawa (z)	[za'bava]
vreugde (de)	radość (z)	['radɔɕtʃ]

| dans (de) | taniec (m) | ['tanets] |
| dansen (ww) | tańczyć | ['taɲtʃitʃ] |

| wals (de) | walc (m) | ['vaʎts] |
| tango (de) | tango (n) | ['taŋɔ] |

153. Begrafenissen. Begrafenis

kerkhof (het)	cmentarz (m)	['tsmɛntaʃ]
graf (het)	grób (m)	[grup]
kruis (het)	krzyż (m)	[kʃiʃ]
grafsteen (de)	nagrobek (m)	[nag'rɔbɛk]
omheining (de)	ogrodzenie (n)	[ɔgrɔ'dzɛne]
kapel (de)	kaplica (z)	[kap'litsa]

dood (de)	śmierć (z)	[ɕmertʃ]
sterven (ww)	umrzeć	['umʒɛtʃ]
overledene (de)	zmarły (m)	['zmarvɨ]
rouw (de)	żałoba (z)	[ʒa'wɔba]

begraven (ww)	chować	['hɔvatʃ]
begrafenisonderneming (de)	zakład (m) pogrzebowy	['zakwat pɔgʒɛ'bɔvi]
begrafenis (de)	pogrzeb (m)	['pɔgʒɛp]

krans (de)	wieniec (m)	['venets]
doodskist (de)	trumna (z)	['trumna]
lijkwagen (de)	karawan (m)	[ka'ravan]
lijkkleed (de)	całun (m)	['tsawun]

| urn (de) | urna (z) pogrzebowa | ['urna pɔgʒɛ'bɔva] |
| crematorium (het) | krematorium (m) | [krɛma'tɔrʲjum] |

overlijdensbericht (het)	nekrolog (m)	[nɛk'rɔlɔk]
huilen (wenen)	płakać	['pwakatʃ]
snikken (huilen)	szlochać	['ʃlɔhatʃ]

154. Oorlog. Soldaten

peloton (het)	pluton (m)	['plytɔn]
compagnie (de)	rota (z)	['rɔta]
regiment (het)	pułk (m)	[puwk]

| leger (armee) | armia (z) | ['armʰja] |
| divisie (de) | dywizja (z) | [diˈvizʰja] |

| sectie (de) | oddział (m) | [ˈɔdʤʲaw] |
| troep (de) | wojsko (n) | [ˈvɔjskɔ] |

| soldaat (militair) | żołnierz (m) | [ˈʒɔwneʃ] |
| officier (de) | oficer (m) | [ɔˈfitsɛr] |

| soldaat (rang) | szeregowy (m) | [ʃɛrɛˈgɔvɨ] |
| sergeant (de) | sierżant (m) | [ˈɕerʒant] |

luitenant (de)	podporucznik (m)	[pɔtpɔˈrutʃnik]
kapitein (de)	kapitan (m)	[kaˈpitan]
majoor (de)	major (m)	[ˈmajɔr]

| kolonel (de) | pułkownik (m) | [puwˈkɔvnik] |
| generaal (de) | generał (m) | [gɛˈnɛraw] |

matroos (de)	marynarz (m)	[maˈrinaʃ]
kapitein (de)	kapitan (m)	[kaˈpitan]
bootsman (de)	bosman (m)	[ˈbɔsman]

artillerist (de)	artylerzysta (m)	[artileˈʒista]
valschermjager (de)	desantowiec (m)	[dɛsanˈtɔvets]
piloot (de)	lotnik (m)	[ˈlɔtnik]

| stuurman (de) | nawigator (m) | [naviˈgatɔr] |
| mecanicien (de) | mechanik (m) | [mɛˈhanik] |

| sappeur (de) | saper (m) | [ˈsapɛr] |
| parachutist (de) | spadochroniarz (m) | [spadɔhˈrɔɲaʃ] |

| verkenner (de) | zwiadowca (m) | [zvʲaˈdɔftsa] |
| scherpschutter (de) | snajper (m) | [ˈsnajpɛr] |

patrouille (de)	patrol (m)	[ˈpatrɔʎ]
patrouilleren (ww)	patrolować	[patrɔˈlɔvatʃ]
wacht (de)	wartownik (m)	[varˈtɔvnik]

krijger (de)	wojownik (m)	[vɔɔvnik]
held (de)	bohater (m)	[bɔˈhatɛr]
heldin (de)	bohaterka (z)	[bɔhaˈtɛrka]
patriot (de)	patriota (m)	[patrʰɔta]

verrader (de)	zdrajca (m)	[ˈzdrajtsa]
deserteur (de)	dezerter (m)	[dɛˈzɛrtɛr]
deserteren (ww)	dezerterować	[dɛzɛrtɛˈrɔvatʃ]

huurling (de)	najemnik (m)	[naˈemnik]
rekruut (de)	rekrut (m)	[ˈrɛkrut]
vrijwilliger (de)	ochotnik (m)	[ɔˈhɔtnik]

gedode (de)	zabity (m)	[zaˈbiti]
gewonde (de)	ranny (m)	[ˈraɲi]
krijgsgevangene (de)	jeniec (m)	[ˈenets]

143

155. Oorlog. Militaire acties. Deel 1

oorlog (de)	wojna (ż)	['vɔjna]
oorlog voeren (ww)	wojować	[vɔ'ʒvatʃ]
burgeroorlog (de)	wojna domowa (ż)	['vɔjna dɔ'mɔva]
achterbaks (bw)	wiarołomnie	[vʲarɔ'wɔmne]
oorlogsverklaring (de)	wypowiedzenie (n)	[vipɔve'dzɛne]
verklaren (de oorlog ~)	wypowiedzieć (~ wojnę)	[vipɔ'vedʒetʃ 'vɔjnɛ̃]
agressie (de)	agresja (ż)	[ag'rɛsʰja]
aanvallen (binnenvallen)	napadać	[na'padatʃ]
binnenvallen (ww)	najeźdźać	[na'jezdʒʲatʲ]
invaller (de)	najeźdźca (m)	[na'eɕtsa]
veroveraar (de)	zdobywca (m)	[zdɔ'biftsa]
verdediging (de)	obrona (ż)	[ɔb'rɔna]
verdedigen (je land ~)	bronić	['brɔnitʃ]
zich verdedigen (ww)	bronić się	['brɔnitʃ ɕɛ̃]
vijand (de)	wróg (m)	[vruk]
tegenstander (de)	przeciwnik (m)	[pʃɛ'tʃivnik]
vijandelijk (bn)	wrogi	['vrɔgi]
strategie (de)	strategia (ż)	[stra'tɛgja]
tactiek (de)	taktyka (ż)	['taktɨka]
order (de)	rozkaz (m)	['rɔskas]
bevel (het)	komenda (ż)	[kɔ'mɛnda]
bevelen (ww)	rozkazywać	[rɔska'zivatʃ]
opdracht (de)	zadanie (n)	[za'dane]
geheim (bn)	tajny	['tajni]
veldslag (de)	bitwa (ż)	['bitfa]
strijd (de)	bój (m)	[buj]
aanval (de)	atak (m)	['atak]
bestorming (de)	szturm (m)	[ʃturm]
bestormen (ww)	szturmować	[ʃtur'mɔvatʃ]
bezetting (de)	oblężenie (n)	[ɔblɛ̃'ʒɛne]
aanval (de)	ofensywa (ż)	[ɔfɛn'siva]
in het offensief te gaan	nacierać	[na'tʃeratʃ]
terugtrekking (de)	odwrót (m)	['ɔdvrut]
zich terugtrekken (ww)	wycofywać się	[vitsɔ'fivatʃ ɕɛ̃]
omsingeling (de)	okrążenie (n)	[ɔkrɔ̃'ʒɛne]
omsingelen (ww)	okrążyć	[ɔk'rɔ̃ʒitʲ]
bombardement (het)	bombardowanie (n)	[bɔmbardɔ'vane]
een bom gooien	zrzucić bombę	['zʒutʃitʃ 'bɔmbɛ̃]
bombarderen (ww)	bombardować	[bɔmbar'dɔvatʃ]
ontploffing (de)	wybuch (m)	['vibuh]
schot (het)	strzał (m)	[stʃaw]

een schot lossen	wystrzelić	[vist'ʃɛliʧ]
schieten (het)	strzelanina (ż)	[stʃɛʎa'nina]

mikken op (ww)	celować	[ʦɛ'lɔvaʧ]
aanleggen (een wapen ~)	wycelować	[viʦɛ'lɔvaʧ]
treffen (doelwit ~)	trafić	['trafiʧ]

zinken (tot zinken brengen)	zatopić	[za'tɔpiʧ]
kogelgat (het)	dziura (ż)	['dʒyra]
zinken (gezonken zijn)	iść na dno	[iɕʧ na dnɔ]

front (het)	front (m)	[frɔnt]
hinterland (het)	tyły (l.mn.)	['tiwi]
evacuatie (de)	ewakuacja (ż)	[ɛvaku'atsʰja]
evacueren (ww)	ewakuować	[ɛvaku'ɔvaʧ]

prikkeldraad (de)	drut (m) kolczasty	[drut kɔʎt'ʃasti]
verdedigingsobstakel (het)	zapora (ż)	[za'pɔra]
wachttoren (de)	wieża (ż)	['veʒa]

hospitaal (het)	szpital (m)	['ʃpitaʎ]
verwonden (ww)	ranić	['raniʧ]
wond (de)	rana (ż)	['rana]
gewonde (de)	ranny (m)	['ranɨ]
gewond raken (ww)	zostać rannym	['zɔstaʧ 'ranɨm]
ernstig (~e wond)	ciężki	['ʧenʃki]

156. Wapens

wapens (mv.)	broń (ż)	[brɔɲ]
vuurwapens (mv.)	broń (ż) palna	[brɔɲ 'paʎna]
koude wapens (mv.)	broń (ż) biała	[brɔɲ 'bʲawa]

chemische wapens (mv.)	broń (ż) chemiczna	[brɔɲ hɛ'miʧna]
kern-, nucleair (bn)	nuklearny	[nukle'arnɨ]
kernwapens (mv.)	broń (ż) nuklearna	[brɔɲ nukle'arna]

bom (de)	bomba (ż)	['bɔmba]
atoombom (de)	bomba atomowa (ż)	['bɔmba atɔ'mɔva]

pistool (het)	pistolet (m)	[pis'tɔlet]
geweer (het)	strzelba (ż)	['stʃɛʎba]
machinepistool (het)	automat (m)	[au'tɔmat]
machinegeweer (het)	karabin (m) maszynowy	[ka'rabin maʃɨ'nɔvɨ]

loop (schietbuis)	wylot (m)	['vɨlɔt]
loop (bijv. geweer met kortere ~)	lufa (ż)	['lyfa]
kaliber (het)	kaliber (m)	[ka'libɛr]

trekker (de)	spust (m)	[spust]
korrel (de)	celownik (m)	[ʦɛ'lɔvnik]
magazijn (het)	magazynek (m)	[maga'zinɛk]
geweerkolf (de)	kolba (ż)	['kɔʎba]

| granaat (handgranaat) | granat (m) | ['granat] |
| explosieven (mv.) | ładunek (m) wybuchowy | [wa'dunɛk vibu'hɔvi] |

kogel (de)	kula (ż)	['kuʎa]
patroon (de)	nabój (m)	['nabuj]
lading (de)	ładunek (m)	[wa'dunɛk]
ammunitie (de)	amunicja (ż)	[amu'nitsʰja]

bommenwerper (de)	bombowiec (m)	[bɔm'bɔvets]
straaljager (de)	myśliwiec (m)	[miɕ'livets]
helikopter (de)	helikopter (m)	[hɛli'kɔptɛr]

afweergeschut (het)	działo (n) przeciwlotnicze	['dʒʲawɔ pʃɛtʃiflɔt'nitʃɛ]
tank (de)	czołg (m)	[tʃɔwk]
kanon (tank met een ~ van 76 mm)	działo (n)	['dʒʲawɔ]

| artillerie (de) | artyleria (ż) | [arti'lerʰja] |
| aanleggen (een wapen ~) | wycelować | [vitsɛ'lɜvatʃ] |

projectiel (het)	pocisk (m)	['pɔtʃisk]
mortiergranaat (de)	pocisk (m) moździerzowy	['pɔtʃisk mɔzdzi'ʒɔvi]
mortier (de)	moździerz (m)	['mɔzʲdʒeʃ]
granaatscherf (de)	odłamek (m)	[ɔd'wamɛk]

duikboot (de)	łódź (ż) podwodna	[wutʃ pɔd'vɔdna]
torpedo (de)	torpeda (ż)	[tɔr'pɛda]
raket (de)	rakieta (ż)	[ra'keta]

laden (geweer, kanon)	ładować	[wa'dɔvatʃ]
schieten (ww)	strzelać	['stʃɛʎatʃ]
richten op (mikken)	celować	[tsɛ'lɜvatʃ]
bajonet (de)	bagnet (m)	['bagnɛt]

degen (de)	szpada (ż)	['ʃpada]
sabel (de)	szabla (ż)	['ʃabʎa]
speer (de)	kopia (ż), włócznia (ż)	['kɔpʰja], ['vwɔtʃna]
boog (de)	łuk (m)	[wuk]
pijl (de)	strzała (ż)	['stʃawa]
musket (de)	muszkiet (m)	['muʃket]
kruisboog (de)	kusza (ż)	['kuʃa]

157. Oude mensen

primitief (bn)	pierwotny	[per'vɔtni]
voorhistorisch (bn)	prehistoryczny	[prɛhistɔ'ritʃni]
eeuwenoude (~ beschaving)	dawny	['davni]

Steentijd (de)	Epoka (ż) kamienna	[ɛ'pɔka ka'meɲa]
Bronstijd (de)	Epoka (ż) brązu	[ɛ'pɔka 'brɔ̃zu]
IJstijd (de)	Epoka (ż) lodowcowa	[ɛ'pɔka lɔdɔf'tsɔva]

| stam (de) | plemię (n) | ['plemɛ̃] |
| menseneter (de) | kanibal (m) | [ka'nibaʎ] |

jager (de)	myśliwy (m)	[miç'livi]
jagen (ww)	polować	[po'lɔvatʃ]
mammoet (de)	mamut (m)	['mamut]

grot (de)	jaskinia (ż)	[jas'kiɲa]
vuur (het)	ogień (m)	['ɔgeɲ]
kampvuur (het)	ognisko (n)	[ɔg'niskɔ]
rotstekening (de)	malowidło (n) naskalne	[malɜ'vidwɔ nas'kaʎnɛ]

werkinstrument (het)	narzędzie (n) pracy	[na'ʒɛdʒe 'pratsɨ]
speer (de)	kopia (ż), włócznia (ż)	['kɔpʰja], ['vwɔtʃɲa]
stenen bijl (de)	topór (m) kamienny	['tɔpur ka'meɲi]
oorlog voeren (ww)	wojować	[vɔɜvatʃ]
temmen (bijv. wolf ~)	oswajać zwierzęta	[ɔs'fajatʃ zve'ʒɛnta]

idool (het)	bożek (m)	['bɔʒɛk]
aanbidden (ww)	czcić	[tʃtʃitʃ]
bijgeloof (het)	przesąd (m)	['pʃɛsɔ̃t]
ritueel (het)	obrzęd (m)	['ɔbʒɛ̃t]

evolutie (de)	ewolucja (ż)	[ɛvɔ'lɨtsʰja]
ontwikkeling (de)	rozwój (m)	['rɔzvuj]
verdwijning (de)	zniknięcie (n)	[znik'nɛ̃tʃe]
zich aanpassen (ww)	adaptować się	[adap'tɔvatʃ ɕɛ̃]

archeologie (de)	archeologia (ż)	[arhɛɔ'lɔgʰja]
archeoloog (de)	archeolog (m)	[arhɛ'ɔlɔk]
archeologisch (bn)	archeologiczny	[arhɛɔlɜ'gitʃni]

opgravingsplaats (de)	wykopaliska (l.mn.)	[vɨkɔpa'liska]
opgravingen (mv.)	prace (l.mn.) wykopaliskowe	['pratsɛ vɨkɔpalis'kɔvɛ]
vondst (de)	znalezisko (n)	[znale'ʒiskɔ]
fragment (het)	fragment (m)	['fragmɛnt]

158. Middeleeuwen

volk (het)	naród (m)	['narut]
volkeren (mv.)	narody (l.mn.)	[na'rɔdɨ]
stam (de)	plemię (n)	['plemɛ̃]
stammen (mv.)	plemiona (l.mn.)	[ple'mɜna]

barbaren (mv.)	Barbarzyńcy (l.mn.)	[barba'ʒiɲtsɨ]
Galliërs (mv.)	Gallowie (l.mn.)	[gal'lɔve]
Goten (mv.)	Goci (l.mn.)	['gɔtʃi]
Slaven (mv.)	Słowianie (l.mn.)	[swɔ'vʲane]
Vikings (mv.)	Wikingowie (l.mn.)	[viki'ŋɔve]

| Romeinen (mv.) | Rzymianie (l.mn.) | [ʒi'mʲane] |
| Romeins (bn) | rzymski | ['ʒimski] |

Byzantijnen (mv.)	Bizantyjczycy (l.mn.)	[bizantijt'ʃitsɨ]
Byzantium (het)	Bizancjum (n)	[bi'zantsʰjum]
Byzantijns (bn)	bizantyjski	[bizan'tijski]
keizer (bijv. Romeinse ~)	cesarz (m)	['tsɛsaʃ]

opperhoofd (het)	wódz (m)	[vuʦ]
machtig (bn)	potężny	[pɔ'tɛnʒni]
koning (de)	król (m)	[kruʎ]
heerser (de)	władca (m)	['vwatʦa]

ridder (de)	rycerz (m)	['riʦɛʃ]
feodaal (de)	feudał (m)	[fɛ'udaw]
feodaal (bn)	feudalny	[fɛu'daʎni]
vazal (de)	wasal (m)	['vasaʎ]

hertog (de)	książę (m)	[kɕɔ̃ʒɛ̃]
graaf (de)	hrabia (m)	['hrabʲa]
baron (de)	baron (m)	['barɔn]
bisschop (de)	biskup (m)	['biskup]

harnas (het)	zbroja (ż)	['zbrɔja]
schild (het)	tarcza (ż)	['tartʃa]
zwaard (het)	miecz (m)	[metʃ]
vizier (het)	przyłbica (ż)	[pʃiw'biʦa]
maliënkolder (de)	kolczuga (ż)	[kɔʎt'ʃuga]

kruistocht (de)	wyprawa (ż) krzyżowa	[vip'rava kʃi'ʒɔva]
kruisvaarder (de)	krzyżak (m)	['kʃiʒak]

gebied (bijv. bezette ~en)	terytorium (n)	[tɛri'tɔrʰjum]
aanvallen (binnenvallen)	napadać	[na'padatʃ]
veroveren (ww)	zawojować	[zavɔɔvatʃ]
innemen (binnenvallen)	zająć	['zaɔ̃tʃ]

bezetting (de)	oblężenie (n)	[ɔblɛ̃'ʒɛne]
bezet (bn)	oblężony	[ɔblɛ̃'ʒɔni]
belegeren (ww)	oblegać	[ɔb'legatʃ]

inquisitie (de)	inkwizycja (ż)	[iŋkfi'ziʦʰja]
inquisiteur (de)	inkwizytor (m)	[iŋkfi'zitɔr]
foltering (de)	tortury (l.mn.)	[tɔr'turi]
wreed (bn)	okrutny	[ɔk'rutni]
ketter (de)	heretyk (m)	[hɛ'rɛtik]
ketterij (de)	herezja (ż)	[hɛ'rɛzʰja]

zeevaart (de)	nawigacja (ż)	[navi'gaʦʰja]
piraat (de)	pirat (m)	['pirat]
piraterij (de)	piractwo (n)	[pi'raʦtfɔ]
enteren (het)	abordaż (m)	[a'bɔrdaʃ]

buit (de)	łup (m)	[wup]
schatten (mv.)	skarby (l.mn.)	['skarbi]

ontdekking (de)	odkrycie (n)	[ɔtk'riʧe]
ontdekken (bijv. nieuw land)	odkryć	['ɔtkriʧ]
expeditie (de)	ekspedycja (ż)	[ɛkspɛ'diʦʰja]

musketier (de)	muszkieter (m)	[muʃ'ketɛr]
kardinaal (de)	kardynał (m)	[kar'dinaw]
heraldiek (de)	heraldyka (ż)	[hɛ'raʎdika]
heraldisch (bn)	heraldyczny	[hɛraʎ'ditʃni]

159. Leider. Baas. Autoriteiten

koning (de)	król (m)	[kruʎ]
koningin (de)	królowa (ż)	[kru'lɜva]
koninklijk (bn)	królewski	[kru'lefski]
koninkrijk (het)	królestwo (n)	[kru'lestfɔ]

prins (de)	książę (m)	[kɕɔ̃ʒɛ̃]
prinses (de)	księżniczka (ż)	[kɕɛ̃ʒ'nitʃka]

president (de)	prezydent (m)	[prɛ'zɨdɛnt]
vicepresident (de)	wiceprezydent (m)	[vitsɛprɛ'zɨdɛnt]
senator (de)	senator (m)	[sɛ'natɔr]

monarch (de)	monarcha (m)	[mɔ'narha]
heerser (de)	władca (m)	['vwattsa]
dictator (de)	dyktator (m)	[dɨk'tatɔr]
tiran (de)	tyran (m)	['tɨran]
magnaat (de)	magnat (m)	['magnat]

directeur (de)	dyrektor (m)	[dɨ'rɛktɔr]
chef (de)	szef (m)	[ʃɛf]
beheerder (de)	kierownik (m)	[ke'rɔvnik]
baas (de)	szef (m)	[ʃɛf]
eigenaar (de)	właściciel (m)	[vwaɕ'tɕitʃeʎ]

hoofd (bijv. ~ van de delegatie)	głowa (ż)	['gwɔva]
autoriteiten (mv.)	władze (l.mn.)	['vwadzɛ]
superieuren (mv.)	kierownictwo (n)	[kerɔv'nitstfɔ]

gouverneur (de)	gubernator (m)	[gubɛr'natɔr]
consul (de)	konsul (m)	['kɔnsuʎ]
diplomaat (de)	dyplomata (m)	[dɨplɔ'mata]
burgemeester (de)	mer (m)	[mɛr]
sheriff (de)	szeryf (m)	['ʃɛrɨf]

keizer (bijv. Romeinse ~)	cesarz (m)	['tsɛsaʃ]
tsaar (de)	car (m)	[tsar]
farao (de)	faraon (m)	[fa'raɔn]
kan (de)	chan (m)	[han]

160. De wet overtreden. Criminelen. Deel 1

bandiet (de)	bandyta (m)	[ban'dɨta]
misdaad (de)	przestępstwo (n)	[pʃɛs'tɛ̃pstfɔ]
misdadiger (de)	przestępca (m)	[pʃɛs'tɛ̃ptsa]

dief (de)	złodziej (m)	['zwɔdʑej]
stelen (ww)	kraść	[kraɕtʃ]
stelen (de)	złodziejstwo (n)	[zwɔ'dʑejstfɔ]
diefstal (de)	kradzież (ż)	['kradʑeʃ]
kidnappen (ww)	porwać	['pɔrvatʃ]

| kidnapping (de) | porwanie (n) | [pɔr'vane] |
| kidnapper (de) | porywacz (m) | [pɔ'rivatʃ] |

| losgeld (het) | okup (m) | ['ɔkup] |
| eisen losgeld (ww) | żądać okupu | ['ʒɔ̃datʃ ɔ'kupu] |

| overvallen (ww) | rabować | [ra'bɔvatʃ] |
| overvaller (de) | rabuś (m) | ['rabuɕ] |

afpersen (ww)	wymuszać	[vi'muʃatʃ]
afperser (de)	szantażysta (m)	[ʃanta'ʒista]
afpersing (de)	wymuszanie (n)	[vimu'ʃane]

vermoorden (ww)	zabić	['zabitʃ]
moord (de)	zabójstwo (n)	[za'bujstfɔ]
moordenaar (de)	zabójca (m)	[za'bujtsa]

schot (het)	strzał (m)	[stʃaw]
een schot lossen	wystrzelić	[vist'ʃɛlitʃ]
neerschieten (ww)	zastrzelić	[zast'ʃɛlitʃ]
schieten (ww)	strzelać	['stʃɛʎatʃ]
schieten (het)	strzelanina (z)	[stʃɛʎa'nina]
ongeluk (gevecht, enz.)	wypadek (m)	[vi'padɛk]
gevecht (het)	bójka (z)	['bujka]
slachtoffer (het)	ofiara (z)	[ɔ'fʲara]

beschadigen (ww)	uszkodzić	[uʃ'kɔdʑitʃ]
schade (de)	uszczerbek (m)	[uʃt'ʃɛrbɛk]
lijk (het)	zwłoki (l.mn.)	['zvwɔki]
zwaar (~ misdrijf)	ciężki	['tʃenʃki]

aanvallen (ww)	napaść	['napaɕtʃ]
slaan (iemand ~)	bić	[bitʃ]
in elkaar slaan (toetakelen)	pobić	['pɔbitʃ]
ontnemen (beroven)	zabrać	['zabratʃ]
steken (met een mes)	zadźgać	['zʲadʑgatʃ]
verminken (ww)	okaleczyć	[ɔka'letʃitʃ]
verwonden (ww)	zranić	['zranitʃ]

chantage (de)	szantaż (m)	['ʃantaʃ]
chanteren (ww)	szantażować	[ʃanta'ʒɔvatʃ]
chanteur (de)	szantażysta (m)	[ʃanta'ʒista]

afpersing (de)	wymuszania (l.mn.)	[vimu'ʃaɲa]
afperser (de)	kanciarz (m)	['kantʃaʃ]
gangster (de)	gangster (m)	['gaŋstɛr]
maffia (de)	mafia (z)	['mafʲja]

kruimeldief (de)	kieszonkowiec (m)	[keʃɔ'ŋkɔvets]
inbreker (de)	włamywacz (m)	[vwa'mivatʃ]
smokkelen (het)	przemyt (m)	['pʃɛmit]
smokkelaar (de)	przemytnik (m)	[pʃɛ'mitnik]

namaak (de)	falsyfikat (m)	[faʎsi'fikat]
namaken (ww)	podrabiać	[pɔd'rabʲatʃ]
namaak-, vals (bn)	fałszywy	[faw'ʃivi]

161. De wet overtreden. Criminelen. Deel 2

verkrachting (de)	gwałt (m)	[gvawt]
verkrachten (ww)	zgwałcić	['gvawtʃitʃ]
verkrachter (de)	gwałciciel (m)	[gvaw'tʃitʃeʎ]
maniak (de)	maniak (m)	['maɲjak]

prostituee (de)	prostytutka (ż)	[prɔsti'tutka]
prostitutie (de)	prostytucja (ż)	[prɔsti'tutsʰja]
pooier (de)	sutener (m)	[su'tɛnɛr]

drugsverslaafde (de)	narkoman (m)	[nar'kɔman]
drugshandelaar (de)	handlarz narkotyków (m)	['handʎaʒ narkɔ'tikuf]

opblazen (ww)	wysadzić w powietrze	[vi'sadʑitʃ f pɔ'vetʃɛ]
explosie (de)	wybuch (m)	['vibuh]
in brand steken (ww)	podpalić	[pɔt'palitʃ]
brandstichter (de)	podpalacz (m)	[pɔt'paʎatʃ]

terrorisme (het)	terroryzm (m)	[tɛ'rɔrizm]
terrorist (de)	terrorysta (m)	[tɛrɔ'rista]
gijzelaar (de)	zakładnik (m)	[zak'wadnik]

bedriegen (ww)	oszukać	[ɔ'ʃukatʃ]
bedrog (het)	oszustwo (n)	[ɔ'ʃustfɔ]
oplichter (de)	oszust (m)	['ɔʃust]

omkopen (ww)	przekupić	[pʃɛ'kupitʃ]
omkoperij (de)	przekupstwo (n)	[pʃɛ'kupstfɔ]
smeergeld (het)	łapówka (ż)	[wa'pufka]

vergif (het)	trucizna (ż)	[tru'tʃizna]
vergiftigen (ww)	otruć	['ɔtrutʃ]
vergif innemen (ww)	otruć się	['ɔtrutʃ ɕɛ̃]

zelfmoord (de)	samobójstwo (ż)	[samɔ'bujstfɔ]
zelfmoordenaar (de)	samobójca (m)	[samɔ'bujtsa]

bedreigen (bijv. met een pistool)	grozić	['grɔʑitʃ]
bedreiging (de)	groźba (ż)	['grɔʑ'ba]
een aanslag plegen	targnąć się	['targnɔ̃tʃ ɕɛ̃]
aanslag (de)	zamach (m)	['zamah]

stelen (een auto)	ukraść	['ukraɕtʃ]
kapen (een vliegtuig)	porwać	['pɔrvatʃ]

wraak (de)	zemsta (ż)	['zɛmsta]
wreken (ww)	mścić się	[mɕtʃitʃ ɕɛ̃]

martelen (gevangenen)	torturować	[tortu'rɔvatʃ]
foltering (de)	tortury (l.mn.)	[tɔr'turi]
folteren (ww)	znęcać się	['znɛntsatʃ ɕɛ̃]
piraat (de)	pirat (m)	['pirat]
straatschender (de)	chuligan (m)	[hu'ligan]

gewapend (bn)	uzbrojony	[uzbrɔɔnɨ]
geweld (het)	przemoc (ż)	[ˈpʃɛmɔʦ]

spionage (de)	szpiegostwo (n)	[ʃpeˈgɔstfɔ]
spioneren (ww)	szpiegować	[ʃpeˈgɔvaʨ]

162. Politie. Wet. Deel 1

gerecht (het)	sprawiedliwość (ż)	[spravedˈlivɔʨ]
gerechtshof (het)	sąd (m)	[sɔt]

rechter (de)	sędzia (m)	[ˈsɛdʑʲa]
jury (de)	przysięgli (l.mn.)	[pʃiˈɕeŋli]
juryrechtspraak (de)	sąd (m) przysięgłych	[sɔt pʃiˈɕeŋwih]
berechten (ww)	sądzić	[ˈsɔˈʥiʨ]

advocaat (de)	adwokat (m)	[adˈvɔkat]
beklaagde (de)	oskarżony (m)	[ɔskarˈʒɔnɨ]
beklaagdenbank (de)	ława (ż) oskarżonych	[ˈwava ɔskarˈʒɔnih]

beschuldiging (de)	oskarżenie (n)	[ɔskarˈʒɛne]
beschuldigde (de)	oskarżony (m)	[ɔskarˈʒɔnɨ]

vonnis (het)	wyrok (m)	[ˈvirɔk]
veroordelen	skazać	[ˈskazaʨ]
(in een rechtszaak)		

schuldige (de)	sprawca (m), winny (m)	[ˈspraftsa], [ˈviɲi]
straffen (ww)	ukarać	[uˈkaraʨ]
bestraffing (de)	kara (ż)	[ˈkara]

boete (de)	kara (ż)	[ˈkara]
levenslange opsluiting (de)	dożywocie (n)	[dɔʑiˈvɔʨe]
doodstraf (de)	kara śmierci (ż)	[ˈkara ˈɕmerʧi]
elektrische stoel (de)	krzesło (n) elektryczne	[ˈkʃɛswɔ ɛlektˈritʃnɛ]
schavot (het)	szubienica (ż)	[ʃubeˈnitsa]

executeren (ww)	stracić	[ˈstraʧiʨ]
executie (de)	egzekucja (ż)	[ɛgzɛˈkutsʰja]

gevangenis (de)	więzienie (n)	[vɛ̃ˈʒene]
cel (de)	cela (ż)	[ˈʦɛʎa]

konvooi (het)	konwój (m)	[ˈkɔnvuj]
gevangenisbewaker (de)	nadzorca (m)	[naˈʣɔrtsa]
gedetineerde (de)	więzień (m)	[ˈveɲʒɛ̃]

handboeien (mv.)	kajdanki (l.mn.)	[kajˈdaŋki]
handboeien omdoen	założyć kajdanki	[zaˈwɔʑiʨ kajˈdaŋki]

ontsnapping (de)	ucieczka (ż)	[uˈtʃetʃka]
ontsnappen (ww)	uciec	[ˈutʃets]
verdwijnen (ww)	zniknąć	[ˈzniknɔ̃ʨ]
vrijlaten (uit de gevangenis)	zwolnić	[ˈzvɔʎniʨ]

amnestie (de)	amnestia (z)	[am'nɛstʰja]
politie (de)	policja (z)	[pɔ'liʦʰja]
politieagent (de)	policjant (m)	[pɔ'liʦʰjant]
politiebureau (het)	komenda (z)	[kɔ'mɛnda]
knuppel (de)	pałka (z) gumowa	['pawka gu'mɔva]
megafoon (de)	głośnik (m)	['gwɔɕnik]

patrouilleerwagen (de)	samochód (m) patrolowy	[sa'mɔhut patrɔ'lɔvɨ]
sirene (de)	syrena (z)	[sɨ'rɛna]
de sirene aansteken	włączyć syrenę	['vwõʧiʧ sɨ'rɛnɛ̃]
geloei (het) van de sirene	wycie (n) syreny	['viʧe sɨ'rɛnɨ]

plaats delict (de)	miejsce (n) zdarzenia	['mejsʦɛ zda'ʒɛɲa]
getuige (de)	świadek (m)	['ɕfʲadɛk]
vrijheid (de)	wolność (z)	['vɔʎnɔɕʧ]
handlanger (de)	współsprawca (m)	[fspuwsp'raftsa]
ontvluchten (ww)	ukryć się	['ukriʧ ɕɛ̃]
spoor (het)	ślad (m)	[ɕʎat]

163. Politie. Wet. Deel 2

opsporing (de)	poszukiwania (l.mn.)	[pɔʃuki'vaɲa]
opsporen (ww)	poszukiwać	[pɔʃu'kivaʧ]
verdenking (de)	podejrzenie (n)	[pɔdɛj'ʒɛne]
verdacht (bn)	podejrzany	[pɔdɛj'ʒanɨ]
aanhouden (stoppen)	zatrzymać	[zat'ʃimaʧ]
tegenhouden (ww)	zatrzymać	[zat'ʃimaʧ]

strafzaak (de)	sprawa (z)	['sprava]
onderzoek (het)	śledztwo (n)	['ɕletstfɔ]
detective (de)	detektyw (m)	[dɛ'tɛktiv]
onderzoeksrechter (de)	śledczy (m)	['ɕletʃi]
versie (de)	wersja (z)	['vɛrsʰja]

motief (het)	motyw (m)	['mɔtif]
verhoor (het)	przesłuchanie (n)	[pʃɛswu'hane]
ondervragen (door de politie)	przesłuchiwać	[pʃɛswu'hivaʧ]
ondervragen (omstanders ~)	przesłuchiwać	[pʃɛswu'hivaʧ]
controle (de)	kontrola (z)	[kɔnt'rɔʎa]

razzia (de)	obława (z)	[ɔb'wava]
huiszoeking (de)	rewizja (z)	[rɛ'vizʰja]
achtervolging (de)	pogoń (z)	['pɔgɔɲ]
achtervolgen (ww)	ścigać	['ɕʧigaʧ]
opsporen (ww)	śledzić	['ɕledʑiʧ]

arrest (het)	areszt (m)	['arɛʃt]
arresteren (ww)	aresztować	[arɛʃ'tɔvaʧ]
vangen, aanhouden (een dief, enz.)	złapać	['zwapaʧ]
aanhouding (de)	pojmanie (n)	[pɔj'manie]

document (het)	dokument (m)	[dɔ'kumɛnt]
bewijs (het)	dowód (m)	['dɔvut]

bewijzen (ww)	udowadniać	[udɔ'vadɲatʃ]
voetspoor (het)	ślad (m)	[ɕʌat]
vingerafdrukken (mv.)	odciski (l.mn.) palców	[ɔ'tʃiski 'paʌtsuf]
bewijs (het)	poszlaka (ż)	[pɔʃ'ʌaka]

alibi (het)	alibi (n)	[a'libi]
onschuldig (bn)	niewinny	[ne'viɲi]
onrecht (het)	niesprawiedliwość (ż)	[nespraved'livɔɕtʃ]
onrechtvaardig (bn)	niesprawiedliwy	[nespraved'livi]

crimineel (bn)	kryminalny	[krimi'naʌni]
confisqueren	konfiskować	[kɔnfis'kɔvatʃ]
(in beslag nemen)		
drug (de)	narkotyk (m)	[nar'kɔtik]
wapen (het)	broń (ż)	[brɔɲ]
ontwapenen (ww)	rozbroić	[rɔzb'rɔitʃ]
bevelen (ww)	rozkazywać	[rɔska'zivatʃ]
verdwijnen (ww)	zniknąć	['zniknɔ̃tʃ]

wet (de)	prawo (n)	['pravɔ]
wettelijk (bn)	legalny	[le'gaʌni]
onwettelijk (bn)	nielegalny	[nele'gaʌni]

| verantwoordelijkheid (de) | odpowiedzialność (ż) | [ɔtpɔve'dʑaʌnɔɕtʃ] |
| verantwoordelijk (bn) | odpowiedzialny | [ɔtpɔve'dʑaʌni] |

NATUUR

De Aarde. Deel 1

164. De kosmische ruimte

kosmos (de)	kosmos (m)	['kɔsmɔs]
kosmisch (bn)	kosmiczny	[kɔs'mitʃnɨ]
kosmische ruimte (de)	przestrzeń (z) kosmiczna	['pʃɛstʃɛɲ kɔs'mitʃna]
wereld (de)	świat (m)	[ɕfʲat]
heelal (het)	wszechświat (m)	['fʃɛhɕfʲat]
sterrenstelsel (het)	galaktyka (z)	[ga'ʎaktɨka]
ster (de)	gwiazda (z)	['gvʲazda]
sterrenbeeld (het)	gwiazdozbiór (m)	[gvʲaz'dɔzbyr]
planeet (de)	planeta (z)	[pʎa'nɛta]
satelliet (de)	satelita (m)	[satɛ'lita]
meteoriet (de)	meteoryt (m)	[mɛtɛ'ɔrɨt]
komeet (de)	kometa (z)	[kɔ'mɛta]
asteroïde (de)	asteroida (z)	[astɛrɔ'ida]
baan (de)	orbita (z)	[ɔr'bita]
draaien (om de zon, enz.)	obracać się	[ɔb'ratsatʃ ɕɛ̃]
atmosfeer (de)	atmosfera (z)	[atmɔs'fɛra]
Zon (de)	Słońce (n)	['swɔɲtsɛ]
zonnestelsel (het)	Układ (m) Słoneczny	['ukwad swɔ'nɛtʃnɨ]
zonsverduistering (de)	zaćmienie (n) słońca	[zatʃ'mene 'swɔɲtsa]
Aarde (de)	Ziemia (z)	['ʒemʲa]
Maan (de)	Księżyc (m)	['kɕenʒɨts]
Mars (de)	Mars (m)	[mars]
Venus (de)	Wenus (z)	['vɛnus]
Jupiter (de)	Jowisz (m)	[ɔviʃ]
Saturnus (de)	Saturn (m)	['saturn]
Mercurius (de)	Merkury (m)	[mɛr'kurɨ]
Uranus (de)	Uran (m)	['uran]
Neptunus (de)	Neptun (m)	['nɛptun]
Pluto (de)	Pluton (m)	['plytɔn]
Melkweg (de)	Droga (z) Mleczna	['drɔga 'mletʃna]
Grote Beer (de)	Wielki Wóz (m)	['veʎki vus]
Poolster (de)	Gwiazda (z) Polarna	['gvʲazda pɔ'ʎarna]
marsmannetje (het)	Marsjanin (m)	[marsʰʲjanin]
buitenaards wezen (het)	kosmita (m)	[kɔs'mita]

| bovenaards (het) | obcy (m) | ['ɔbtsi] |
| vliegende schotel (de) | talerz (m) latający | ['taleʃ ʎataɔ̃tsi] |

ruimtevaartuig (het)	statek (m) kosmiczny	['statɛk kɔs'mitʃni]
ruimtestation (het)	stacja (z) kosmiczna	['statsʰja kɔs'mitʃna]
start (de)	start (m)	[start]

motor (de)	silnik (m)	['ɕiʎnik]
straalpijp (de)	dysza (z)	['diʃa]
brandstof (de)	paliwo (n)	[pa'livɔ]

cabine (de)	kabina (z)	[ka'bina]
antenne (de)	antena (z)	[an'tɛna]
patrijspoort (de)	iluminator (m)	[ilymi'natɔr]
zonnebatterij (de)	bateria (z) słoneczna	[ba'tɛrʲja swɔ'nɛtʃna]
ruimtepak (het)	skafander (m)	[ska'fandɛr]

| gewichtloosheid (de) | nieważkość (z) | [ne'vaʃkɔɕʧ] |
| zuurstof (de) | tlen (m) | [tlen] |

| koppeling (de) | połączenie (n) | [powɔ̃t'ʃɛne] |
| koppeling maken | łączyć się | ['wɔ̃tʃiʧ ɕɛ̃] |

observatorium (het)	obserwatorium (n)	[ɔbsɛrva'torʰjum]
telescoop (de)	teleskop (m)	[tɛ'leskɔp]
waarnemen (ww)	obserwować	[ɔbsɛr'vɔvaʧ]
exploreren (ww)	badać	['badaʧ]

165. De Aarde

Aarde (de)	Ziemia (z)	['ʒemʲa]
aardbol (de)	kula (z) ziemska	['kuʎa 'ʒemska]
planeet (de)	planeta (z)	[pʎa'nɛta]

atmosfeer (de)	atmosfera (z)	[atmɔs'fɛra]
aardrijkskunde (de)	geografia (z)	[gɛɔg'rafʰja]
natuur (de)	przyroda (z)	[pʃi'rɔda]

wereldbol (de)	globus (m)	['glɔbus]
kaart (de)	mapa (z)	['mapa]
atlas (de)	atlas (m)	['atʎas]

| Europa (het) | Europa (z) | [ɛu'rɔpa] |
| Azië (het) | Azja (z) | ['azʰja] |

| Afrika (het) | Afryka (z) | ['afrika] |
| Australië (het) | Australia (z) | [aust'raʎja] |

Amerika (het)	Ameryka (z)	[a'mɛrika]
Noord-Amerika (het)	Ameryka (z) Północna	[a'mɛrika puw'nɔtsna]
Zuid-Amerika (het)	Ameryka (z) Południowa	[a'mɛrika powud'nɔva]

| Antarctica (het) | Antarktyda (z) | [antark'tida] |
| Arctis (de) | Arktyka (z) | ['arktika] |

166. Windrichtingen

noorden (het)	północ (ż)	['puwnɔts]
naar het noorden	na północ	[na 'puwnɔts]
in het noorden	na północy	[na puw'nɔtsi]
noordelijk (bn)	północny	[puw'nɔtsni]
zuiden (het)	południe (n)	[pɔ'wudne]
naar het zuiden	na południe	[na pɔ'wudne]
in het zuiden	na południu	[na pɔ'wudny]
zuidelijk (bn)	południowy	[pɔwud'nɜvi]
westen (het)	zachód (m)	['zahut]
naar het westen	na zachód	[na 'zahut]
in het westen	na zachodzie	[na za'hɔdʒe]
westelijk (bn)	zachodni	[za'hɔdni]
oosten (het)	wschód (m)	[fshut]
naar het oosten	na wschód	['na fshut]
in het oosten	na wschodzie	[na 'fshɔdʒe]
oostelijk (bn)	wschodni	['fshɔdni]

167. Zee. Oceaan

zee (de)	morze (n)	['mɔʒɛ]
oceaan (de)	ocean (m)	[ɔ'tsɛan]
golf (baai)	zatoka (ż)	[za'tɔka]
straat (de)	cieśnina (ż)	[tɕeɕ'nina]
grond (vaste grond)	ląd (m)	[lɔ̃t]
continent (het)	kontynent (m)	[kɔn'tinɛnt]
eiland (het)	wyspa (ż)	['vispa]
schiereiland (het)	półwysep (m)	[puw'visɛp]
archipel (de)	archipelag (m)	[arhi'pɛʎak]
baai, bocht (de)	zatoka (ż)	[za'tɔka]
haven (de)	port (m)	[pɔrt]
lagune (de)	laguna (ż)	[ʎa'guna]
kaap (de)	przylądek (m)	[pʃilɔ̃dɛk]
atol (de)	atol (m)	['atɔʎ]
rif (het)	rafa (ż)	['rafa]
koraal (het)	koral (m)	['kɔral]
koraalrif (het)	rafa (ż) koralowa	['rafa kɔra'lɜva]
diep (bn)	głęboki	[gwɛ̃'bɔki]
diepte (de)	głębokość (ż)	[gwɛ̃'bɔkɔɕtɕ]
diepzee (de)	otchłań (ż)	['ɔthwaɲ]
trog (bijv. Marianentrog)	rów (m)	[ruf]
stroming (de)	prąd (m)	[prɔ̃t]
omspoelen (ww)	omywać	[ɔ'mivatɕ]
oever (de)	brzeg (m)	[bʒɛk]

157

kust (de)	wybrzeże (n)	[vib'ʒɛʒe]
vloed (de)	przypływ (m)	['pʃipwif]
eb (de)	odpływ (m)	['ɔtpwif]
ondiepte (ondiep water)	mielizna (ż)	[me'lizna]
bodem (de)	dno (n)	[dnɔ]

golf (hoge ~)	fala (ż)	['faʎa]
golfkam (de)	grzywa (ż) fali	['gʒiva 'fali]
schuim (het)	piana (ż)	['pʲana]

orkaan (de)	huragan (m)	[hu'ragan]
tsunami (de)	tsunami (n)	[tsu'nami]
windstilte (de)	cisza (ż) morska	['tʃiʃa 'mɔrska]
kalm (bijv. ~e zee)	spokojny	[spɔ'kɔjni]

| pool (de) | biegun (m) | ['begun] |
| polair (bn) | polarny | [pɔ'ʎarni] |

breedtegraad (de)	szerokość (ż)	[ʃɛ'rɔkɔɕtʃ]
lengtegraad (de)	długość (ż)	['dwugɔɕtʃ]
parallel (de)	równoleżnik (m)	[ruvnɔ'leʒnik]
evenaar (de)	równik (m)	['ruvnik]

hemel (de)	niebo (n)	['nebɔ]
horizon (de)	horyzont (m)	[hɔ'rizɔnt]
lucht (de)	powietrze (n)	[pɔ'vetʃɛ]

vuurtoren (de)	latarnia (ż) morska	[ʎa'tarɲa 'mɔrska]
duiken (ww)	nurkować	[nur'kɔvatʃ]
zinken (ov. een boot)	zatonąć	[za'tɔ̃ɲtʃ]
schatten (mv.)	skarby (l.mn.)	['skarbi]

168. Bergen

berg (de)	góra (ż)	['gura]
bergketen (de)	łańcuch (m) górski	['waɲtsuh 'gurski]
gebergte (het)	grzbiet (m) górski	[gʒbet 'gurski]

bergtop (de)	szczyt (m)	[ʃtʃit]
bergpiek (de)	szczyt (m)	[ʃtʃit]
voet (ov. de berg)	podnóże (n)	[pɔd'nuʒɛ]
helling (de)	zbocze (n)	['zbɔtʃɛ]

vulkaan (de)	wulkan (m)	['vuʎkan]
actieve vulkaan (de)	czynny (m) wulkan	['tʃiɲi 'vuʎkan]
uitgedoofde vulkaan (de)	wygasły (m) wulkan	[vi'gaswi 'vuʎkan]

uitbarsting (de)	wybuch (m)	['vibuh]
krater (de)	krater (m)	['kratɛr]
magma (het)	magma (ż)	['magma]
lava (de)	lawa (ż)	['ʎava]
gloeiend (~e lava)	rozżarzony	[rɔzʒa'ʒɔni]
kloof (canyon)	kanion (m)	['kaɲɔn]
bergkloof (de)	wąwóz (m)	['võvus]

spleet (de)	rozpadlina (m)	[rɔspad'lina]
bergpas (de)	przełęcz (ż)	['pʃɛwɛ̃tʃ]
plateau (het)	płaskowyż (m)	[pwas'kɔvɨʃ]
klip (de)	skała (ż)	['skawa]
heuvel (de)	wzgórze (ż)	['vzguʒɛ]

gletsjer (de)	lodowiec (m)	[lɜ'dɔveʦ]
waterval (de)	wodospad (m)	[vɔ'dɔspat]
geiser (de)	gejzer (m)	['gɛjzɛr]
meer (het)	jezioro (m)	[e'ʒɜrɔ]

vlakte (de)	równina (ż)	[ruv'nina]
landschap (het)	pejzaż (m)	['pɛjzaʃ]
echo (de)	echo (n)	['ɛhɔ]

alpinist (de)	alpinista (m)	[aʎpi'nista]
bergbeklimmer (de)	wspinacz (m)	['fspinatʃ]
trotseren (berg ~)	pokonywać	[pɔkɔ'nɨvatʃ]
beklimming (de)	wspinaczka (ż)	[fspi'natʃka]

169. Rivieren

rivier (de)	rzeka (m)	['ʒɛka]
bron (~ van een rivier)	źródło (n)	['ź'rudwɔ]
rivierbedding (de)	koryto (n)	[kɔ'ritɔ]
rivierbekken (het)	dorzecze (n)	[dɔ'ʒɛtʃɛ]
uitmonden in ...	wpadać	['fpadatʃ]

zijrivier (de)	dopływ (m)	['dɔpwɨf]
oever (de)	brzeg (m)	[bʒɛk]

stroming (de)	prąd (m)	[prɔ̃t]
stroomafwaarts (bw)	z prądem	[s 'prɔ̃dɛm]
stroomopwaarts (bw)	pod prąd	[pɔt prɔ̃t]

overstroming (de)	powódź (ż)	['pɔvutʃ]
overstroming (de)	wylew (m) rzeki	['vɨlef 'ʒɛki]
buiten zijn oevers treden	rozlewać się	[rɔz'levatʃ ɕɛ̃]
overstromen (ww)	zatapiać	[za'tapʲatʃ]

zandbank (de)	mielizna (ż)	[me'lizna]
stroomversnelling (de)	próg (m)	[pruk]

dam (de)	tama (ż)	['tama]
kanaal (het)	kanał (m)	['kanaw]
spaarbekken (het)	zbiornik (m) wodny	['zbɜrnik 'vɔdnɨ]
sluis (de)	śluza (ż)	['ɕlyza]

waterlichaam (het)	zbiornik (m) wodny	['zbɜrnik 'vɔdnɨ]
moeras (het)	bagno (n)	['bagnɔ]
broek (het)	grzęzawisko (n)	[gʒɛ̃za'viskɔ]
draaikolk (de)	wir (m) wodny	[vir 'vɔdnɨ]
stroom (de)	potok (m)	['pɔtɔk]
drink- (abn)	pitny	['pitnɨ]

zoet (~ water)	słodki	['swɔtki]
IJs (het)	lód (m)	[lyt]
bevriezen (rivier, enz.)	zamarznąć	[zaˈmarznɔ̃tʃ]

170. Bos

| bos (het) | las (m) | [ʎas] |
| bos- (abn) | leśny | [ˈleɕni] |

oerwoud (dicht bos)	gąszcz (z)	[gɔ̃ʃtʃ]
bosje (klein bos)	gaj (m), lasek (m)	[gaj], [ˈʎasɛk]
open plek (de)	polana (z)	[pɔˈʎana]

| struikgewas (het) | zarośla (l.mn.) | [zaˈrɔɕʎa] |
| struiken (mv.) | krzaki (l.mn.) | [ˈkʃaki] |

| paadje (het) | ścieżka (z) | [ˈɕtʃeʃka] |
| ravijn (het) | wąwóz (m) | [ˈvɔ̃vus] |

boom (de)	drzewo (n)	[ˈdʒɛvɔ]
blad (het)	liść (m)	[liɕtʃ]
gebladerte (het)	listowie (n)	[lisˈtɔve]

vallende bladeren (mv.)	opadanie (n) liści	[ɔpaˈdane ˈliɕtʃi]
vallen (ov. de bladeren)	opadać	[ɔˈpadatʃ]
boomtop (de)	wierzchołek (m)	[veʃˈhɔwɛk]

tak (de)	gałąź (z)	[ˈgawɔ̃ɕ]
ent (de)	sęk (m)	[sɛ̃k]
knop (de)	pączek (m)	[ˈpɔ̃tʃɛk]
naald (de)	igła (z)	[ˈigwa]
dennenappel (de)	szyszka (z)	[ˈʃɨʃka]

boom holte (de)	dziupla (z)	[ˈdʒypʎa]
nest (het)	gniazdo (n)	[ˈgɲazdɔ]
hol (het)	nora (z)	[ˈnɔra]

stam (de)	pień (m)	[peɲ]
wortel (bijv. boom~s)	korzeń (m)	[ˈkɔʒɛɲ]
schors (de)	kora (z)	[ˈkɔra]
mos (het)	mech (m)	[mɛh]

ontwortelen (een boom)	karczować	[kartʃˈʃɔvatʃ]
kappen (een boom ~)	ścinać	[ˈɕtʃinatʃ]
ontbossen (ww)	wycinać	[viˈtʃinatʃ]
stronk (de)	pieniek (m)	[ˈpenek]

kampvuur (het)	ognisko (n)	[ɔgˈniskɔ]
bosbrand (de)	pożar (m)	[ˈpɔʒar]
blussen (ww)	gasić	[ˈgaɕitʃ]
boswachter (de)	leśnik (m)	[ˈleɕnik]
bescherming (de)	ochrona (z)	[ɔhˈrona]
beschermen	chronić	[ˈhrɔnitʃ]
(bijv. de natuur ~)		

| stroper (de) | kłusownik (m) | [kwu'sɔvnik] |
| val (de) | potrzask (m) | ['pɔtʃask] |

| plukken (vruchten, enz.) | zbierać | ['zberatʃ] |
| verdwalen (de weg kwijt zijn) | zabłądzić | [zab'wɔ̃dʒitʃ] |

171. Natuurlijke hulpbronnen

natuurlijke rijkdommen (mv.)	zasoby (l.mn.) naturalne	[za'sɔbɨ natu'raʎnɛ]
delfstoffen (mv.)	kopaliny (l.mn.) użyteczne	[kɔpa'linɨ uʒɨ'tɛtʃnɛ]
lagen (mv.)	złoża (l.mn.)	['zwɔʒa]
veld (bijv. olie~)	złoże (n)	['zwɔʒɛ]

winnen (uit erts ~)	wydobywać	[vɨdɔ'bɨvatʃ]
winning (de)	wydobywanie (n)	[vɨdɔbɨ'vane]
erts (het)	ruda (z)	['ruda]
mijn (bijv. kolenmijn)	kopalnia (z) rudy	[kɔ'paʎna 'rudɨ]
mijnschacht (de)	szyb (m)	[ʃɨb]
mijnwerker (de)	górnik (m)	['gurnik]

| gas (het) | gaz (m) | [gas] |
| gasleiding (de) | gazociąg (m) | [ga'zɔtʃɔ̃k] |

olie (aardolie)	ropa (z) naftowa	['rɔpa naf'tɔva]
olieleiding (de)	rurociąg (m)	[ru'rɔtʃɔ̃k]
oliebron (de)	szyb (m) naftowy	[ʃɨp naf'tɔvɨ]
boortoren (de)	wieża (z) wiertnicza	['veʒa vert'nitʃa]
tanker (de)	tankowiec (m)	[ta'ŋkɔvets]

zand (het)	piasek (m)	['pʲasɛk]
kalksteen (de)	wapień (m)	['vapeɲ]
grind (het)	żwir (m)	[ʒvir]
veen (het)	torf (m)	[tɔrf]
klei (de)	glina (z)	['glina]
steenkool (de)	węgiel (m)	['vɛŋeʎ]

IJzer (het)	żelazo (n)	[ʒɛ'ʎazɔ]
goud (het)	złoto (n)	['zwɔtɔ]
zilver (het)	srebro (n)	['srɛbrɔ]
nikkel (het)	nikiel (n)	['nikeʎ]
koper (het)	miedź (z)	[metʃ]

zink (het)	cynk (m)	[tsɨŋk]
mangaan (het)	mangan (m)	['maŋan]
kwik (het)	rtęć (z)	[rtɛ̃tʃ]
lood (het)	ołów (m)	['ɔwuf]

mineraal (het)	minerał (m)	[mi'nɛraw]
kristal (het)	kryształ (m)	['krɨʃtaw]
marmer (het)	marmur (m)	['marmur]
uraan (het)	uran (m)	['uran]

De Aarde. Deel 2

172. Weer

weer (het)	pogoda (ż)	[pɔˈgɔda]
weersvoorspelling (de)	prognoza (ż) pogody	[prɔgˈnɔza pɔˈgɔdɨ]
temperatuur (de)	temperatura (ż)	[tɛmpɛraˈtura]
thermometer (de)	termometr (m)	[tɛrˈmɔmɛtr]
barometer (de)	barometr (m)	[baˈrɔmɛtr]
vochtigheid (de)	wilgoć (ż)	[ˈviʎgɔʧ]
hitte (de)	żar (m)	[ʒar]
heet (bn)	upalny, gorący	[uˈpaʎni], [gɔˈrɔ̃ʦi]
het is heet	gorąco	[gɔˈrɔ̃ʦɔ]
het is warm	ciepło	[ˈʧepwɔ]
warm (bn)	ciepły	[ˈʧepwɨ]
het is koud	zimno	[ˈʑimnɔ]
koud (bn)	zimny	[ˈʑimnɨ]
zon (de)	słońce (n)	[ˈswɔɲʦɛ]
schijnen (de zon)	świecić	[ˈɕfeʧiʨ]
zonnig (~e dag)	słoneczny	[swɔˈnɛʧnɨ]
opgaan (ov. de zon)	wzejść	[vzɛjɕʨ]
ondergaan (ww)	zajść	[zajɕʨ]
wolk (de)	obłok (m)	[ˈɔbwɔk]
bewolkt (bn)	zachmurzony	[zahmuˈʒɔnɨ]
regenwolk (de)	chmura (ż)	[ˈhmura]
somber (bn)	pochmurny	[pɔhˈmurnɨ]
regen (de)	deszcz (m)	[dɛʃʧ]
het regent	pada deszcz	[ˈpada dɛʃʧ]
regenachtig (bn)	deszczowy	[dɛʃˈʧɔvɨ]
motregenen (ww)	mżyć	[mʒɨʧ]
plensbui (de)	ulewny deszcz (m)	[uˈlevnɨ dɛʃʧ]
stortbui (de)	ulewa (ż)	[uˈleva]
hard (bn)	silny	[ˈɕiʎni]
plas (de)	kałuża (ż)	[kaˈwuʒa]
nat worden (ww)	moknąć	[ˈmɔknɔ̃ʧ]
mist (de)	mgła (ż)	[mgwa]
mistig (bn)	mglisty	[ˈmglistɨ]
sneeuw (de)	śnieg (m)	[ɕnek]
het sneeuwt	pada śnieg	[ˈpada ɕnek]

173. Zwaar weer. Natuurrampen

noodweer (storm)	burza (ż)	['buʒa]
bliksem (de)	błyskawica (ż)	[bwiska'vitsa]
flitsen (ww)	błyskać	['bwiskatʃ]
donder (de)	grzmot (m)	[gʒmɔt]
donderen (ww)	grzmieć	[gʒmetʃ]
het dondert	grzmi	[gʒmi]
hagel (de)	grad (m)	[grat]
het hagelt	pada grad	['pada grat]
overstromen (ww)	zatopić	[za'tɔpitʃ]
overstroming (de)	powódź (ż)	['pɔvutʃ]
aardbeving (de)	trzęsienie (n) ziemi	[tʃɛ̃'ɕene 'ʒemi]
aardschok (de)	wstrząs (m)	[fstʃɔ̃s]
epicentrum (het)	epicentrum (n)	[ɛpi'tsɛntrum]
uitbarsting (de)	wybuch (m)	['vibuh]
lava (de)	lawa (ż)	['ʎava]
wervelwind (de)	trąba (ż) powietrzna	['trɔ̃ba pɔ'vetʃna]
windhoos (de)	tornado (n)	[tɔr'nadɔ]
tyfoon (de)	tajfun (m)	['tajfun]
orkaan (de)	huragan (m)	[hu'ragan]
storm (de)	burza (ż)	['buʒa]
tsunami (de)	tsunami (n)	[tsu'nami]
cycloon (de)	cyklon (m)	['tsiklɔn]
onweer (het)	niepogoda (ż)	[nepɔ'gɔda]
brand (de)	pożar (m)	['pɔʒar]
ramp (de)	katastrofa (ż)	[katast'rɔfa]
meteoriet (de)	meteoryt (m)	[mɛtɛ'ɔrit]
lawine (de)	lawina (ż)	[ʎa'vina]
sneeuwverschuiving (de)	lawina (ż)	[ʎa'vina]
sneeuwjacht (de)	zamieć (ż)	['zametʃ]
sneeuwstorm (de)	śnieżyca (ż)	[ɕne'ʒitsa]

Fauna

174. Zoogdieren. Roofdieren

roofdier (het)	drapieżnik (m)	[dra'peʒnik]
tijger (de)	tygrys (m)	['tigris]
leeuw (de)	lew (m)	[lef]
wolf (de)	wilk (m)	[viʎk]
vos (de)	lis (m)	[lis]
jaguar (de)	jaguar (m)	[ja'guar]
luipaard (de)	lampart (m)	['ʎampart]
jachtluipaard (de)	gepard (m)	['gɛpart]
panter (de)	pantera (ż)	[pan'tɛra]
poema (de)	puma (ż)	['puma]
sneeuwluipaard (de)	irbis (m)	['irbis]
lynx (de)	ryś (m)	[riɕ]
coyote (de)	kojot (m)	['kɔɔt]
jakhals (de)	szakal (m)	['ʃakaʎ]
hyena (de)	hiena (ż)	['hʰena]

175. Wilde dieren

dier (het)	zwierzę (n)	['zveʒɛ̃]
beest (het)	dzikie zwierzę (n)	['dʑike 'zveʒɛ̃]
eekhoorn (de)	wiewiórka (ż)	[ve'vyrka]
egel (de)	jeż (m)	[eʃ]
haas (de)	zając (m)	['zaɔ̃ts]
konijn (het)	królik (m)	['krulik]
das (de)	borsuk (m)	['bɔrsuk]
wasbeer (de)	szop (m)	[ʃɔp]
hamster (de)	chomik (m)	['hɔmik]
marmot (de)	świstak (m)	['ɕfistak]
mol (de)	kret (m)	[krɛt]
muis (de)	mysz (ż)	[miʃ]
rat (de)	szczur (m)	[ʃtʃur]
vleermuis (de)	nietoperz (m)	[ne'tɔpɛʃ]
hermelijn (de)	gronostaj (m)	[grɔ'nɔstaj]
sabeldier (het)	soból (m)	['sɔbuʎ]
marter (de)	kuna (ż)	['kuna]
wezel (de)	łasica (ż)	[wa'ɕitsa]
nerts (de)	norka (ż)	['nɔrka]

| bever (de) | bóbr (m) | [bubr] |
| otter (de) | wydra (ż) | ['vɨdra] |

paard (het)	koń (m)	[kɔɲ]
eland (de)	łoś (m)	[wɔɕ]
hert (het)	jeleń (m)	['eleɲ]
kameel (de)	wielbłąd (m)	['veʌbwɔ̃t]

bizon (de)	bizon (m)	['bizɔn]
oeros (de)	żubr (m)	[ʒubr]
buffel (de)	bawół (m)	['bavuw]

zebra (de)	zebra (ż)	['zɛbra]
antilope (de)	antylopa (ż)	[antɨ'lɔpa]
ree (de)	sarna (ż)	['sarna]
damhert (het)	łania (ż)	['waɲa]
gems (de)	kozica (ż)	[kɔ'ʒiʦa]
everzwijn (het)	dzik (m)	[ʤik]

walvis (de)	wieloryb (m)	[ve'lɔrɨp]
rob (de)	foka (ż)	['fɔka]
walrus (de)	mors (m)	[mɔrs]
zeehond (de)	kot (m) morski	[kɔt 'mɔrski]
dolfijn (de)	delfin (m)	['dɛʌfin]

beer (de)	niedźwiedź (m)	['neʤʲvetʃ]
IJsbeer (de)	niedźwiedź (m) polarny	['neʤʲvetʃ pɔ'ʌarnɨ]
panda (de)	panda (ż)	['panda]

aap (de)	małpa (ż)	['mawpa]
chimpansee (de)	szympans (m)	['ʃimpans]
orang-oetan (de)	orangutan (m)	[ɔra'ɲutan]
gorilla (de)	goryl (m)	['gɔriʌ]
makaak (de)	makak (m)	['makak]
gibbon (de)	gibon (m)	['gibɔn]

olifant (de)	słoń (m)	['swɔɲ]
neushoorn (de)	nosorożec (m)	[nɔsɔ'rɔʒɛʦ]
giraffe (de)	żyrafa (ż)	[ʒɨ'rafa]
nijlpaard (het)	hipopotam (m)	[hipɔ'pɔtam]

| kangoeroe (de) | kangur (m) | ['kaɲur] |
| koala (de) | koala (ż) | [kɔ'aʌa] |

mangoest (de)	mangusta (ż)	[ma'ɲusta]
chinchilla (de)	szynszyla (ż)	[ʃɨn'ʃiʌa]
stinkdier (het)	skunks (m)	[skuŋks]
stekelvarken (het)	jeżozwierz (m)	[e'ʒɔzveʃ]

176. Huisdieren

poes (de)	kotka (ż)	['kɔtka]
kater (de)	kot (m)	[kɔt]
hond (de)	pies (m)	[pes]

paard (het)	koń (m)	[kɔɲ]
hengst (de)	źrebak (m), ogier (m)	[ˈʑʲrɛbak], [ˈɔgjer]
merrie (de)	klacz (ż)	[kʎatʃ]

koe (de)	krowa (ż)	[ˈkrɔva]
stier (de)	byk (m)	[bik]
os (de)	wół (m)	[vuw]

schaap (het)	owca (ż)	[ˈɔftsa]
ram (de)	baran (m)	[ˈbaran]
geit (de)	koza (ż)	[ˈkɔza]
bok (de)	kozioł (m)	[ˈkɔʒɜw]

| ezel (de) | osioł (m) | [ˈɔɕɜw] |
| muilezel (de) | muł (m) | [muw] |

varken (het)	świnia (ż)	[ˈɕfiɲa]
biggetje (het)	prosiak (m)	[ˈprɔɕak]
konijn (het)	królik (m)	[ˈkrulik]

| kip (de) | kura (ż) | [ˈkura] |
| haan (de) | kogut (m) | [ˈkɔgut] |

eend (de)	kaczka (ż)	[ˈkatʃka]
woerd (de)	kaczor (m)	[ˈkatʃɔr]
gans (de)	gęś (ż)	[gɛ̃ɕ]

| kalkoen haan (de) | indyk (m) | [ˈindɨk] |
| kalkoen (de) | indyczka (ż) | [inˈditʃka] |

huisdieren (mv.)	zwierzęta (l.mn.) domowe	[zveˈʒɛnta dɔˈmɔvɛ]
tam (bijv. hamster)	oswojony	[ɔsfɔɜnɨ]
temmen (tam maken)	oswajać	[ɔsˈfajatʃ]
fokken (bijv. paarden ~)	hodować	[hɔˈdɔvatʃ]

boerderij (de)	ferma (ż)	[ˈfɛrma]
gevogelte (het)	drób (m)	[drup]
rundvee (het)	bydło (n)	[ˈbɨdwɔ]
kudde (de)	stado (n)	[ˈstadɔ]

paardenstal (de)	stajnia (ż)	[ˈstajɲa]
zwijnenstal (de)	chlew (m)	[hlef]
koeienstal (de)	obora (ż)	[ɔˈbɔra]
konijnenhok (het)	klatka (ż) dla królików	[ˈklatka dʎa krɔˈlikɔf]
kippenhok (het)	kurnik (m)	[ˈkurnik]

177. Honden. Hondenrassen

hond (de)	pies (m)	[pes]
herdershond (de)	owczarek (m)	[ɔftˈʃarɛk]
poedel (de)	pudel (m)	[ˈpudɛʎ]
teckel (de)	jamnik (m)	[ˈjamnik]
buldog (de)	buldog (m)	[ˈbuʎdɔk]
boxer (de)	bokser (m)	[ˈbɔksɛr]

mastiff (de)	mastyf (m)	['mastif]
rottweiler (de)	rottweiler (m)	[rɔt'vajler]
doberman (de)	doberman (m)	[dɔ'bɛrman]

basset (de)	basset (m)	['basɛt]
bobtail (de)	owczarek (m) staroangielski	[ɔft'ʃarɛk starɔa'ŋeʎski]
dalmatièr (de)	dalmatyńczyk (m)	[daʎma'tiɲtʃik]
cockerspaniël (de)	cocker spaniel (m)	['kɔkɛr 'spaneʎ]

| newfoundlander (de) | nowofundland (m) | [nɔvɔ'fundʎant] |
| sint-bernard (de) | bernardyn (m) | [bɛr'nardɨn] |

poolhond (de)	husky (m)	['haski]
chowchow (de)	chow-chow (m)	[tʃau tʃau]
spits (de)	szpic (m)	[ʃpits]
mopshond (de)	mops (m)	[mɔps]

178. Dierengeluiden

geblaf (het)	szczekanie (n)	[ʃtʃɛ'kane]
blaffen (ww)	szczekać	['ʃtʃɛkatʃ]
miauwen (ww)	miauczeć	[mʲa'utʃɛtʃ]
spinnen (katten)	mruczeć	['mrutʃɛtʃ]

loeien (ov. een koe)	muczeć	['mutʃɛtʃ]
brullen (stier)	ryczeć	['ritʃɛtʃ]
grommen (ov. de honden)	warczeć	['vartʃɛtʃ]

gehuil (het)	wycie (n)	['vitʃe]
huilen (wolf, enz.)	wyć	['vitʃ]
janken (ov. een hond)	skomleć	['skɔmletʃ]

mekkeren (schapen)	beczeć	['bɛtʃɛtʃ]
knorren (varkens)	chrząkać	['hʃɔ̃katʃ]
gillen (bijv. varken)	kwiczeć	['kfitʃɛtʃ]

kwaken (kikvorsen)	kwakać	['kfakatʃ]
zoemen (hommel, enz.)	bzyczeć	['bzitʃɛtʃ]
tjirpen (sprinkhanen)	cykać	['tsɨkatʃ]

179. Vogels

vogel (de)	ptak (m)	[ptak]
duif (de)	gołąb (m)	['gɔwɔ̃p]
mus (de)	wróbel (m)	['vrubɛʎ]
koolmees (de)	sikorka (ż)	[ɕi'kɔrka]
ekster (de)	sroka (ż)	['srɔka]

raaf (de)	kruk (m)	[kruk]
kraai (de)	wrona (ż)	['vrɔna]
kauw (de)	kawka (ż)	['kafka]
roek (de)	gawron (m)	['gavrɔn]

eend (de)	kaczka (ż)	['katʃka]
gans (de)	gęś (ż)	[gɛ̃ɕ]
fazant (de)	bażant (m)	['baʒant]

arend (de)	orzeł (m)	['ɔʒɛw]
havik (de)	jastrząb (m)	['jastʃɔ̃p]
valk (de)	sokół (m)	['sɔkuw]
gier (de)	sęp (m)	[sɛ̃p]
condor (de)	kondor (m)	['kɔndɔr]

zwaan (de)	łabędź (m)	['wabɛ̃tʃ]
kraanvogel (de)	żuraw (m)	['ʒuraf]
ooievaar (de)	bocian (m)	['bɔtʃan]
papegaai (de)	papuga (ż)	[pa'puga]
kolibrie (de)	koliber (m)	[kɔ'libɛr]
pauw (de)	paw (m)	[paf]

struisvogel (de)	struś (m)	[struɕ]
reiger (de)	czapla (ż)	['tʃapʎa]
flamingo (de)	flaming (m)	['fʎamiŋ]
pelikaan (de)	pelikan (m)	[pɛ'likan]

nachtegaal (de)	słowik (m)	['swɔvik]
zwaluw (de)	jaskółka (ż)	[jas'kuwka]
lijster (de)	drozd (m)	[drɔst]
zanglijster (de)	drozd śpiewak (m)	[drɔst 'ɕpevak]
merel (de)	kos (m)	[kɔs]

gierzwaluw (de)	jerzyk (m)	['eʒik]
leeuwerik (de)	skowronek (m)	[skɔv'rɔnɛk]
kwartel (de)	przepiórka (ż)	[pʃɛ'pyrka]

specht (de)	dzięcioł (m)	['dʒɛ̃tʃow]
koekoek (de)	kukułka (ż)	[ku'kuwka]
uil (de)	sowa (ż)	['sɔva]
oehoe (de)	puchacz (m)	['puhatʃ]
auerhoen (het)	głuszec (m)	['gwuʃɛts]
korhoen (het)	cietrzew (m)	['tʃetʃɛf]
patrijs (de)	kuropatwa (ż)	[kurɔ'patfa]

spreeuw (de)	szpak (m)	[ʃpak]
kanarie (de)	kanarek (m)	[ka'narɛk]
hazelhoen (het)	jarząbek (m)	[ja'ʒɔ̃bɛk]
vink (de)	zięba (ż)	['ʒɛ̃ba]
goudvink (de)	gil (m)	[giʎ]

meeuw (de)	mewa (ż)	['mɛva]
albatros (de)	albatros (m)	[aʎ'batrɔs]
pinguïn (de)	pingwin (m)	['piŋvin]

180. Vogels. Zingen en geluiden

| fluiten, zingen (ww) | śpiewać | ['ɕpevatʃ] |
| schreeuwen (dieren, vogels) | krzyczeć | ['kʃitʃɛtʃ] |

| kraaien (ov. een haan) | piać | [pʲatʃ] |
| kukeleku | kukuryku | [kuku'riku] |

klokken (hen)	gdakać	['gdakatʃ]
krassen (kraai)	krakać	['krakatʃ]
kwaken (eend)	kwakać	['kfakatʃ]
piepen (kuiken)	piszczeć	['piɕtʃatʃ]
tjilpen (bijv. een mus)	ćwierkać	['tʃferkatʃ]

181. Vis. Zeedieren

brasem (de)	leszcz (m)	[leʃtʃ]
karper (de)	karp (m)	[karp]
baars (de)	okoń (m)	['ɔkɔɲ]
meerval (de)	sum (m)	[sum]
snoek (de)	szczupak (m)	['ʃtʃupak]

| zalm (de) | łosoś (m) | ['wɔsɔɕ] |
| steur (de) | jesiotr (m) | ['eɕɜtr] |

| haring (de) | śledź (m) | [ɕletʃ] |
| atlantische zalm (de) | łosoś (m) | ['wɔsɔɕ] |

| makreel (de) | makrela (ż) | [mak'rɛla] |
| platvis (de) | flądra (ż) | [flõdra] |

| snoekbaars (de) | sandacz (m) | ['sandatʃ] |
| kabeljauw (de) | dorsz (m) | [dɔrʃ] |

| tonijn (de) | tuńczyk (m) | ['tuɲtʃik] |
| forel (de) | pstrąg (m) | [pstrõk] |

| paling (de) | węgorz (m) | ['vɛŋɔʃ] |
| sidderrog (de) | drętwa (ż) | ['drɛntfa] |

| murene (de) | murena (ż) | [mu'rɛna] |
| piranha (de) | pirania (ż) | [pi'raɲja] |

haai (de)	rekin (m)	['rɛkin]
dolfijn (de)	delfin (m)	['dɛʎfin]
walvis (de)	wieloryb (m)	[ve'lɔrip]

krab (de)	krab (m)	[krap]
kwal (de)	meduza (ż)	[mɛ'duza]
octopus (de)	ośmiornica (ż)	[ɔɕmɔr'nitsa]

zeester (de)	rozgwiazda (ż)	[rɔzg'vʲazda]
zee-egel (de)	jeżowiec (m)	[e'ʒɔvets]
zeepaardje (het)	konik (m) morski	['kɔnik 'mɔrski]

oester (de)	ostryga (ż)	[ɔst'riga]
garnaal (de)	krewetka (ż)	[krɛ'vɛtka]
kreeft (de)	homar (m)	['hɔmar]
langoest (de)	langusta (ż)	[ʎa'ŋusta]

182. Amfibieën. Reptielen

| slang (de) | wąż (m) | [vɔ̃ʃ] |
| giftig (slang) | jadowity | [jadɔ'viti] |

adder (de)	żmija (ż)	['ʒmija]
cobra (de)	kobra (ż)	['kɔbra]
python (de)	pyton (m)	['pitɔn]
boa (de)	wąż dusiciel (m)	[vɔ̃ʒ du'ɕitʃeʎ]

ringslang (de)	zaskroniec (m)	[zask'rɔnets]
ratelslang (de)	grzechotnik (m)	[gʒɛ'hɔtnik]
anaconda (de)	anakonda (ż)	[ana'kɔnda]

hagedis (de)	jaszczurka (ż)	[jaʃt'ʃurka]
leguaan (de)	legwan (m)	['legvan]
varaan (de)	waran (m)	['varan]
salamander (de)	salamandra (ż)	[saʎa'mandra]
kameleon (de)	kameleon (m)	[kamɛ'leɔn]
schorpioen (de)	skorpion (m)	['skɔrpʰɜn]

schildpad (de)	żółw (m)	[ʒuwf]
kikker (de)	żaba (ż)	['ʒaba]
pad (de)	ropucha (ż)	[rɔ'puha]
krokodil (de)	krokodyl (m)	[krɔ'kɔdɨʎ]

183. Insecten

insect (het)	owad (m)	['ɔvat]
vlinder (de)	motyl (m)	['mɔtiʎ]
mier (de)	mrówka (ż)	['mrufka]
vlieg (de)	mucha (ż)	['muha]
mug (de)	komar (m)	['kɔmar]
kever (de)	żuk (m), chrząszcz (m)	[ʒuk], [hʃɔ̃ʃtʃ]

wesp (de)	osa (ż)	['ɔsa]
bij (de)	pszczoła (ż)	['pʃtʃɔwa]
hommel (de)	trzmiel (m)	[tʃmeʎ]
horzel (de)	giez (m)	[ges]

| spin (de) | pająk (m) | ['paɔ̃k] |
| spinnenweb (het) | pajęczyna (ż) | [paɛ̃t'ʃina] |

libel (de)	ważka (ż)	['vaʃka]
sprinkhaan (de)	konik (m) polny	['kɔnik 'pɔʎnɨ]
nachtvlinder (de)	omacnica (ż)	[ɔmats'nitsa]

kakkerlak (de)	karaluch (m)	[ka'ralyh]
mijt (de)	kleszcz (m)	[kleʃtʃ]
vlo (de)	pchła (ż)	[phwa]
kriebelmug (de)	meszka (ż)	['mɛʃka]
treksprinkhaan (de)	szarańcza (ż)	[ʃa'rantʃa]
slak (de)	ślimak (m)	['ɕlimak]

krekel (de)	świerszcz (m)	[ɕferʃtʃ]
glimworm (de)	robaczek (m) świętojański	[rɔ'batʃɛk ɕfɛ̃tɔ'jaɲski]
lieveheersbeestje (het)	biedronka (z)	[bed'rɔŋka]
meikever (de)	chrabąszcz (m) majowy	['hrabɔ̃ʃtʃ maʒvɨ]

bloedzuiger (de)	pijawka (z)	[pi'jafka]
rups (de)	gąsienica (z)	[gɔ̃ɕe'nitsa]
aardworm (de)	robak (m)	['rɔbak]
larve (de)	poczwarka (z)	[pɔtʃ'farka]

184. Dieren. Lichaamsdelen

snavel (de)	dziób (m)	[dʒyp]
vleugels (mv.)	skrzydła (l.mn.)	['skʃidwa]
poot (ov. een vogel)	łapa (z)	['wapa]
verenkleed (het)	upierzenie (n)	[upe'ʒɛne]
veer (de)	pióro (n)	['pyrɔ]
kuifje (het)	czubek (m)	['tʃubɛk]

kieuwen (mv.)	skrzela (l.mn.)	['skʃɛʎa]
kuit, dril (de)	ikra (z)	['ikra]
larve (de)	larwa (z)	['ʎarva]
vin (de)	płetwa (z)	['pwɛtfa]
schubben (mv.)	łuska (z)	['wuska]

slagtand (de)	kieł (m)	[kew]
poot (bijv. ~ van een kat)	łapa (z)	['wapa]
muil (de)	pysk (m)	[pɨsk]
bek (mond van dieren)	paszcza (z)	['paʃtʃa]
staart (de)	ogon (m)	['ɔgɔn]
snorharen (mv.)	wąsy (l.mn.)	['vɔ̃sɨ]

| hoef (de) | kopyto (n) | [kɔ'pɨtɔ] |
| hoorn (de) | róg (m) | [ruk] |

schild (schildpad, enz.)	pancerz (m)	['pantsɛʃ]
schelp (de)	muszla (z)	['muʃʎa]
eierschaal (de)	skorupa (z)	[skɔ'rupa]

| vacht (de) | sierść (z) | [ɕerɕtʃ] |
| huid (de) | skóra (z) | ['skura] |

185. Dieren. Leefomgevingen

| leefgebied (het) | siedlisko (n) | [ɕed'liskɔ] |
| migratie (de) | migracja (z) | [mig'ratsʰja] |

berg (de)	góra (z)	['gura]
rif (het)	rafa (z)	['rafa]
klip (de)	skała (z)	['skawa]
bos (het)	las (m)	[ʎas]
jungle (de)	dżungla (z)	['dʒuɲʎa]

171

| savanne (de) | sawanna (ż) | [sa'vaŋa] |
| toendra (de) | tundra (ż) | ['tundra] |

steppe (de)	step (m)	[stɛp]
woestijn (de)	pustynia (ż)	[pus'tiɲa]
oase (de)	oaza (ż)	[ɔ'aza]

zee (de)	morze (n)	['mɔʒɛ]
meer (het)	jezioro (n)	[e'ʒɔrɔ]
oceaan (de)	ocean (m)	[ɔ'ʦɛan]

moeras (het)	bagno (n)	['bagnɔ]
zoetwater- (abn)	słodkowodny	[swɔtkɔ'vɔdni]
vijver (de)	staw (m)	[staf]
rivier (de)	rzeka (ż)	['ʒɛka]

berenhol (het)	barłóg (m)	['barwuk]
nest (het)	gniazdo (n)	['gɲazdɔ]
boom holte (de)	dziupla (ż)	['ʥypʎa]
hol (het)	nora (ż)	['nɔra]
mierenhoop (de)	mrowisko (n)	[mrɔ'viskɔ]

Flora

186. Bomen

boom (de)	drzewo (n)	['dʒɛvɔ]
loof- (abn)	liściaste	[liɕ'tʃastɛ]
dennen- (abn)	iglaste	[ig'ʎastɛ]
groenblijvend (bn)	wiecznie zielony	[vetʃnɛʒe'lɜnʲi]

appelboom (de)	jabłoń (ż)	['jabwɔɲ]
perenboom (de)	grusza (ż)	['gruʃa]
zoete kers (de)	czereśnia (ż)	[tʃɛ'rɛɕɲa]
zure kers (de)	wiśnia (ż)	['viɕɲa]
pruimelaar (de)	śliwa (ż)	['ɕliva]

berk (de)	brzoza (ż)	['bʒɔza]
eik (de)	dąb (m)	[dɔ̃p]
linde (de)	lipa (ż)	['lipa]
esp (de)	osika (ż)	[ɔ'ɕika]
esdoorn (de)	klon (m)	['klɜn]

spar (de)	świerk (m)	['ɕferk]
den (de)	sosna (ż)	['sɔsna]
lariks (de)	modrzew (m)	['mɔdʒɛf]
zilverspar (de)	jodła (ż)	[ɜdwa]
ceder (de)	cedr (m)	[tsɛdr]

populier (de)	topola (ż)	[tɔ'pɔʎa]
lijsterbes (de)	jarzębina (ż)	[jaʒɛ̃'bina]
wilg (de)	wierzba iwa (ż)	['veʒba 'iva]
els (de)	olcha (ż)	['ɔʎha]
beuk (de)	buk (m)	[buk]
iep (de)	wiąz (m)	[vɔ̃z]
es (de)	jesion (m)	['eɕɜn]
kastanje (de)	kasztan (m)	['kaʃtan]

magnolia (de)	magnolia (ż)	[mag'nɔʎja]
palm (de)	palma (ż)	['paʎma]
cipres (de)	cyprys (m)	['tsɨpris]
mangrove (de)	drzewo (n) mangrowe	['dʒɛvɔ maŋ'rɔvɛ]
baobab (apenbroodboom)	baobab (m)	[ba'ɔbap]
eucalyptus (de)	eukaliptus (m)	[ɛuka'liptus]
mammoetboom (de)	sekwoja (ż)	[sɛk'fɔja]

187. Heesters

| struik (de) | krzew (m) | [kʃɛf] |
| heester (de) | krzaki (l.mn.) | ['kʃaki] |

wijnstok (de)	winorośl (ż)	[vi'nɔrɔɕʎ]
wijngaard (de)	winnica (ż)	[vi'ɲitsa]

frambozenstruik (de)	malina (ż)	[ma'lina]
rode bessenstruik (de)	porzeczka (ż) czerwona	[pɔ'ʒɛtʃka tʃɛr'vɔna]
kruisbessenstruik (de)	agrest (m)	['agrɛst]

acacia (de)	akacja (ż)	[a'katsʰja]
zuurbes (de)	berberys (m)	[bɛr'bɛris]
jasmijn (de)	jaśmin (m)	['jaɕmin]

jeneverbes (de)	jałowiec (m)	[ja'wɔvets]
rozenstruik (de)	róża (ż)	['ruʒa]
hondsroos (de)	dzika róża (ż)	['ʤika 'ruʒa]

188. Champignons

paddenstoel (de)	grzyb (m)	[gʒip]
eetbare paddenstoel (de)	grzyb (m) jadalny	[gʒip ja'daʎni]
giftige paddenstoel (de)	grzyb (m) trujący	[gʒip truɔ̃tsi]
hoed (de)	kapelusz (m)	[ka'pɛlyʃ]
steel (de)	nóżka (ż)	['nuʃka]

gewoon eekhoorntjesbrood (het)	prawdziwek (m)	[prav'ʤivɛk]
rosse populierenboleet (de)	koźlarz (m) czerwony	['kɔʑʎaʃ tʃɛr'vɔni]
berkenboleet (de)	koźlarz (m)	['kɔʑʎaʃ]
cantharel (de)	kurka (ż)	['kurka]
russula (de)	gołąbek (m)	[gɔ'wɔ̃bɛk]

morille (de)	smardz (m)	[smarts]
vliegenzwam (de)	muchomor (m)	[mu'hɔmɔr]
groene knolzwam (de)	psi grzyb (m)	[pɕi gʒip]

189. Vruchten. Bessen

vrucht (de)	owoc (m)	['ɔvɔts]
vruchten (mv.)	owoce (l.mn.)	[ɔ'vɔtsɛ]
appel (de)	jabłko (n)	['jabkɔ]
peer (de)	gruszka (ż)	['gruʃka]
pruim (de)	śliwka (ż)	['ɕlifka]

aardbei (de)	truskawka (ż)	[trus'kafka]
zure kers (de)	wiśnia (ż)	['viɕna]
zoete kers (de)	czereśnia (ż)	[tʃɛ'rɛɕɲa]
druif (de)	winogrona (l.mn.)	[vinɔg'rɔna]

framboos (de)	malina (ż)	[ma'lina]
zwarte bes (de)	czarna porzeczka (ż)	['tʃarna pɔ'ʒɛtʃka]
rode bes (de)	czerwona porzeczka (ż)	[tʃɛr'vɔna pɔ'ʒɛtʃka]
kruisbes (de)	agrest (m)	['agrɛst]
veenbes (de)	żurawina (ż)	[ʒura'vina]

sinaasappel (de)	pomarańcza (ż)	[pɔma'raɲtʃa]
mandarijn (de)	mandarynka (ż)	[manda'riŋka]
ananas (de)	ananas (ż)	[a'nanas]
banaan (de)	banan (m)	['banan]
dadel (de)	daktyl (m)	['daktɨl]

citroen (de)	cytryna (ż)	[tsit'rina]
abrikoos (de)	morela (ż)	[mɔ'rɛʎa]
perzik (de)	brzoskwinia (ż)	[bʒɔsk'fiɲa]
kiwi (de)	kiwi (n)	['kivi]
grapefruit (de)	grejpfrut (m)	['grɛjpfrut]

bes (de)	jagoda (ż)	[ja'gɔda]
bessen (mv.)	jagody (l.mn.)	[ja'gɔdɨ]
vossenbes (de)	borówka (ż)	[bɔ'rufka]
bosaardbei (de)	poziomka (ż)	[pɔ'ʒɜmka]
bosbes (de)	borówka (ż) czarna	[bɔ'rɔfka 'tʃarna]

190. Bloemen. Planten

| bloem (de) | kwiat (m) | [kfʲat] |
| boeket (het) | bukiet (m) | ['buket] |

roos (de)	róża (ż)	['ruʒa]
tulp (de)	tulipan (m)	[tu'lipan]
anjer (de)	goździk (m)	['gɔʑʲdʒik]
gladiool (de)	mieczyk (m)	['metʃik]

korenbloem (de)	bławatek (m)	[bwa'vatɛk]
klokje (het)	dzwonek (m)	['dzvɔnɛk]
paardenbloem (de)	dmuchawiec (m)	[dmu'havets]
kamille (de)	rumianek (m)	[ru'mʲanɛk]

aloë (de)	aloes (m)	[a'lɔɛs]
cactus (de)	kaktus (m)	['kaktus]
ficus (de)	fikus (m)	['fikus]

lelie (de)	lilia (ż)	['liʎja]
geranium (de)	pelargonia (ż)	[pɛʎar'gɔɲja]
hyacint (de)	hiacynt (m)	['hʲjatsint]

mimosa (de)	mimoza (ż)	[mi'mɔza]
narcis (de)	narcyz (m)	['nartsis]
Oostindische kers (de)	nasturcja (ż)	[nas'turtsʰja]

orchidee (de)	orchidea (ż)	[ɔrhi'dɛa]
pioenroos (de)	piwonia (ż)	[pi'vɔɲja]
viooltje (het)	fiołek (m)	[fʰɜwɛk]

driekleurig viooltje (het)	bratek (m)	['bratɛk]
vergeet-mij-nietje (het)	niezapominajka (ż)	[nezapɔmi'najka]
madeliefje (het)	stokrotka (ż)	[stɔk'rɔtka]
papaver (de)	mak (m)	[mak]
hennep (de)	konopie (l.mn.)	[kɔ'nɔpje]

munt (de)
lelietje-van-dalen (het)
sneeuwklokje (het)

mięta (ż)
konwalia (ż)
przebiśnieg (m)

['menta]
[kɔn'vaʎja]
[pʃɛ'biɕnek]

brandnetel (de)
veldzuring (de)
waterlelie (de)
varen (de)
korstmos (het)

pokrzywa (ż)
szczaw (m)
lilia wodna (ż)
paproć (ż)
porost (m)

[pɔk'ʃiva]
[ʃtʃaf]
['liʎja 'vɔdna]
['paprɔtɕ]
['pɔrɔst]

oranjerie (de)
gazon (het)
bloemperk (het)

szklarnia (ż)
trawnik (m)
klomb (m)

['ʃkʎarɲa]
['travnik]
['klɔmp]

plant (de)
gras (het)
grasspriet (de)

roślina (ż)
trawa (ż)
źdźbło (n)

[rɔɕ'lina]
['trava]
[zʲdʑʲbwɔ]

blad (het)
bloemblad (het)
stengel (de)
knol (de)

liść (m)
płatek (m)
łodyga (ż)
bulwa (ż)

[liɕtɕ]
['pwatɛk]
[wɔ'diga]
['buʎva]

scheut (de)
doorn (de)

kiełek (m)
kolec (m)

['kewɛk]
['kɔlets]

bloeien (ww)
verwelken (ww)
geur (de)
snijden (bijv. bloemen ~)
plukken (bloemen ~)

kwitnąć
więdnąć
zapach (m)
ściąć
zerwać

['kfitnɔ̃tɕ]
['vendnɔ̃tɕ]
['zapah]
[ɕtɕɔ̃ʲtɕ]
['zɛrvatɕ]

191. Granen, graankorrels

graan (het)
graangewassen (mv.)
aar (de)

zboże (n)
zboża (l.mn.)
kłos (m)

['zbɔʒɛ]
['zbɔʒa]
[kwɔs]

tarwe (de)
rogge (de)
haver (de)

pszenica (ż)
żyto (n)
owies (m)

[pʃɛ'nitsa]
['ʒitɔ]
['ɔves]

gierst (de)
gerst (de)

proso (n)
jęczmień (m)

['prɔsɔ]
['entʃmɛ̃]

maïs (de)
rijst (de)
boekweit (de)

kukurydza (ż)
ryż (m)
gryka (ż)

[kuku'ridza]
[riʃ]
['grika]

erwt (de)
boon (de)
soja (de)
linze (de)
bonen (mv.)

groch (m)
fasola (ż)
soja (ż)
soczewica (ż)
bób (m)

[grɔh]
[fa'sɔʎa]
['sɔja]
[sɔtʃɛ'vitsa]
[bup]

REGIONALE AARDRIJKSKUNDE

Landen. Nationaliteiten

192. Politiek. Overheid. Deel 1

politiek (de)	polityka (z)	[pɔ'litika]
politiek (bn)	polityczny	[pɔli'titʃni]
politicus (de)	polityk (m)	[pɔ'litik]
staat (land)	państwo (n)	['paɲstfɔ]
burger (de)	obywatel (m)	[ɔbi'vatɛʎ]
staatsburgerschap (het)	obywatelstwo (n)	[ɔbiva'tɛʎstfɔ]
nationaal wapen (het)	godło (n) państwowe	['gɔdwɔ paɲst'vɔvɛ]
volkslied (het)	hymn (m) państwowy	[himn paɲst'fɔvi]
regering (de)	rząd (m)	[ʒɔ̃t]
staatshoofd (het)	szef (m) państwa	[ʃɛf 'paɲstfa]
parlement (het)	parlament (m)	[par'ʎamɛnt]
partij (de)	partia (z)	['partʰja]
kapitalisme (het)	kapitalizm (m)	[kapi'talizm]
kapitalistisch (bn)	kapitalistyczny	[kapitalis'titʃni]
socialisme (het)	socjalizm (m)	[sɔtsʰ'jalizm]
socialistisch (bn)	socjalistyczny	[sɔtsʰjalis'titʃni]
communisme (het)	komunizm (m)	[kɔ'munizm]
communistisch (bn)	komunistyczny	[kɔmunis'titʃni]
communist (de)	komunista (m)	[kɔmu'nista]
democratie (de)	demokracja (z)	[dɛmɔk'ratsʰja]
democraat (de)	demokrata (m)	[dɛmɔk'rata]
democratisch (bn)	demokratyczny	[dɛmɔkra'titʃni]
democratische partij (de)	partia (z) demokratyczna	['partʰja dɛmɔkra'titʃna]
liberaal (de)	liberał (m)	[li'bɛraw]
liberaal (bn)	liberalny	[libɛ'raʎni]
conservator (de)	konserwatysta (m)	[kɔnsɛrva'tista]
conservatief (bn)	konserwatywny	[kɔnsɛrva'tivni]
republiek (de)	republika (z)	[rɛ'publika]
republikein (de)	republikanin (m)	[rɛpubli'kanin]
Republikeinse Partij (de)	partia (z) republikańska	['partʰja rɛpubli'kaɲska]
verkiezing (de)	wybory (l.mn.)	[vi'bɔri]
kiezen (ww)	wybierać	[vi'bɛratʃ]
kiezer (de)	wyborca (m)	[vi'bɔrtsa]

verkiezingscampagne (de)	kampania (ż) wyborcza	[kam'paɲja vi'bɔrtʃa]
stemming (de)	głosowanie (n)	[gwɔsɔ'vane]
stemmen (ww)	głosować	[gwɔ'sɔvatʃ]
stemrecht (het)	prawo (n) wyborcze	['pravɔ vi'bɔrtʃɛ]

kandidaat (de)	kandydat (m)	[kan'didat]
zich kandideren	kandydować	[kandi'dɔvatʃ]
campagne (de)	kampania (ż)	[kam'paɲja]

| oppositie- (abn) | opozycyjny | [ɔpɔzi'tsijni] |
| oppositie (de) | opozycja (ż) | [ɔpɔ'zitsʰja] |

bezoek (het)	wizyta (ż)	[vi'zita]
officieel bezoek (het)	wizyta (ż) oficjalna	[vi'zita ɔfitsʰ'jaʎna]
internationaal (bn)	międzynarodowy	[mɛ̃dzinarɔ'dɔvi]

| onderhandelingen (mv.) | rozmowy (l.mn.) | [rɔz'mɔvi] |
| onderhandelen (ww) | prowadzić rozmowy | [prɔ'vadʒitʃ rɔz'mɔvi] |

193. Politiek. Overheid. Deel 2

maatschappij (de)	społeczeństwo (n)	[spɔwɛt'ʃɛɲstfɔ]
grondwet (de)	konstytucja (ż)	[kɔnsti'tutsʰja]
macht (politieke ~)	władza (ż)	['vwadza]
corruptie (de)	korupcja (ż)	[kɔ'ruptsʰja]

| wet (de) | prawo (n) | ['pravɔ] |
| wettelijk (bn) | prawny | ['pravni] |

| rechtvaardigheid (de) | sprawiedliwość (ż) | [spraved'livɔɕtʃ] |
| rechtvaardig (bn) | sprawiedliwy | [spraved'livi] |

comité (het)	komitet (m)	[kɔ'mitɛt]
wetsvoorstel (het)	projekt (m) ustawy	['prɔekt us'tavi]
begroting (de)	budżet (m)	['budʒɛt]
beleid (het)	polityka (ż)	[pɔ'litika]
hervorming (de)	reforma (ż)	[rɛ'fɔrma]
radicaal (bn)	radykalny	[radi'kaʎni]

macht (vermogen)	siła (ż)	['ɕiwa]
machtig (bn)	silny	['ɕiʎni]
aanhanger (de)	zwolennik (m)	[zvɔ'leɲik]
invloed (de)	wpływ (m)	[fpwif]

regime (het)	reżim (m)	['rɛʒim]
conflict (het)	konflikt (m)	['kɔnflikt]
samenzwering (de)	spisek (m)	['spisɛk]
provocatie (de)	prowokacja (ż)	[prɔvɔ'katsʰja]

omverwerpen (ww)	obalić	[ɔ'balitʃ]
omverwerping (de)	obalenie (n)	[ɔba'lene]
revolutie (de)	rewolucja (ż)	[rɛvɔ'lytsʰja]
staatsgreep (de)	przewrót (m)	['pʃɛvrut]
militaire coup (de)	przewrót (m) wojskowy	['pʃɛvrut vɔjs'kɔvi]

crisis (de)	kryzys (m)	['krizis]
economische recessie (de)	recesja (z)	[rɛ'tsɛsʰja]
betoger (de)	demonstrant (m)	[dɛ'mɔnstrant]
betoging (de)	demonstracja (z)	[dɛmɔnst'ratsʰja]
krijgswet (de)	stan (m) wojenny	[stan vɔ'eɲi]
militaire basis (de)	baza (z) wojskowa	['baza vɔjs'kɔva]

| stabiliteit (de) | stabilność (z) | [sta'biʎnɔɕtʃ] |
| stabiel (bn) | stabilny | [sta'biʎɲi] |

| uitbuiting (de) | eksploatacja (z) | [ɛksplɜa'tatsʰja] |
| uitbuiten (ww) | eksploatować | [ɛksplɜa'tɔvatʃ] |

racisme (het)	rasizm (m)	['raɕizm]
racist (de)	rasista (m)	[ra'ɕista]
fascisme (het)	faszyzm (m)	['faʃizm]
fascist (de)	faszysta (m)	[fa'ʃista]

194. Landen. Diversen

vreemdeling (de)	obcokrajowiec (m)	[ɔptsɔkraɜvets]
buitenlands (bn)	zagraniczny	[zagra'nitʃɲi]
in het buitenland (bw)	za granicą	[za gra'nitsɔ̃]

emigrant (de)	emigrant (m)	[ɛ'migrant]
emigratie (de)	emigracja (z)	[ɛmig'ratsʰja]
emigreren (ww)	emigrować	[ɛmig'rɔvatʃ]

Westen (het)	Zachód (m)	['zahut]
Oosten (het)	Wschód (m)	[fshut]
Verre Oosten (het)	Daleki Wschód (m)	[da'leki fshut]

beschaving (de)	cywilizacja (z)	[tɕivili'zatsʰja]
mensheid (de)	ludzkość (z)	['lytskɔɕtʃ]
wereld (de)	świat (m)	[ɕfʲat]
vrede (de)	pokój (m)	['pɔkuj]
wereld- (abn)	światowy	[ɕfʲa'tɔvi]

vaderland (het)	ojczyzna (z)	[ɔjt'ʃizna]
volk (het)	naród (m)	['narut]
bevolking (de)	ludność (z)	['lydnɔɕtʃ]
mensen (mv.)	ludzie (l.mn.)	['lydʑe]
natie (de)	naród (m)	['narut]
generatie (de)	pokolenie (n)	[pɔkɔ'lene]

gebied (bijv. bezette ~en)	terytorium (n)	[tɛri'tɔrʲum]
regio, streek (de)	region (m)	['rɛgʰɔn]
deelstaat (de)	stan (m)	[stan]

traditie (de)	tradycja (z)	[tra'ditsʰja]
gewoonte (de)	obyczaj (m)	[ɔ'bitʃaj]
ecologie (de)	ekologia (z)	[ɛkɔ'lɜgʰja]
Indiaan (de)	Indianin (m)	[indʰ'janin]
zigeuner (de)	Cygan (m)	['tsigan]

zigeunerin (de)	**Cyganka** (ż)	[ʦiˈgaŋka]
zigeuner- (abn)	**cygański**	[ʦiˈgaɲski]

rijk (het)	**imperium** (n)	[imˈpɛrʰjum]
kolonie (de)	**kolonia** (ż)	[kɔˈlɜɲja]
slavernij (de)	**niewolnictwo** (n)	[nevɔʎˈnitstfɔ]
invasie (de)	**najazd** (m)	[ˈnajast]
hongersnood (de)	**głód** (m)	[gwut]

195. Grote religieuze groepen. Bekentenissen

religie (de)	**religia** (ż)	[rɛˈligʰja]
religieus (bn)	**religijny**	[rɛliˈgijni]

geloof (het)	**wiara** (ż)	[ˈvʲara]
geloven (ww)	**wierzyć**	[ˈveʒitʃ]
gelovige (de)	**wierzący** (m)	[veˈʒɔ̃ʦi]

atheïsme (het)	**ateizm** (m)	[aˈtɛizm]
atheïst (de)	**ateista** (m)	[atɛˈista]

christendom (het)	**chrześcijaństwo** (n)	[hʃɛʨʃiˈjaɲstfɔ]
christen (de)	**chrześcijanin** (m)	[hʃɛʨʃiˈjanin]
christelijk (bn)	**chrześcijański**	[hʃɛʨʃiˈjaɲski]

katholicisme (het)	**katolicyzm** (m)	[katɔˈliʦizm]
katholiek (de)	**katolik** (m)	[kaˈtɔlik]
katholiek (bn)	**katolicki**	[katɔˈliʦki]

protestantisme (het)	**protestantyzm** (m)	[prɔtɛsˈtantizm]
Protestante Kerk (de)	**kościół** (m) **protestancki**	[ˈkɔʃʧɔw prɔtɛsˈtanʦki]
protestant (de)	**protestant** (m)	[prɔˈtɛstant]

orthodoxie (de)	**prawosławie** (n)	[pravɔsˈwave]
Orthodoxe Kerk (de)	**kościół** (m) **prawosławny**	[ˈkɔʃʧɔw pravɔsˈwavni]
orthodox	**prawosławny** (m)	[pravɔsˈwavni]

presbyterianisme (het)	**prezbiterianizm** (m)	[prɛzbitɛrʰˈjanizm]
Presbyteriaanse Kerk (de)	**kościół** (m) **prezbiteriański**	[ˈkɔʃʧɔw prɛzbitɛˈrjaɲski]
presbyteriaan (de)	**prezbiterianin** (m)	[prɛzbitɛrʰˈjanin]

lutheranisme (het)	**kościół** (m) **luterański**	[ˈkɔʃʧɔw lytɛˈraɲski]
lutheraan (de)	**luteranin** (m)	[lytɛˈranin]

baptisme (het)	**baptyzm** (m)	[ˈbaptizm]
baptist (de)	**baptysta** (m)	[bapˈtista]

Anglicaanse Kerk (de)	**Kościół Anglikański** (m)	[ˈkɔʃʧɔw aɲliˈkaɲski]
anglicaan (de)	**anglikanin** (m)	[aɲliˈkanin]
mormonisme (het)	**religia** (ż) **mormonów**	[rɛˈligʰja mɔrˈmɔnuf]
mormoon (de)	**mormon** (m)	[ˈmɔrmɔn]
Jodendom (het)	**judaizm** (m)	[juˈdaizm]
jood (aanhanger van het Jodendom)	**żyd** (m)	[ʒit]

| boeddhisme (het) | buddyzm (m) | ['buddizm] |
| boeddhist (de) | buddysta (m) | [bud'dista] |

| hindoeïsme (het) | hinduizm (m) | [hin'duizm] |
| hindoe (de) | hinduista (m) | [hindu'ista] |

islam (de)	islam (m)	['isʎam]
islamiet (de)	muzułmanin (m)	[muzuw'manin]
islamitisch (bn)	muzułmański	[muzuw'maɲski]

sjiisme (het)	szyizm (m)	['ʃiizm]
sjiiet (de)	szyita (m)	['ʃiita]
soennisme (het)	sunnizm (m)	['suɲizm]
soenniet (de)	sunnita (m)	[su'ɲita]

196. Religies. Priesters

| priester (de) | ksiądz (m) | [kɕɔ̃ts] |
| paus (de) | papież (m) | ['papeʃ] |

monnik (de)	zakonnik (m)	[za'kɔɲik]
non (de)	zakonnica (ż)	[zakɔ'ɲitsa]
pastoor (de)	pastor (m)	['pastɔr]

abt (de)	opat (m)	['ɔpat]
vicaris (de)	wikariusz (m)	[vi'karjyʃ]
bisschop (de)	biskup (m)	['biskup]
kardinaal (de)	kardynał (m)	[kar'dinaw]

predikant (de)	kaznodzieja (m)	[kaznɔ'dʒeja]
preek (de)	kazanie (n)	[ka'zane]
kerkgangers (mv.)	parafianie (l.mn.)	[para'fʲane]

| gelovige (de) | wierzący (m) | [ve'ʒɔ̃tsi] |
| atheïst (de) | ateista (m) | [atɛ'ista] |

197. Geloof. Christendom. Islam

| Adam | Adam (m) | ['adam] |
| Eva | Ewa (ż) | ['ɛva] |

God (de)	Bóg (m)	[buk]
Heer (de)	Pan (m)	[pan]
Almachtige (de)	Wszechmogący (m)	[fʃɛhmɔ'gɔ̃tsi]

zonde (de)	grzech (m)	[gʒɛh]
zondigen (ww)	grzeszyć	['gʒɛʃitɕ]
zondaar (de)	grzesznik (m)	['gʒɛʃnik]
zondares (de)	grzesznica (ż)	[gʒɛʃ'nitsa]

| hel (de) | piekło (n) | ['pekwɔ] |
| paradijs (het) | raj (m) | [raj] |

| Jezus | Jezus (m) | ['ezus] |
| Jezus Christus | Jezus Chrystus (m) | ['ezus 'hristus] |

Heilige Geest (de)	Duch Święty (m)	[duh 'ɕfenti]
Verlosser (de)	Zbawiciel (m)	[zba'vitʃeʎ]
Maagd Maria (de)	Matka Boska (z)	['matka 'bɔska]

duivel (de)	diabeł (m)	['dʰjabɛw]
duivels (bn)	diabelski	[dʰja'bɛʎski]
Satan	szatan (m)	['ʃatan]
satanisch (bn)	szatański	[ʃa'taɲski]

engel (de)	anioł (m)	['anɜw]
beschermengel (de)	anioł stróż (m)	['anɜw struʃ]
engelachtig (bn)	anielski	[a'neʎski]

apostel (de)	apostoł (m)	[a'pɔstɔw]
aartsengel (de)	archanioł (m)	[ar'hanɜw]
antichrist (de)	antychryst (m)	[an'tihrist]

Kerk (de)	Kościół (m)	['kɔʃtʃɔw]
bijbel (de)	Biblia (z)	['bibʎja]
bijbels (bn)	biblijny	[bib'lijni]

Oude Testament (het)	Stary Testament (m)	['stari tɛs'tamɛnt]
Nieuwe Testament (het)	Nowy Testament (m)	['nɔvi tɛs'tamɛnt]
evangelie (het)	Ewangelia (z)	[ɛva'ŋɛʎja]
Heilige Schrift (de)	Pismo (n) Święte	['pismɔ 'ɕfentɛ]
Hemel, Hemelrijk (de)	Królestwo (n) Niebiańskie	[kru'lestfɔ ne'bʲaɲske]

gebod (het)	przykazanie (n)	[pʃika'zane]
profeet (de)	prorok (m)	['prɔrɔk]
profetie (de)	proroctwo (n)	[prɔ'rɔtstfɔ]

Allah	Allach, Allah (m)	['allah]
Mohammed	Mohammed (m)	[mɔ'hamɛt]
Koran (de)	Koran (m)	['kɔran]

moskee (de)	meczet (m)	['mɛtʃɛt]
moellah (de)	mułła (m)	['muwwa]
gebed (het)	modlitwa (z)	[mɔd'litfa]
bidden (ww)	modlić się	['mɔdlitʃ ɕɛ̃]

pelgrimstocht (de)	pielgrzymka (z)	[peʎg'ʒimka]
pelgrim (de)	pielgrzym (m)	['peʎgʒim]
Mekka	Mekka (z)	['mɛkka]

kerk (de)	kościół (m)	['kɔʃtʃɔw]
tempel (de)	świątynia (z)	[ɕfɔ̃'tiɲa]
kathedraal (de)	katedra (z)	[ka'tɛdra]
gotisch (bn)	gotycki	[gɔ'titski]
synagoge (de)	synagoga (z)	[sina'gɔga]
moskee (de)	meczet (m)	['mɛtʃɛt]

| kapel (de) | kaplica (z) | [kap'litsa] |
| abdij (de) | opactwo (n) | [ɔ'patstfɔ] |

| nonnenklooster (het) | klasztor (m) żeński | ['kʎaʃtɔr 'ʒɛɲski] |
| mannenklooster (het) | klasztor (m) męski | ['kʎaʃtɔr 'mɛnski] |

klok (de)	dzwon (m)	[dzvɔn]
klokkentoren (de)	dzwonnica (ż)	[dzvɔ'ɲitsa]
luiden (klokken)	dzwonić	['dzvɔniʧ]

kruis (het)	krzyż (m)	[kʃɨʃ]
koepel (de)	kopuła (ż)	[kɔ'puwa]
icoon (de)	ikona (ż)	[i'kɔna]

ziel (de)	dusza (ż)	['duʃa]
lot, noodlot (het)	los (m)	['lɔs]
kwaad (het)	zło (n)	[zwɔ]
goed (het)	dobro (n)	['dɔbrɔ]

vampier (de)	wampir (m)	['vampir]
heks (de)	wiedźma (ż)	['vedʑma]
demoon (de)	demon (m)	['dɛmɔn]
duivel (de)	diabeł (m)	['dʰjabɛw]
geest (de)	duch (m)	[duh]

| verzoeningsleer (de) | odkupienie (n) | [ɔtku'pene] |
| vrijkopen (ww) | odkupić | [ɔt'kupiʧ] |

mis (de)	msza (ż)	[mʃa]
de mis opdragen	odprawiać mszę	[ɔtp'ravʲaʧ mʒɛ̃]
biecht (de)	spowiedź (ż)	['spɔveʧ]
biechten (ww)	spowiadać się	[spɔ'vʲadaʧ ɕɛ̃]

heilige (de)	święty (m)	['ɕfenti]
heilig (bn)	święty	['ɕfenti]
wijwater (het)	woda (ż) święcona	['vɔda ɕfɛ̃'tsɔna]

ritueel (het)	obrzęd (m)	['ɔbʒɛ̃t]
ritueel (bn)	obrzędowy	[ɔbʒɛ̃'dɔvɨ]
offerande (de)	ofiara (ż)	[ɔ'fʲara]

bijgeloof (het)	przesąd (m)	['pʃɛsɔ̃t]
bijgelovig (bn)	przesądny	[pʃɛ'sɔ̃dnɨ]
hiernamaals (het)	życie (n) pozagrobowe	['ʒiʧe pozagrɔ'bɔvɛ]
eeuwige leven (het)	życie (n) wieczne	['ʒiʧe 'vetʃnɛ]

DIVERSEN

198. Diverse nuttige woorden

achtergrond (de)	tło (n)	[twɔ]
balans (de)	równowaga (ż)	[ruvnɔ'vaga]
basis (de)	baza (ż)	['baza]
begin (het)	początek (m)	[pɔt'ʃɔ̃tɛk]
beurt (wie is aan de ~?)	kolej (ż)	['kɔlej]
categorie (de)	kategoria (ż)	[katɛ'gɔrʰja]
comfortabel (~ bed, enz.)	wygodny	[vi'gɔdni]
compensatie (de)	rekompensata (ż)	[rɛkɔmpɛn'sata]
deel (gedeelte)	część (ż)	[tʃɛ̃ɕtʃ]
deeltje (het)	cząstka (ż)	['tʃɔ̃stka]
ding (object, voorwerp)	rzecz (ż)	[ʒɛtʃ]
dringend (bn, urgent)	pilny	['piʎni]
dringend (bw, met spoed)	pilnie	['piʎne]
effect (het)	efekt (m)	['ɛfɛkt]
eigenschap (kwaliteit)	właściwość (ż)	[vwaɕ'tʃivɔɕtʃ]
einde (het)	zakończenie (n)	[zakɔɲt'ʃɛne]
element (het)	element (m)	[ɛ'lemɛnt]
feit (het)	fakt (m)	[fakt]
fout (de)	błąd (m)	[bwɔ̃t]
geheim (het)	tajemnica (ż)	[taem'nitsa]
graad (mate)	stopień (m)	['stɔpeɲ]
groei (ontwikkeling)	wzrost (m)	[vzrɔst]
hindernis (de)	przeszkoda (ż)	[pʃɛʃ'kɔda]
hinderpaal (de)	przeszkoda (ż)	[pʃɛʃ'kɔda]
hulp (de)	pomoc (ż)	['pɔmɔts]
ideaal (het)	ideał (m)	[i'dɛaw]
inspanning (de)	wysiłek (m)	[vi'ɕiwɛk]
keuze (een grote ~)	wybór (m)	['vibur]
labyrint (het)	labirynt (m)	[ʎa'birint]
manier (de)	sposób (m)	['spɔsup]
moment (het)	moment (m)	['mɔmɛnt]
nut (bruikbaarheid)	korzyść (ż)	['kɔʒiɕtʃ]
onderscheid (het)	różnica (ż)	[ruʒ'nitsa]
ontwikkeling (de)	rozwój (m)	['rɔzvuj]
oplossing (de)	rozwiązanie (n)	[rɔzvɔ̃'zane]
origineel (het)	oryginał (m)	[ɔri'ginaw]
pauze (de)	pauza (ż)	['pauza]
positie (de)	stanowisko (n)	[stanɔ'viskɔ]
principe (het)	zasada (ż)	[za'sada]

probleem (het)	problem (m)	['problem]
proces (het)	proces (m)	['prɔtsɛs]
reactie (de)	reakcja (ż)	[rɛ'aktsʰja]

reden (om ~ van)	przyczyna (ż)	[pʃit'ʃina]
risico (het)	ryzyko (n)	['riziko]
samenvallen (het)	koincydencja (ż)	[kɔjnsi'dɛnsija]
serie (de)	seria (ż)	['sɛrʰja]

situatie (de)	sytuacja (ż)	[situ'atsʰja]
soort (bijv. ~ sport)	rodzaj (m)	['rɔdzaj]
standaard (bn)	standardowy	[standar'dɔvi]
standaard (de)	standard (m)	['standart]
stijl (de)	styl (m)	[stiʎ]

stop (korte onderbreking)	przerwa (ż)	['pʃɛrva]
systeem (het)	system (m)	['sistɛm]
tabel (bijv. ~ van Mendelejev)	tablica (ż)	[tab'litsa]
tempo (langzaam ~)	tempo (n)	['tɛmpɔ]
term (medische ~en)	termin (m)	['tɛrmin]

type (soort)	typ (m)	[tip]
variant (de)	wariant (m)	['varʰjant]
veelvuldig (bn)	częsty	['tʃɛnsti]
vergelijking (de)	porównanie (n)	[pɔruv'nane]
voorbeeld (het goede ~)	przykład (m)	['pʃikwat]

voortgang (de)	postęp (m)	['pɔstɛ̃p]
voorwerp (ding)	obiekt (m)	['ɔbʰekt]
vorm (uiterlijke ~)	kształt (m)	['kʃtawt]
waarheid (de)	prawda (ż)	['pravda]
zone (de)	strefa (ż)	['strɛfa]